Social Welfare Field Practicum

새 교과과정에 따른

사회복지현장실습

박종란 김수현 김영배 김정애 윤희열 한화진

도서출판 조은

머리말

사회복지 교과목에서 마중물은 사회복지현장실습이다. 사회복지현장실습은 사회복지에서 가장 중요한 과목 중의 하나라고 단언할 수 있다. 사회복지현장실습의 학습 충실화가 필수적인 이유는 이 과목이 사회복지교육의 완결판이기 때문이다.

2019년 8월 사회복지법 시행규칙의 개정으로 사회복지현장실습 과목의 학습은 한층 더 강화되고, 전문성 역시 더욱 강조되는 모습이다. 과거 실습시간이 120시간에서 160시간으로 무려 40시간이 늘어났다. 학교실습세미나 강의는 15시간에서 30시간으로 늘어나서 1회 2시간씩 15회를 실시하도록 변경되었다. 또한 과목 이수는 17개 교과목으로 3개 선택과목이 추가되었다. 이는 학기 내내 타 과목과 동일하게 학습하라는 규정으로 이해된다.

사회복지현장실습 교과목은 이제 강의와 실습으로 구분되어 실시되고 있는 만큼, 실습지도교수나 실습생 모두 규정 변경의 목적에 따라 능동적이고 적극적으로 대처해야 한다. 이는 사회복지에서 사회복지사에게 더욱더 큰 기대를 걸고 있음을 나타내는 반증이라고 볼 수 있다. 따라서, 사회복지현장실습은 이론과 실무를 겸해서 우수 인력을 배출해야만 하는 책임과 의무를 동반한 과목이다.

이 책은 이러한 시대적 변화와 요청에 부응하여 체계적으로 내용을 구성하고 있다. 구체적으로 살펴보면 다음과 같다.

학습개요

사회복지현장실습은 사회복지 학습자들이 사회복지 실천윤리를 기반으로 하여 학교에서 배운 이론과 실무를 현장에서 적용해봄으로써, 예비사회복지사로서 자신의 역량을 키우고, 진로분야에 대한 사전 기회를 갖게 되는 중요한 과정을 학습하도록 한다.

학습목표

1. 이론과 실무를 현장에 경험한다.

2. 현장에 대한 깊은 이해와 기관업무를 익힌다.

3. 향후 진로를 모색한다.

학습내용

PART Ⅰ. 사회복지현장실습의 이해

1장 사회복지현장실습의 기초 　 2장 사회복지와 사회복지실천

3장 생애주기의 특성 　 4장 한국 사회복지 역사

PART Ⅱ. 사회복지사

5장 사회복지사의 제도 　 6장 사회복지사의 역할

7장 사회복지사의 확장 영역

PART Ⅲ. 사회복지 실천현장과 실습기관

8장 사회복지실천현장 　 9장 사회복지현장실습의 실습기관

PART Ⅳ. 사회복지현장실습의 실제

10장 사회복지현장실습의 과정 　 11장 사회복지현장실습의 평가

PART Ⅴ. 실습 관련 기관과 윤리

12장 실습 관련 기관 　 13장 사회복지실천윤리

새 교과과정에 따라 타 교과목과 동일하게 내용을 구성하였다. 강의내용을 새롭게 추가하고 보완해야 할 필요성으로 인해 공동저자들 간의 많은 협의와 조정을 거쳐서, 이 책이 완성되었다. 공동저자들로서는 학습자들이 이 책을 통해 보다 알차게 수업에 임하기를 간절히 바랄 뿐이다. 이 책이 나오기까지 수고하신 출판사 대표님과 임직원 여러분들께 진심으로 감사를 표하는 바이다.

2021. 3. 새 학기를 맞이하여

대표저자 박종란

목 차 Contents

머리말 3

PART Ⅰ. 사회복지현장실습의 이해

Chapter 1. 사회복지현장실습의 기초 11
1. 사회복지현장실습의 개념 12
2. 사회복지현장실습의 필요성 13
3. 사회복지현장실습의 목적과 목표 13
4. 사회복지현장실습의 역사 17

Chapter 2. 사회복지와 사회복지실천 21
1. 사회복지 22
2. 사회복지실천 29

Chapter 3. 생애주기의 특성 39
1. 태내기 40
2. 영아기 41
3. 유아기 42
4. 아동기 44
5. 청소년기 45
6. 성인기 48
7. 장년기 49
8. 노년기 51

Chapter 4. 한국 사회복지 역사 53
1. 근대 이전 55
2. 일제강점기 59
3. 미군정시대 61
4. 이승만 정부 62
5. 박정희 정부 64
6. 전두환 · 노태우 정부 66
7. 김영삼 정부 67
8. 김대중 · 노무현 정부 69
9. 이명박 · 박근혜 정부 71
10. 문재인 정부 74

목 차 Contents

PART Ⅱ. 사회복지사

Chapter 5. 사회복지사의 제도 79

1. 사회복지사의 개념 80
2. 사회복지사의 자격 91
3. 사회복지사의 실태분석 96

Chapter 6. 사회복지사의 역할 99

1. 서비스 직접 제공 100
2. 체계 연결 101
3. 체계 유지와 강화 103
4. 체계개발 역할 104
5. 연구와 조사 활용 105
6. 기타 중요한 역할 106

Chapter 7. 사회복지사의 확장 영역 107

1. 정신건강사회복지사 109
2. 의료사회복지사 120
3. 학교사회복지사 129

PART Ⅲ. 사회복지 실천현장과 실습기관

Chapter 8. 사회복지실천현장 141

1. 사회복지실천현장의 개념 142
2. 사회복지실천현장의 분류 145
3. 사회복지실천현장의 개척 153

Chapter 9. 사회복지현장실습의 실습기관 155

1. 아동복지시설 156
2. 노인복지시설 162
3. 한부모가족복지시설 166
4. 장애인복지시설 170
5. 정신보건시설 174
6. 노숙인복지시설 177
7. 사회복지관 179

PART Ⅳ. 사회복지현장실습의 실제

Chapter 10. 사회복지현장실습의 과정 187

1. 실습교육의 목표 188
2. 사회복지현장실습의 체계 193
3. 사회복지현장실습의 단계 195
4. 사회복지현장실습의 양식 196
5. 실습생의 주의사항 199

Chapter 11. 사회복지현장실습의 평가 203

1. 사회복지현장실습의 검토 204
2. 사회복지현장실습의 문제점과 사례연구 205
3. 사회복지현장실습의 과제 211

PART Ⅴ. 실습 관련 기관과 윤리

Chapter 12. 실습 관련 기관 219

1. 관련 기관의 역할 220
2. 실습의 영향 요인 225
3. 슈퍼비전 229

Chapter 13. 사회복지실천윤리 239

1. 사회복지실천윤리의 개념 240
2. 사회복지실천에서의 윤리와 가치 241
3. 사회복지실천 과정에서의 윤리적 딜레마 244
4. 전문직 윤리강령의 의미 249
5. 윤리적 의사결정지침과 결정의 우선순위 256
6. 윤리적 결정에 관한 사례연구 257

부록 : 표준실습교육 매뉴얼 265

PART I 사회복지현장실습의 이해

Chapter 1. 사회복지현장실습의 기초

Chapter 2. 사회복지와 사회복지실천

Chapter 3. 생애주기의 특성

Chapter 4. 한국 사회복지 역사

Chapter 1

사회복지현장실습의 기초

학습목표

1. 기초적 업무 숙지
2. 현장에 대한 이해
3. 이론과 적용의 한계성 극복

학습내용

1. 사회복지현장실습의 개념
2. 사회복지현장실습의 필요성
3. 사회복지현장실습의 목적과 목표
4. 사회복지현장실습의 역사

개 요

사회복지현장실습은 사회복지적인 가치에 입각하여 학교에서 배운 지식과 개념들을 실제 상황에 적용함으로써, 전문교육의 특성인 실제적 상황 속에서 실습생의 실천적 지식, 기술 및 가치관을 학습하는 기회를 제공하는 핵심적인 교과 과정이다. 여기에서는 사회복지현장실습의 기초를 학습하고자 한다.

Chapter 01

사회복지현장실습의 기초

1. 사회복지현장실습의 개념

사회복지현장실습은 사회복지적인 가치에 입각하여 학교에서 배운 지식과 개념들을 실제 상황에 적용함으로써, 전문교육의 특성인 실제적 상황 속에서 실습생의 실천적 지식, 기술 및 가치관을 학습하는 기회를 제공하는 핵심적인 교과과정이다. 또한 사회복지현장실습은 실습생들이 사회복지 전문직의 가치 및 실천윤리를 토대로 학교에서 배운 이론과 기술을 실천현장에 적용함으로써, 전문가로서의 정체성을 확립하고, 유능한 사회복지사로 성장할 수 있도록 훈련하는 사회복지교육의 핵심과정이라고 할 수 있다.

사회복지현장실습 교육은 필수적인 사회복지 교과과정 관련 교과목 중에서 가장 많은 교육시간이 소요된다. 이렇게 많은 시간 동안 사회복지현장실습 교육이 이루어지는 이유는 다양한 규모 및 유형의 서비스 체계에서 정규적인 사회복지 현장실습 슈퍼비전을 받으면서 전문직의 공통적인 기본과정 내용을 익힘으로써, 일반실천가(generalist)로서의 실천적 지식, 기술 및 가치관을 학습하는 기회를 갖는 전문적 교육의 특성이 있기 때문이다.

사회복지현장실습은 구성요소들 간의 긴밀한 관계를 통해 실습생은 실습기관 안에서 사회복지의 전문적 지식과 기술을 훈련을 통해서 습득하고, 전문사회복지사로서 역할의 인지적, 정의적 그리고 관계적 요소들의 통합과 균형을 이루는 전문적 정체성을 형성하도록 슈퍼비전을 제공받게 된다.

그러므로 사회복지현장실습은 여러 가지 측면에서 그 중요성이 매우 크다고 할 수 있는데, 무엇보다도 실습생 자신의 능력, 한계에 대한 통찰력과 자기 인식을 갖게 되고 사회복지 전문직에 대한 이상과 사회복지사로서의 전문직 정체성을 확신하는 중요한 교육과정이다. 또한 사회복지현장실습은 '정체성 확립', '전문적인 자질과 능력 파악'을 하는데 큰 도움이 된다로 보고하고 있다.

2. 사회복지현장실습의 필요성

현장실습은 사회복지학을 다른 유사 학문과 차별화시키고, 응용과학으로서의 사회복지의 특성을 반영하고 있다. 사회복지 과목들에서 학습한 사회복지 가치와 윤리, 실천이론과 기술, 그리고 사회복지 전문지식을 사회복지현장에서 적용함으로써 사회복지 전문직의 사명감과 실천능력을 겸비한 사회복지사가 되도록 미리 사회복지현장에서 체험 학습하는 것이다.

실습생들은 실습현장에서 실천적 경험을 하게 되며, 사회복지사로서 정체성을 획득하게 된다. 또한 실습을 통하여 실습생은 클라이언트, 동료들, 그리고 지역사회와의 직·간접적인 만남의 기회를 얻게 되며 이를 통하여 전문사회복지의 문화, 규범 그리고 인간존중의 가치를 갖는다. 또한 실습생들은 전문가 소양을 쌓고 변화하는 계기가 될 수 있는데, 무엇보다 실습생들 스스로가 사회복지사로서 나아가야 할 진로를 결정하도록 도와준다.

3. 사회복지현장실습의 목적과 목표

사회복지현장실습의 목적은 사회복지에 대한 이해와 지식을 함양시켜 전문직으로서의 사회복지에 대한 정체성과 자아인식을 갖게 해 주며, 실무경험을 터득하게 함으로써 경험적 학습을 시켜 사회복지 지식과 태도, 기술을 통합시키는 것이다. 또한 실습생들이 배운 전문직의 가치관, 지식 그리고 기술을 전문적 실천에 접목시키고 통합시키는 데 그 목적이 있다.

사회복지현장실습교육은 현실을 배우고 직접 또는 간접으로 사례를 다루거나 관찰함으로써 전문사회복지의 방법을 익혀야 한다. 다시 말해서 사회복지사의 역할 및 활동을 이해하고 클라이언트의 문제를 이해함으로써, 전문사회복지사로서의 정체성을 갖도록 하며, 이러한 문제해결을 위해 서비스를 제공해 주는 기관의 종류와 기능 및 구조를 이해할 수 있도록 해야 한다. 또한 전문적 사회복지실천의 기본 지식과 기술의 통합이 어느 정도 갖추어 질 수 있도록 원조과정에 대한 기초적인 지식과 개입기술을 익히고, 그것은 개인, 소집단, 가족 및 지역사회의 실제적인 사례에 맞게 적용하는 방법을 배우는 것 역시 사회복지현장실습의 목표가 될 수 있다.

이러한 사회복지현장실습의 목적을 달성하기 위해서는 무엇보다도 학교와 실습기관이 역동적인 관계 속에서 적극적으로 사회복지현장실습 교육을 시켜야 한다. 학교는 교육과 실천 현장의 다리역할 및 학습의 보조적인 역할을 할 수 있어야 하고, 사회복지현장실습을 사회복지 교과과정의 효율성과 효과성을 평가하는 기회로 활용해야 하며, 실습생을 통하여 다양한 사회복지실천현장에 대해 간접적으로 접할 수 있는 기회로 활용하여 사회복지와 관련된 정보를 교환하는 데 목적을 둔다. 또한 실습생의 사회복지현장실습 경험에 깊이 관심을 갖고 학교에서의 이론적인 학습 이외에 현장에서 배우는 통합적이고 기술적인 학습의 효과를 높일 수 있도록 지원하여 사회복지사로서 보다 폭넓은 정체성을 형성할 수 있도록 하고, 전문성을 향상시킬 수 있도록 돕는 것을 목적으로 삼아야 한다.

한편, 실습기관은 실습생들이 학교에서 습득한 기술, 지식 등을 실천현장에서 접할 수 있도록 하여 학교와의 지속적인 연계로 이론과 실무에 대한 정보 교환의 기회를 갖도록 도와야 한다.

사회복지현장실습 목적에 따른 구체적인 목표를 살펴보면, 사회복지현장실습의 목적은 크게 두 가지 측면에서 논의할 수 있다.

첫째, 실습생이 학교에서 습득한 지식, 기술, 가치를 사회복지현장실습 경험을 통해 자신의 행동으로 검증을 거쳐 통합하는 기회를 제공한다.

둘째, 사회복지현장에서만 일어날 수 있는 새로운 학습을 가능하게 하며, 기존의 이론과 방법론을 확인하고, 토의하며, 수정할 수 있는 계기를 마련하는 것이다. 실습기관은 학교와 동등한 책임을 가지고 실습생 개개인이 지닌 기본적 능력–심리적 성숙, 이전의 생활경험(가정 및 학교)의 전문적 자질과 목표 등의 자원을 최대한 동원하여 실습생 개개인이 전문인으로서의 태도, 지식 및 기술을 갖출 수 있도록 도와주어야 한다.

실습생의 사회복지현장실습 경험에 대해 깊이 관심을 갖고 학교에서의 이론적인 학습 이외에 현장에서 배우는 통합적이고 기술적인 부분의 학습효과를 높일 수 있도록 지원하여, 사회복지사로서의 보다 폭넓은 정체성을 형성할 수 있도록 하고, 전문성을 향상시킬 수 있도록 돕는 것을 목적으로 삼아야 한다.

〈표 1–1〉 사회복지현장실습의 주체 및 목적

주 체	목 적
실습생	1. 사회복지기술의 적용 2. 실천현장에서의 지식과 기술습득 3. 사회복지사로서의 적성 테스트
학교	1. 교육과 실천의 다리 역할 2. 실무현장의 지속적 접촉 3. 사회복지교육의 효과성
기관	1. 미래의 사회복지사 2. Client 서비스 영역 확장 3. 실천의 질적 수준 향상

한편, 실습기관은 실습을 통해 사회복지의 새로운 경향과 기술, 지식들을 접하는 기회로 활용할 수 있다. 실습생을 통해 클라이언트에게 보다 다양하고 새로운 형태의 서비스를 제공할 수 있도록 하여, 기관 특성에 맞는 새로운 영역을 개발할 수 있도록 하며, 전문적인 사회복지사 양성을 위한 교육 프로그램을 개발할

수 있는 기회로 활용한다. 그리고 실습생들이 학교에서 습득한 기술, 지식 등을 실천현장에서 접할 수 있도록 하여, 학교와의 지속적인 연계를 통해 이론과 실무적인 정보의 교환의 기회를 갖도록 한다.

일반적인 사회복지실습의 목표는 개인, 가족, 집단, 지역사회를 대상으로 일반 실천가로서의 능력을 키우며, 나아가 전문사회복지사를 양성하는 것이다. 한국사회복지사협회의 사회복지현장실습지침서에 따른 실습생의 사회복지현장실습 목표는 다음과 같다.

첫째, 대학에서 습득한 사회복지에 관한 가치, 지식 및 기술을 실천현장에 적용한다. 전문사회복지사로서의 철학, 가치, 목적, 윤리 및 실습생 자신의 개인적인 가치와의 관계를 검토하며, 학교수업을 통해 배운 사회복지에 대한 다양한 지식 및 실천기술들을 직접 클라이언트, 가족, 지역사회를 대상으로 적용하는 것이다. 이를 통해 배운 내용을 확고히 하고 강화하며, 자신의 관심대상이나 영역을 발견하고 발전시키는 것이다.

둘째, 사회복지현장실습현장에서 클라이언트 체계의 문제를 확인하고 정보를 수집하며, 조직화, 분석, 개입계획의 수립과 이행, 개입 노력에 대한 평가과정을 경험하게 함으로써, 새로운 지식과 기술을 습득하게 한다. 클라이언트 체계의 생물학적 · 심리적 · 사회적 특성과 클라이언트 체계에 영향을 미치는 요소들인 빈곤, 차별, 연령, 생활방식, 장애, 성(性)에 대해 파악한다. 체계적인 핵심문제를 규정하여 하위문제들을 확인하고, 문제에 대한 초기 사정에 필요한 정보를 획득하는 기술과 획득한 정보와 자료를 조직화하고, 환경요인을 평가하며 문제와 관련된 사회복지정책 및 프로그램들을 평가하는 기술을 습득한다. 생태학적 체계의 영향, 기존의 전달체계를 어떻게 변화 · 개선할 수 있을 것인지를 학습한다. 아울러 문제해결과정 및 특정 전문실천분야에서 활용하는 개입방법과 결과에 대해 평가하는 방법을 습득하고 체계적인 관점에서 사회복지사의 역할, 지역사회 내에서 사회복지기관과의 관계에 대해 이해한다. 또한 클라이언트가 자신의 문제와 욕구를 인식할 수 있도록 도우며, 클라이언트의 능력과 동기를 파악하고 문제와 관련된 기관정책 및 그 외 다른 자원을 파악하여, 이와 연관된 현실적인 개입 목표와 문제해결방법을 설정할 수 있도록 한다.

셋째, 지역사회 대상의 특성과 자원에 대한 지식을 활용할 수 있는 능력을 기른다. 체계적인 관점에서 사회복지사의 역할, 지역사회 내에서 사회복지기관과의 관계에 대해 이해하며, 지역사회에서 이용 가능한 자원들을 개발하고 클라이언트의 욕구와 능력에 따라 이들 자원과 연결할 수 있는 연결자, 중재자, 옹호자로서의 기술을 습득한다. 문제해결을 위해 타 전문기관의 자원을 활용할 수 있도록 하며, 이때 이들이 클라이언트의 문제해결에 적절히 도움을 줄 수 있도록 동기화하는 기술을 활용할 수 있어야 한다.

넷째, 사회복지시설 및 기관의 조직, 정책, 절차에 적응할 수 있는 경험적 이해를 증진시키고 능력을 함양한다. 다양한 사회복지실천 분야에 대한 사회복지정책, 행정과의 관계 및 역동성을 체험하고, 사회복지 기록을 유지 · 보관하며, 전문적 의견이 반영된 보고서를 작성할 수 있어야 한다. 또한 기관조직 내에서 적절히 기능하고, 기관의 이용 가능한 서비스 장 · 단점을 구별하며, 이들 서비스를 개선하는 방안을 식별하는 기술을 개발한다.

다섯째, 사회복지사로서의 자아인식을 증진시키고, 전문직 정체성을 형성한다. 대학의 슈퍼바이저와 기관의 슈퍼바이저의 슈퍼비전과 평가를 바탕으로 예비 사회복지사로서 자신의 장점과 단점을 확인하고, 전문가로서의 자세를 갖춘다. 실습생 자신의 능력에 적합하면서 클라이언트의 최선의 이익을 위해 원조하는 태도 및 동료들의 제안에 경청 · 반응하며, 거시적인 관점에서 최선의 선택인지를 확인한다.

4. 사회복지현장실습의 역사

국내 사회복지현장실습의 역사를 살펴보면, 미국의 영향을 많이 받았지만 나름대로 독창성을 가지고 있다. 우리나라 사회복지교육은 1947년 이화여자대학교에 기독교사회사업학과가 설립되면서 시작되었다. 이는 사회복지교육의 필요성이 자생적으로 형성되기 전에 먼저 학문으로서 사회사업학의 고등교육이 시작된 것을 의미한다. 1948년 이화여자대학교 기독교사회사업학과의 교과과정을 살펴보면, 전공과목은 대부분 기독교 과목이었고, 사업사회과목은 케이스워크, 그룹워크, 아동심리, 청년심리, 사회문제 등으로 극히 제한되어 있다. 1955년이 되면서 사회사업 전공 교과목이 다양해지기 시작하였다. 즉, 사회사업개론, 사회문제, 아동복지, 케이스워크, 그룹워크, 커뮤니티 조직, 사회조사, 사회통계, 사회입법, 사회보장, 사회정책, 사회시설운영론, 실습 등이 전공 교과목으로 선정되었다.

해방 이후 1960년대 말에 이르는 기간은 미국의 전문사회사업학이 한국의 4년제 대학의 전공으로 도입되어 완만한 속도로 확대된 우리나라 사회복지학의 도입기이다. 1980년 현장실습은 모든 사회사업학과의 필수과목임에도 불구하고, 실습전임교수를 두고 있는 경우는 거의 없었으며, 이 시기 대학들이 실습지로 활용하고 있는 곳은 시설과 행정기관을 제외한 사회복지단체뿐이었다. 그 이유는 시설과 행정기관에는 슈퍼비전을 제공할 수 있는 전문사회복지사가 없었고, 전문사회복지사를 고용하는 사회사업기관이나 단체의 수는 제한되어 있었으며, 낙후하고 영세한 시설들은 외부인에 대해 방어적이며, 관료적이고, 사회사업 전문직으로서의 윤리, 철학, 문화 등이 부재했었다.

이처럼 다양한 변화를 거쳐 온 우리나라 사회복지현장실습은 현재까지 지속적으로 우수한 인력을 양성하기 위해 그 기틀을 다져가며 변화하고 있다. 학계는 사회복지현장실습 모델을 개발하고, 한국사회복지협회, 한국사회복지교육협의회 등의 기관에서는 실습교육의 표준화를 목적으로 사회복지현장실습지침서를 제작하여 전국의 사회복지교육기관에 배포하는 등 실습교육의 개선을 위한 노력을 전개하고 있다. 또한 보다 체계적이고 구조화된 실습이 이루어질 수 있도록 한국사회복지사협회에서는 보건복지부의 지원으로 사회복지현장실습 실태조사, 지침서 발간 및 세부규정들을 실습교육기관 및 기관에 공지하고, 슈퍼바이저 양성교육, 공청회 등을 실시하여 현장실습환경의 변화를 주도하고 있다.

현장실습교육은 외형적으로 일반사회복지사로서 사회복지실천에 기반을 둔 기본적인 학습과정 아래, 다양한 문제를 효과적으로 해결하고, 서비스 대상자들의 사회적 기능을 향상시킬 수 있도록 돕는 전문사회복지사의 능력을 갖추기 위해 사회복지서비스, 정책 및 행정을 비롯하여 임상의 다양한 개입 관련 방법론을 위주로 교육과정이 형성되었다. 그러나 내용적인 측면에서는 현장실습에서 공통으로 다루어야 할 부분에 대해 명확한 규정을 찾기가 어려운 실정이다.

현재 우리나라는 『사회복지사업법』에 근거하여 사회복지사 2급 자격의 경우 전공, 학과에 관계없이 필수, 선택과목 등 일정 과목의 학점이수만으로도 자격을 취득할 수 있도록 허용하고 있다. 이러한 사회복지사 자격에 관한 느슨한 제도는 교육과정의 다양화 및 연간 3만 명 이상의 사회복지 전공자를 배출하는 사회복지사의 양적 팽창이라는 결과를 가져왔다. 이는 사회복지 교육내용 및 실습의 부실을 낳았으며, 사회복지 전문직의 위상과 사회복지사의 질적 수준을 저하시키는 주요 요인으로 지적되고 있다. 또한 사회복지현장실습 부정행위자들이 적발되고, 의심사례들이 발생하고 있다. 2010년 입학생부터 사회복지현장실습확인서 양식에 슈퍼바이저 서명을 추가하여, 내실 있고 전문적인 사회복지현장실습 진행과 책임성을 강화하고 있다. 2020년부터는 현장실습 및 실습세미나 교육을 대폭 강화하여 내실화를 꾀하고 있다.

그러므로 실습기관과 학교는 예비사회복지사를 양성함에 있어서 실습생들이 보다 체계적이고 전문적인 실습교육을 통해 반드시 익히고 경험해야 하는 핵심적인 실습지도 내용을 개발하고 지도해야 할 책임이 있으며, 실습생들은 최선을 다해 학습할 의무가 있다.

Chapter 2

사회복지와 사회복지실천

학습목표

1. 사회복지의 이론적 기초 숙지
2. 사회복지실천의 이론적 기초 숙지
3. 사회복지와 사회복지실천의 접목 방향 설계

학습내용

1. 사회복지
2. 사회복지실천

개 요

사회복지는 국가와 시대에 따라서 달라질 수밖에 없다. 오늘날 유럽의 복지국가들과는 달리, 전문사회사업(social work)을 중심으로 사회복지를 이해하려는 미국에서는 사회복지를 협의적으로 개념화하는 경향이 있다. 사회복지실천은 인간의 삶의 질 향상, 사회적 적응과 사회적 기능 향상을 위해 개인, 가족, 지역사회를 대상으로, 사회복지사가 클라이언트의 강점을 살려, 그들이 스스로 해결해 나갈 수 있도록 도와주는 종합적이고 체계적인 전문적인 활동으로 볼 수 있다. 여기에서는 사회복지와 사회복지실천을 학습하고자 한다.

Chapter 02
사회복지와 사회복지실천

1. 사회복지

1) 사회복지의 개념

'social welfare'의 사전적 의미를 살펴보면, 'social'의 의미는 '지역사회나 집단 속에서 같이 지낸다'는 뜻을 가지고 있다. 즉, 'social'은 사회 안에서 삶의 질과 개인, 집단, 사회 전체 간의 사회 내적인 관계를 뜻하는 것으로 물질적이거나 영리적인 요소보다는 비영리적이며, 이타적 속성의 공동체적 삶의 요소에 관심을 기울이는 것이다. 'welfare'는 사전적 의미로 볼 때, '만족스러운 상태, 건강, 번영, 안녕' 등이다. 즉, 'well'과 'fare'가 어우러진 것으로 '만족스럽게 지내는 상태'라는 의미를 나타낸다. 즉, 사전적 의미로서 사회복지는 일단 사회 내의 사람들이 만족스럽고 평안한 상태를 유지할 수 있게 하는 것과 연결되어 있다. 최근 'well-being'이라는 유행어가 흔히 사용되고 있다. well-being과 welfare는 용어상 약간의 차이가 있다. well-being은 흔히 복리, 안녕이라고 번역되기도 하는데, 그 의미는 복된 상태를 의미한다고 할 수 있으며, welfare는 '복된 상태로 나간다'는 역동적인 의미가 있다. 그래서 well-being은 welfare의 결과로서 이루어지는 상태라고 할 수도 있다.

복지의 개념은 '안녕(well-being)'을 의미하며, 경제적 번영, 건강, 개인적 안전에 관한 것들과 관련된다. 또한 복지는 협의의 급여제도에서 사회정책의 넓은 의미에 이르기까지 인간의 'well-be-ing'을 뜻한다. 이런 관점에서 '사회복지'에서는 복지의 사회적 의미와 공동체적 의미가 더 강조된다. '복지' 혹은 '안녕'이라는 의미는 장기적 행복, 안정의 정도, 욕구와 선호가 충족되는지 혹은 억제되는지, 보상받을 가치가 있는 것을 획득하는지, 다른 사람들과 비교했을 때는 어떻게 느끼는지 등과 연관된다. 중요한 것은 객관적인 측정보다 복지의 주관적 특성을 고려하는 일이다. 따라서, 복지는 건강, 교육, 주택, 그리고 현금과 자원 등에 대한 평가도 중요시 된다. 이러한 의미를 내포하고 있는 사회복지는 기존의 사회복지제도들이 사회구성원의 기본적인 욕구를 충족시키는 데 실패하고 비공식적 상호부조 기제가 여의치 않을 때, 공식적인 상호부조 기제를 발전시켜 기능적인 공백을 채우며 성장하였다.

사회복지의 개념은 국가와 시대에 따라서 달라질 수밖에 없다. 오늘날 유럽의 복지국가들과는 달리 전문사회사업(social work)을 중심으로 사회복지를 이해하려는 미국에서는 사회복지를 협의적으로 개념화하는 경향이 있다. 즉, 사회복지가 궁극적으로는 전 국민의 복지를 추구한다고 하지만, 실제로 그 대상과 범위는 상당히 제한되어 있고, 또 그렇게 될 수밖에 없다는 입장이다.

사회복지 개념의 속성은 다음과 같다.

첫째, 사회복지는 인간이 만들어낸 사회제도의 하나로서, 다른 사회제도와 구별될 수 있는 특유의 사회적 기능을 갖는다.

둘째, 사회복지는 특수대상층의 복지뿐만 아니라, 사회전체 성원의 안녕(well-being)을 추구한다.

셋째, 사회성원의 안녕은 그들의 사회적 욕구를 충족시킴으로써 증진된다.

넷째, 사회복지는 인간생활을 향상시키려는 제반 시책과 노력을 포함한다. 따라서, 광의의 사회복지는 정부에 의한 시책뿐만 아니라, 민간부문에 의한 노력도 포함한다. 그리고 어느 특정 전문분야(예를 들어, 전문사회사업)의 노력뿐만 아니라, 관련 전문분야와 자원봉사의 영역까지도 포함할 수 있다.

다섯째, 사회복지는 사회질서를 유지하고 사회안정을 도모하는 수단이 된다.

이러한 점에서 사회복지는 다른 사회제도에 의해서 파생되는 문제를 예방하고 해결하는 데 중요한 기능을 한다.

사회복지와 사회사업이란 용어는 상호 간에 가끔 혼돈되고 때로는 동의어로 사용된다. 실제로 사회복지는 폭넓은 의미를 가지며, 사회사업, 공공복지, 그리고 기타 관련된 프로그램과 활동을 포함한다. 사회복지와 사회사업은 흔히 활동을 가져오는 개념으로 학자들의 견해에 따라 그 의미가 다르기 때문에, 이 두 가지 개념을 명확히 규정한다는 것은 쉬운 일이 아니다.

우리나라의 경우, 1950년대부터 1970년대 중반까지 미국 등 서구의 영향을 받아 '사회사업(social work)'이라는 개념이 교육이나 실천현장에서 통용되었다. 그러나 1970년대 후반에 이르면서 '사회사업의 토착화' 과제가 제기되었고, 당시 우리나라의 사회문제를 고려할 때, '사회복지'라는 광의의 제도적 접근이 필요하다고 하여, 학계나 실천현장에서 사회사업(social work)의 이념적 접근이 우위를 차지하게 되었다. 그리하여 1980년대 에는 사회사업과 사회복지라는 용어가 혼용되어 오다가, 1990년대에 이르러 '사회복지'로 통일되는 경향을 나타나게 되었다. 사회복지와 사회사업의 개념의 비교는 다음과 같다.

〈표 2-1〉 사회복지와 사회사업의 개념 비교

구 분	사회복지	사회사업
어의적	이상적 측면을 강조	실천적 측면을 강조
목적적	환경지향적	인간지향적
대상적	전체적, 불특정적	부분적, 특정적
방법적	제도, 정책, 고정적	지식, 기술, 역동적
기능적	사전적, 예방적, 적극적	사후적, 치료적, 소극적

2) 사회복지의 목적

사회복지는 시대에 따라 ① 자선, 자비 등의 종교적 동기, ② 박애주의, 평등, 사회정의 등의 인도주의적 동기, ③ 반사회적 계층에게 기본생활이 가능하도록 국가적 구제사업을 실시하고자 하는 반사회적 동기, ④ 최대 다수의 최대 행복, 즉 모든 국민과 사회가 동시에 만족하고 바람직한 사회를 실현하고자 하는 공리주의적 동기, ⑤ 사회복지사가 확고한 복지철학과 전문적 지식과 기술을 바탕으로 전문적인 서비스를 제공하여야 한다는 전문직업적 동기가 밑바탕이 되어 발전해오고 있다.

이와 같은 사회복지의 이념과 동기의 변화에도 불구하고, 공통으로 추구해 온 사회복지의 목적은 사회구성원이 빈곤이나 불행이 없는 자유롭고 평등한 인간다운 삶을 영위할 수 있는 사회를 형성하는 것이다. 사회복지의 목적은 인간의 존엄성 확보, 개인의 자립과 성장 · 발달 촉진, 사회의 통합과 안정 등으로 구분할 수 있다. 그 내용은 다음과 같다.

(1) 인간 존엄성의 확보

인간은 인종, 종교, 연령, 성, 교육수준, 사회신분 등에 따른 차이나 처한 상황에 관계없이 그 자체로서 존엄한 가치를 지닌 존재이다. 사회복지는 이러한 인간의 인격을 인정하고 존중하는 것에서 출발하며, 인간 존엄성의 권리를 향유할 수 있도록 하는 데 목적을 둔 사회제도이다. 즉, 사회복지제도는 모든 사회구성원을 '가치 있는 사람'과 '가치 없는 사람'으로 구분하여 처우하거나 차별해서는 안 되며, 헌법 제34조 제1항에 규정된 바와 같이 모든 사람의 인간다운 생활을 할 권리를 보장하기 위하여 노력하여야 한다. 따라서, 사회복지는 사회구성원 개개인이 다양한 욕구를 충족할 수 있도록 모든 서비스를 제공하여, 인간다운 생활을 영위할 수 있도록 지원하여야 하며, 이를 통해 인간의 존엄성을 확보하고 유지할 수 있게 하는 데 기본적인 목적을 두어야 한다. 사회복지가 모든 사회구성원의 인간다운 삶을 보장하는 데 1차 목적을 두지만, 사회자원이 제한되어 있다는 점을 감안한다면, 가장 고통이 심하고 의존적이거나 방임된 사람을 위한 서비스에 희소자원을 1차적으로 투입함으로써, 인도주의적 사회정의를 실현해 나가는 것이 바람직할 것이다.

(2) 개인의 자립과 성장 · 발달 촉진

사회복지의 이상인 동시에 목적은 모든 개인이 타인에게 의존하지 않고 자기 스스로 자주적이고 독립적인 생활을 영위하도록 하는 데 있다. 사회복지에서 자립이란 경제적 자립과 더불어 스스로 자신의 삶을 선택 · 결정하고, 이러한 결정에 따르는 책임을 수용하고, 자신의 잠재력을 개발하기 위해 끊임없이 노력하는 삶을 영위하는 것이다. 이러한 의미에서 사회복지는 개인이나 집단이 자신의 문제를 스스로 인식하고, 자기결정 원칙에 의거하여 급여와 서비스를 이용하고, 스스로 자신의 삶을 영위할 수 있도록 지원해야 한다.

사회복지는 자립생활을 영위할 수 있도록 할 뿐만 아니라, 사회구성원으로서 다른 구성원과 더불어 생활하면서 자신의 잠재력을 발견하고, 이를 바탕으로 건강한 성장과 발달을 해 나갈 수 있도록 원조하는 데 목적을 두고 있다. 즉, 사회복지는 인간이 직면한 문제의 해결과 예방은 물론, 인간을 끊임없이 성장하고 발전할 수 있는 가능성을 지닌 존재로 보고, 이들이 잠재력을 발휘할 수 있도록 충분한 기회와 서비스를 제공하여야 한다.

(3) 사회의 통합과 안정

사회복지의 목적이 사회통합이나 사회연대를 촉진하는 제도인지, 아니면 사회통제를 목적으로 하는 제도인지에 대한 논쟁들은 계속되고 있다. 사회양심이론에서는 사회복지가 사회적 보호가 필요한 사람의 어려움을 해결함과 아울러, 사회구성원의 일원으로서 다른 사람과 마찬가지로 사회생활에 적극적으로 참여하고 사회구성원 간의 연대의식을 촉진하는 것을 목적으로 한다고 본다. 다른 한편으로 음모이론에서는 특정 사회의 기득권과 사회의 현상유지를 위하여 사회적 보호가 필요한 사람을 가치 없는 인간으로 낙인찍고 이들을 사회적으로 배제하기 위한 수단으로 사회복지가 이용된다고 본다.

사회복지의 역사를 되돌아볼 때, 빈민, 장애인, 노인 등 사회적 보호가 필요한 사람들을 낙인찍고, 이들을 사회에서 분리해야 한다는 사상이 없지는 않았다. 그러나 현대사회에서는 사회복지를 사회의 통합과 연대를 촉진하는 목적을 추구하는 사회제도로 보는 관점이 더욱 강하다. 따라서, 사회복지는 사회생활상의 어려움을 지닌 사람이 사회복지 원조를 통하여 정상적인 사회생활을 영위할 수 있도록 함으로써, 개인적으로는 사회에 대한 적응력을 높이고, 사회 전체적으로는 사회의 통합과 안정에 기여하고, 또 다른 사회제도가 제 기능을 상실하였을 때, 일시적으로 그 제도를 보완함으로써, 사회 전체의 안정과 통합에 기여하는 것을 목적으로 한다.

3) 사회문제와 사회복지

인간이 경험하는 생활문제란 해결하고자 하는 욕구를 유발하는 불만족스러운 상태 또는 조건으로 정의할 수 있다. 즉, 개인의 욕구 충족 기대수준과 실제 욕구 충족 정도 사이의 괴리가 지속되어 개인의 생활에 불편을 초래하고, 이의 해결에 필요한 자원의 확보가 어려워지고 해결노력이 실패를 거듭할 경우, 인간은 문제를 경험하게 된다.

사회문제가 개인문제와 다른 점은 사회문제가 지니고 있는 사회성과 보편성에서 분명히 구분된다. 여기서 사회성이란 개인의 욕구충족이 어려운 사건과 상태가 특정 문제에 직면한 개인의 책임에서보다는, 상대적으로 사회제도나 구조상의 결함과 실패로 인하여 야기되는 경우를 말한다. 즉, 문제발생의 사회적 맥락을 의미한다. 한편, 보편성이란 사회문제가 지닌 부정적인 영향력이 특정 개인에게만 한정된 것이 아니라, 사회구성원 전체에 보편적으로 미칠 수 있음을 의미한다. 사회문제가 개인문제와 달리, 사회성과 보편성을 가진 문제라고 하더라도 아직 사회문제의 개념은 명확하게 잡히지 않는다.

인간의 삶에서 불만족스러운 상태를 초래하는 사건이 특정 개인에게만 부정적 영향을 미칠 경우에 그 문제는 개인문제가 된다. 그러나 ① 사회 가치에 비추어 바람직하지 못하며, ② 상당수의 사람들이 그 현상에 관련되어 고통, 손해 또는 부당한 처우를 당하고 있으며, ③ 사회제도나 사회구조의 결함이나 실패가 이런 불편의 원인이며, ④ 다수 또는 일부 영향력 있는 사람들이 그런 사회적 조건을 문제로 인식하며, ⑤ 사회가 전반적으로 개선하기를 원하며, ⑥ 문제의 개선이 가능하며, ⑦ 집단적인 사회적 노력으로 이를 해결할 수 있을 때, 그 문제는 사회문제가 된다. 이와 같이 사회문제는 사회적 원인에 의해 형성되고, 상당수 사람들이 문제로 인식하고, 사회가 그 상태의 개선을 바라는 사회적 상태로 규정할 수 있다.

이러한 사회문제는 어떤 분류기준을 선택하는가에 따라 다양하게 분류할 수 있다. 즉, ① 빈곤문제, 노동문제, 농촌문제 등의 사회구조적 문제, ② 가족문제, 여성문제, 아동문제, 청소년문제, 노인문제 등의 가족과 세대 문제, ③ 환경문제, 인구문제, 보건의료문제, 여가문제 등의 삶의 질 문제, ④ 범죄, 성매매, 자살, 약물중독 등의 일탈문제, ⑤ 사이버 일탈문제와 같이 사회변동에 의해 새롭게 등장하는 문제 등으로 구분할 수 있다.

이러한 사회문제의 해결방안은 발생 원인에 대한 시각에 따라 달라진다. 먼저, 사회문제의 원인을 사회제도보다는 개인에게서 찾고자 할 경우, 사회복지에서는 개인적 수준의 원조와 개입을 통하여 개인의 병리를 치료하고 성격을 변화시키는 등의 미시적 접근방법, 즉 사회복지실천을 통하여 사회문제를 해결하고자 한다. 이와 반대로, 잘못된 사회구조와 제도가 사회문제의 근본 원인이라고 보는 경우에는 국가와 사회가 사회문제의 1차적인 책임이 있음을 인식하고, 거시적 접근방법, 즉 사회복지정책을 통하여 사회문제를 해결하고자 한다. 하지만 현존의 사회문제는 어느 한 가지 접근방법만으로는 해결이 불가능하므로, 개인과 환경 양자에 대한 균형 잡힌 개입이 반드시 필요하다. 즉, 사회복지는 개인 차원에서는 사회적 기능 향상을 도모하고, 사회 차원에서는 부적절한 사회환경 요인을 개선하는 노력을 동시에 기울임으로써, 인간 삶의 불편을 초래하는 사회문제를 해결하고, 궁극적으로는 모든 사람의 인간다운 질 높은 삶을 보장하여야 한다.

2. 사회복지실천

1) 사회복지실천의 개념

사회복지는 실천학문이다. 인간이 살아가는 현장에 적용되어 활동하고 움직이지 않는다면 사회복지라고 할 수 없다. 사회복지실천은 사회복지사가 클라이언트의 욕구와 문제해결을 돕기 위해 일정한 개입 목표와 과정을 통해 활동하는 것이다. 사회복지실천에 대한 개념은 사회복지가 발달하던 초기에는 개인이나 개인의 성격 변화에 초점을 두었지만, 개인과 개인을 둘러싸고 있는 환경 사이의 조화를 강조하는 것으로 변화하였다. 사회복지실천은 인간과 환경 모두 변화할 수 있는 잠재성을 가지고 있으며, 계획된 개입과정을 통해 변화가 가능하다는 실천적인 가정을 세우게 된다. 사회복지실천의 영역은 개인, 가족, 집단, 지역사회, 조직과 제도 등 다양한 사회적 단위가 포함될 수 있다.

일반적으로 사회복지실천(social work practice)은 인간과 사회환경 간의 관계를 촉진시켜서 모든 사람들의 삶의 질을 향상시키기 위한 사회복지의 구체적인 실천방법으로서, 협의의 사회복지라고 정의할 수 있다. 그러나 사회복지실천의 정의는 역사적 배경이나 사회적 상황에 따라 서로 다른 개념과 용어로 정의되면서 지속적으로 변화되어 왔기 때문에, 오늘날까지도 합의된 정의를 제시하는 것이 어려운 상황이다. 사회복지실천은 사회사업(social work)의 개념에서 비롯하며, 1970년대 후반부터 1980년대에 이르면서 미국을 중심으로 사회복지실천이라는 용어를 사용하기 시작했다. 이에 앞서 사회복지실천의 용어는 '케이스워크의 어머니'로 불리는 리치몬드(Mary Ellen Richmond)의 저서 『사회진단(*Social Diagnosis*, 1917)』과 『개별사회사업이란 무엇인가(*What is Social Casework*)』(1922)에서 '개별사회사업'으로 나타난다. 리치몬드에 의하면, 사회복지실천은 인간과 그를 둘러싼 사회환경 간의 부적응이나 갈등을 해소하여 개인의 욕구를 충족시켜 주고, 사회의 규범에 적응하도록 도와주는 것을 목적으로 한다.

메리 리치몬드(Mary Ellen Richmond, 1861~1928)

리치몬드는 1861년 미국 벨르빌(Belleville)에서 태어났다. 부모님은 그녀가 아주 어릴 때 사망하여 할머니, 숙모와 함께 메릴랜드(Maryland) 주의 볼티모어(Baltimore)에서 성장하였다. 할머니는 강신론자 혹은 급진적인 여성 참정권자로 잘 알려져 있었다. 그녀는 투표권 논의, 정치, 사회적 신념, 강신론 등에 대한 논의가 활발하게 이루어지는 것을 보면서 성장하였다.

이러한 경험으로 인해 그녀는 비판적인 사고능력 및 장애인과 저소득층을 좋은 방향으로 이끌겠다는 인생관을 가지게 되었다. 그녀의 할머니가 학교교육체계에 대한 믿음이 없었기 때문에 11세까지 가정교육을 받은 뒤에야 학교에 입학하였다. 그럼에도 불구하고, 그녀는 홀로 독서에 매진하였고, 이러한 노력으로, 16세에 고등학교를 졸업하였다. 그 뒤로는 뉴욕 친척 집에서 살았는데, 가난과 병약함 때문에 힘든 날들을 보냈다. 뉴욕에서 2년을 보낸 후 볼티모어로 돌아가 일했다. 그때 리치몬드는 예수 그리스도의 신성을 부인하고 하나님의 신성만을 인정하는 이단 유니테리언교회(Unitarian Church)에 빠지게 되었고, 그 안에서 사람들과의 교류를 활발하게 하였다.

1888년이 되면서 리치몬드는 자선조직회(Charity Organizalion Society, COS)에서 재무부 책임자로 활동하였다. 여기에서 리치몬드는 가난하고 소외된 이웃들을 위해 많은 사회봉사를 경험하였다. 그 경험을 바탕으로 그녀는 도움의 손길이 필요한 사람들의 가정을 직접 방문하는 쪽으로 방향을 잡았다. 다양한 사람들을 접하면서 리치몬드는 어떻게 곤경에 처한 사람들을 도울 수 있는지를 몸소 체험하였고, 이는 후일 사회복지를 위한 공동체를 형성하기 위한 발판이 되었다. 그리고 이러한 경험들로 인해 그녀는 뉴욕의 러셀세이지기금(Russell Sage Foundation)의 자선조직단체 부서장에 올랐다. 이외에도 리치몬드는 학교전문사회복지사를 양성하기 위해 자선단체와 국민회의(National Conference)

에서도 연설을 하는 등 활발한 활동을 하였다. 1899년에는 저소득층을 위한 우애방문에 대하여 현실적 제안을 담은 종합적인 프레젠테이션을 시행하기도 하였다.

리치몬드는 미국의 자선조직협회 운동의 발전에 공헌한 사람으로, 우애방문활동의 자원봉사자를 전문적으로 교육·훈련하는 최초 방법론으로 '케이스워크(casework)'를 체계화하였다. 케이스워크란 사회진단, 사회치료라는 의학모델을 사용하여 사람과 환경의 조정에서 인격(personality)을 발달시키는 과정이라고 하였다. 그녀는 '케이스워크의 어머니'로 불린다.

사회복지실천이라는 용어는 1970년 메이어(Carol Meyer)에 의해 처음 사용되기 시작하였고, 1960년대 미국사회의 급진적인 경향 및 빈곤의 악순환, 인종폭동 등 사회개혁을 요구하는 움직임이 본격화되면서, 논리적·사변적인 접근, 개별적인 접근보다는 현실성 있는 실천(실용성)을 강조하기에 이르렀다. 그 영향으로 사회복지에서도 실천성을 강조하는 차원에서 사회복지실천이라는 용어를 사용하게 되었다. 이전에는 사회사업(social work)이라는 용어를 사용하였다.

우리나라에서는 「사회복지사업법」의 개정과 더불어 2003년부터 사회복지사 자격 취득 국가고시제도를 도입하게 되었다. 이로 인하여 과거 대학교육의 교과목 명칭 중 개별사회사업(개별지도), 집단사회사업(집단지도)이 없어지고, 사회복지실천론과 사회복지실천기술론으로 변경하여, 2000년부터 '사회복지실천'이란 말을 공식적으로 사용하게 되었다. 한국사회복지교육협의회에서는 통합방법론의 인정과 함께 기존의 사회복지방법론을 사회복지실천과 사회복지실천기술론으로 구분하였다. 여기서 사회복지실천은 '이론' 중심적이고, 사회복지실천기술론은 '기술' 중심으로 설명된다.

사회복지학 범위 내에서 사회복지실천활동을 포괄적으로 정의할 때, 사회복지 활동 영역에는 일반적으로 사회보험, 공공부조, 사회복지서비스 등과 직·간접적으로 관련된 내용들이 포함된다. 이들 중 사회보험과 관련된 내용의 대부분과 공공부조와 관련된 내용의 일부는 '사회복지정책' 분야에서, 그리고 사회복지서비스 분야와 관련된 내용 중에서 사회복지시설의 운영 및 평가, 프로그램 개발 및 평가 등과 관련한 내용들은 '사회복지행정' 분야에서 각각 별도로 다루어지고 있다. 다시 말해서 사회복지실천은 '직접실천(direct practice)'이라고 불리는데, 이는 다양한 사회복지실천현장에서 사회복지사는 어떤 활동을 어떻게 해야 할 것인가에 대한 내용, 즉 사회복지실천방법에 관해 상세히 살펴보는 분야이기 때문이다.

사회복지실천의 정의는 빠르게 변화하는 사회복지실천 환경과 맥락에 따라 정의의 수준이 고려되어야 할 필요가 있다. 사회복지와 관련된 법이나 정책이 사회복지사의 업무를 규정하지만, 사회복지사도 제도나 정책이 집행되는 과정에서 발견되는 수정되거나 보완되어야 하는 점들을 제도나 정책에 반영하도록 영향을 미치고 있다. 예를 들어, 아동학대 문제와 관련된 법과 정책, 사회복지사의 활동에 대해 생각해 보자. 아동학대 사례들을 담당하고 있는 아동보호전문기관 사회복지사의 업무가 관련법과 정책에 근거하여 규정되지만, 실행과정에서 클라이언트의 문제 및 욕구를 보다 효과적으로 해결하고 충족할 수 있도록 제도나 정책의 변경 필요성을 경험할 수 있다. 이렇게 사회복지사가 제기하는 이슈들이 아동학대 관련 정책 수립이나 제도 개선에 영향을 미치며, 새로 수립된 정책이나 개선된 제도 등은 다시 아동보호서비스 제공과 서비스의 질에 직접적인 영향을 미친다. 또한 사회복지사는 취약집단을 보호하는 데 기존의 법이 부적절하거나 새로운 입법이 필요하다면 개정이나 제정을 적극적으로 요구할 수 있다. 그동안 아동학대, 가정폭력, 장애인 자립지원, 노인학대 문제 등과 같은 많은 영역에서 사회복지사는 관련법을 제정하거나 개정하는 데 기여한 바 있다. 또한 인권 관련법이나 차별금지 관련법은 모든 시민이 차별받지 않고 공공업무에서 절차적 공평성을 보장받을 기본적 권리를 보호하기 위해 만들어진 법률이므로, 사회복지사는 이러한 법들을 활용해 서비스 이용자들에게 보다 적절하고 접근이 쉬운 서비스를 제공하도록 사회복지기관의 책임성을 높일 수 있다.

사회복지실천의 정의에 대한 흐름을 살펴볼 때, 사회복지에 대한 전 세계 각국의 사회정책과 학계의 눈부신 연구업적, 그리고 실천현장에서의 사회복지전문가의 헌신 등을 감안한다면, 특정 이데올로기나 한정된 분야에 대한 주장은 역사의 뒤안길로 사라질 수밖에 없다. 따라서, 사회복지실천에는 사회복지의 발전 추세에서 안주할 수 없는 정책의 전환과 학문에 대한 끝없는 열정, 현장에서의 창의적 실천기술이 요구된다.

결론적으로 사회복지실천은 인간의 삶의 질 향상, 사회적 적응과 사회적 기능 향상을 위해 개인, 가족, 지역사회를 대상으로, 사회복지사가 클라이언트의 강점을 살려 그들이 스스로 해결해 나갈 수 있도록 도와주는 종합적이고 체계적인 전문적인 활동이다.

2) 사회복지실천의 목적과 목표

사회복지실천에 대한 개념은 개인의 사회기능을 유지 또는 증진시킬 의도로 사회적 개입을 하는 것으로 개인의 문제해결 능력과 대처능력을 향상시키고 사람들의 자원과 서비스 기회를 제공하는 체계와 연결시키며, 사회정책의 개발과 발전에도 기여한다. 또한 빈곤과 고난을 경감시킬 목적으로 사회가 공공 또는 민간의 형태로 비영리적인 서비스 기능을 하는 것이다. 사회복지사가 클라이언트의 욕구와 문제해결을 돕기 위해 일정한 개입 목표와 과정을 통해 활동하는 것이다. 사회복지실천영역은 개인, 가족, 집단, 지역사회 조직과 제도 등 사회적 단위가 포함될 수 있다. 사회복지실천은 한마디로 목적 지향적이며, 시간제한적인 활동으로, 사회복지사가 사회복지전문직의 개입을 필요로 하는 모든 현장에서 전문적 도움을 필요로 하는 사람들을 직접 만나 전문적인 서비스를 제공하는 활동이다.

(1) 목적

미국사회복지사협회(NASW, 1958)에 따르면,

첫째, 개인과 집단이 그들과 환경 간에 불균형 상태가 발생했을 때, 문제를 찾아내어 문제의 어려움 정도를 감소시키거나 해결하도록 도와주는 것이다.

둘째, 개인이나 집단이 그들과 환경 간에 불균형 상태가 일어날 수 있는 잠재적 문제를 미리 발견하여 예방하는 것이다.

셋째, 개인과 집단과 그들과 환경 간에 불균형 상태가 일어날 수 있는 잠재력을 발견하여 확인하고, 이를 강화시켜 주는 것이다.

미국사회복지교육협의회(CSWE, 1994)에 따르면,

첫째, 개인, 가족, 집단, 조직, 지역사회가 목적을 달성하여 고통을 완화시키고 자원을 활용할 수 있도록 도와줌으로써, 이들의 사회적 기능을 촉진, 회복, 유지, 향상시키는 것이다.

둘째, 인간의 기본적인 욕구 충족과 잠재력 및 가능성 개발을 돕기 위해 필요한 사회정책, 서비스, 자원, 프로그램 등을 계획하며 공식화하고 시행하는 것이다.

셋째, 사회적 취약 계층의 역량강화 및 사회적·경제적 정의를 실현하기 위해 조직적·행정적 옹호와 사회적·정치적 운동을 통해 정책, 서비스 지원, 프로그램을 추구하는 것이다.

넷째, 이러한 사회복지실천 목적과 관련된 모든 전문적인 지식과 기술을 개발하고 발전시키는 것이다.

(2) 목표

사회복지실천의 기능은 사회복지의 목적을 달성하기 위한 구체적인 역할을 제시하며, 밀접하게 연관되어 있다. 사회복지실천의 기능은 크게 예방, 재활, 치료 활동을 통해 욕구가 있는 개인의 사회적 기능 향상과 개인·집단의 불의의 상황에 사회복지사가 개입하여 옹호 활동을 통한 사회적 정의의 향상으로 구분된다.

사회복지실천의 목표는 다음과 같다(NASW, 1994).

첫째, 개인으로 하여금 자신의 역량을 확대하고 자신의 문제해결능력 및 대처능력을 증진할 수 있도록 돕는다.

개인은 대개 자신의 대처자원이 고갈되었을 때 누군가에게 도움을 청하게 된다. 사회복지 전문인력이 이러한 도움 요청에 반응하여 지원을 제공하는 방법에는 여러 가지가 있다. 즉, 클라이언트에게 문제상황에 대한 새로운 시각이나 관점을 제시하는 일, 적절하고 합리적인 대안을 생각할 수 있도록 돕는 일, 클라이언트가 가진 자신의 장점 또는 강점을 스스로 깨달을 수 있도록 돕는 일, 가용자원 또는 잠재적 대처자원을 동원할 수 있는 방법을 제시하는 일, 문제해결 전략 또는 절차를 교육시키는 일, 대인관계기술을 개발하도록 돕는 일 등은 이러한 목표에 해당되는 일들이다.

둘째, 각종 자원을 확보할 수 있도록 돕는다.

인간이 최소한의 인간다운 삶을 유지하기 위해서는 각종 자원들을 필요로 한다. 여기에는 주거, 음식, 최소한의 생활필수품 등의 유형의 서비스들, 그리고 의료서비스, 정신의료 상담서비스, 보호서비스, 법률서비스 등의 무형의 서비스들이 포함된다. 사회복지실천 인력은 이러한 유형 · 무형의 서비스들을 클라이언트에게 직접 제공하거나 클라이언트가 그러한 서비스들을 제공받을 수 있도록 돕는 역할을 담당한다. 이러한 과정에서 사회복지실천 인력은 각 서비스 제공기관에게 클라이언트를 소개하고 연결하는 중개자의 역할을 담당한다. 또한 다양한 서비스를 연속적으로 필요로 하는 복합적 문제가 있는 클라이언트에게는 각 기관이 연계하여 문제해결에 필요한 적절한 서비스를 제공하도록 하는 사례관리자의 역할을 담당하기도 한다. 클라이언트가 필요로 하는 서비스가 사회 내에 존재하지 않을 경우에는 그러한 서비스 제공에 필요한 프로그램이나 제도를 개발하는 일도 사회복지사의 일에 해당한다. 북한이탈주민을 위한 생활적응 훈련 프로그램의 개발과 실시, 증가하는 다문화가족구성원을 위한 각종 프로그램의 개발과 관련 법률을 만드는 일 등은 과거 존재하지 않았던 새로운 프로그램이나 제도를 마련한 사례이다.

셋째, 사람들의 욕구에 적절히 반응하는 조직이 될 수 있도록 감시한다.

클라이언트에게 서비스를 제공하는 기관이 클라이언트의 인간적 존엄성을 존중하면서 적절한 절차와 기준에 의해 시의 적절하게 서비스를 제공하는지를 유심히 살피고, 경우에 따라서는 시정을 요구하는 활동이 여기에 속한다. 클라이언트를 대신하여 클라이언트에 대한 비인간적 대우, 침해된 권리 등을 찾아 주는 역할도 여기에 해당된다. 그러나 무엇보다 우선되어야 할 것은, 사회복지사 자신과 자신이 속한 기관이 클라이언트의 권익보호를 위해 최선을 다해 책임 있게 행동하고 있는가를 살피는 일이다. 자신이 속한 기관의 운영상태가 사회복지실천 윤리 및 목적과 거리가 먼 경우 조직 내부 변화를 위한 양심적 행동이 요구된다.

넷째, 개인과 개인 주변 환경에 속한 사람들 사이의 상호작용을 촉진한다.

인간의 삶의 질은 대개의 경우 주변 사람과 이루는 원만한 상호관계에 바탕을 두고 있다. 사회복지사는 개인과 개인 주변 사람과의 원만한 상호관계를 촉진하는 역할을 담당한다. 비행청소년의 문제를 해결하기 위해 청소년과 부모와의 대화, 청소년과 교사, 교사 · 부모 · 청소년 등 3자 관계의 대화가 원만하게 이루어질 수 있도록 중개자 역할을 담당하는 것이 한 예이다. 시설 거주 노인 또는 장애인과 시설 운영진 사이에 상호 대화를 촉진함으로써 원만한 관계를 형성하고, 유지할 수 있도록 활동하는 것도 해당된다.

다섯째, 조직과 조직, 기관과 기관 사이의 상호작용에 영향력을 행사한다.

클라이언트의 복지는 어느 한 조직 또는 기관만의 활동에 의해 이루어지지 않는 경우가 많다. 관련된 여러 기관과 조직들 사이에 긴밀하고 원만한 협조가 이루어져야 하는 경우가 대부분이다. 그 예로, 복합적 문제를 갖고 있는 노인의 경우 소득의 부족, 건강의 악화, 사회활동의 위축, 배우자 및 친구들의 사망 등으로 인해 복합된 서비스 욕구를 갖고 있다. 이러한 욕구들이 조화롭게 충족될 때 노인의 복지가 이루어질 수 있다. 이러한 조화로운 욕구 충족을 위해서는 보건, 복지, 오락, 비공식적 사회지지망 등과 관련된 정부 기구나 조직, 지역사회 조직, 가족 등이 긴밀히 협조해야 한다. 사회복지사는 이러한 기관 간의 협조가 원만히 이루어지도록 조정 · 중재하는 역할을 수행한다. 이러한 기관 및 조직들에 클라이언트의 복지와 관련된 정보를 제공하는 일도 여기에 해당된다.

여섯째, 사회환경의 정책에 영향력을 행사한다.

물리사회적 환경의 개선, 물질적 서비스의 확보 등을 위한 정책형성 및 관련법 제정 등을 위한 기초 활동도 사회복지사의 일에 해당한다. 사회복지실천 전문인력은 주로 클라이언트와의 직접적 접촉에 의한 활동을 주로 하지만, 클라이언트의 문제는 필연적으로 정부의 기본 정책 및 관련법과 제도에 의해 영향을 받고 있으므로, 이러한 분야에 대한 관심과 문제제기가 요구된다.

3) 사회복지실천의 기능과 역할

(1) 기능

사회복지의 목적을 달성하기 위해서 사회복지사는 크게 예방, 회복, 교정의 세 가지 기능을 수행한다(전재일 외, 2018: 33-34).

① 예방기능

문제의 발생을 예측해서 문제발생 전에 예방하는 일이다. 예를 들어, 부모를 위한 육아교육, 정년퇴직 전의 노후설계 상담, 노후의 건강유지방법, 아동학대가 일어나지 않도록 예방하기 위해 무엇을 해야 하는지에 관하여 교사, 부모, 일반인을 교육하는 것이 필요한 것이다.

급격한 노인인구의 증가와 함께 도시화가 진행됨에 따라 지역사회에 고립된 고령자 세대가 급증하고 있다. 사회적으로 고립된 고령자는 일반적으로 신체적 · 정신적 기능이 빠르게 쇠퇴되어 간다. 예를 들어, '쇠퇴의 예방을 위해서 고령자의 사회참여를 촉진하기 위해 어떤 것을 하면 좋을까?', '고립화의 예방을 위해서 지역사회가 어떠한 체제나 프로그램을 만들면 좋을까?' 등이 과제라고 할 수 있다.

고령자의 지지망을 자원봉사자를 모집해서 만드는 일, 고립예방을 목적으로 노인집단을 만드는 일도 고려될 수 있다. 이런 활동에서 사회복지사에게 요구되는 기술은 어떤 방법으로 고립된 고령자를 발견할 것인가, 변화에 저항하는 고령자를 어떻게 설득해서 사회참여를 진행시킬 것인가 등이다.

② 회복기능

신체적 · 정신적 장애로 인해 일상생활에 어려움을 가지고 있는 사람들의 회복을 목적으로 하고 있다. 예를 들어, 척추 손상으로 신체 일부에 마비증상이 있는 신체장애인, 정신병을 앓고 있는 정신장애인, 지적발달장애인, 또 다른 장애를 가진 사람들이 포함된다.

③ 교정기능

현재 존재하고 있는 문제의 해결 또는 개선을 목적으로 한다. 교정의 대상이 되고 있는 문제는 다양하고 또한 대상이 되는 사람들도 사회상황도 광범위하게 걸쳐 있다. 예를 들어, 아동의 학교등교 거부로 고민하는 가족, 부부간 · 가족 간의 갈등, 아동의 학대, 아동을 방임하고 있는 가족, 가족 내 아동들의 폭력행위, 청소년의 비행문제, 에이즈 환자가 있는 가족, 신체장애인 또는 정신장애인이 있는 가족, 치매성 노인이 있는 가족, 학교에서 따돌림을 당하는 아이의 가족 등이 있다. 교정기능은 많은 사회복지사가 더욱더 시간과 노력을 투자해야 할 기능이다.

(2) 역할

이와 같은 기능을 하는 사회복지사는 다양한 역할을 한다.

첫째, 직접 서비스제공자의 역할이다. 클라이언트와 직접 만나서 클라이언트가 제기하는 문제, 욕구, 도전 등에 대해 개별상담, 집단상담, 부부 및 가족상담 등 상담서비스와 교육자, 훈련가, 코치 등의 교육훈련서비스를 제공한다.

둘째, 시스템 연결자의 역할이다. 자원이 필요한 클라이언트에게 사례관리, 조정, 중개, 중재, 협상, 옹호 등의 역할을 통해 자원과 시스템을 연결해 준다.

셋째, 시스템 유지자의 역할이다. 현재의 시스템이 적정한지, 유지 가능한지, 더 나은 시스템으로 향상시키기 위해서는 무엇이 필요한지 등을 사정하기 위해 사정, 평가, 촉진, 컨설팅 등의 역할을 하게 된다.

넷째, 시스템 개발자의 역할이다. 현재의 시스템이 충족해 주지 못하는 부족한 부분을 채우기 위해 기획, 개발, 옹호 등의 역할을 하면서 새로운 자원을 창조해낸다.

다섯째, 연구자의 역할이다. 연구를 직접 수행하는 역할과 연구된 내용을 학습하고 연구의 결과를 반영하는 연구소비자의 역할이 모두 포함된다. 실천기반연구(practice based research)와 증거기반실천(evidence based practice)을 실행하면서 이 역할을 잘 발휘할 수 있다.

Chapter 3

생애주기의 특성

학습목표

1. 각 단계별 특징 이해
2. 단계에 따른 개별적 특징 숙지
3. 현실적 접목 실시

학습내용

1. 태내기
2. 영아기
3. 유아기
4. 아동기
5. 청소년기
6. 성인기
7. 장년기
8. 노년기

개 요

생애주기는 대부분 에릭슨의 이론을 채택하여 8단계로 구분하고 있다. 최근에 에릭슨은 80~90세를 분리하여 9단계론으로 확장하고 있다. 생애주기는 사회복지가 지향하는 인간의 가치와 맞물려 있다. 따라서, 생애주기의 학습은 인생 전체를 아우르는 포괄적인 방법이 요구된다. 여기에서는 생애주기의 특성을 학습하고자 한다.

Chapter 03
생애주기의 특성

1. 태내기

태내기(womb, prenatal period, intrauterine period)란 정자와 난자가 결합하여 수정란을 이루면서 태내발달이 시작되고, 태아가 수정 후 약 280일(40주) 기간 동안 모체 내에서 자라는 시기를 말한다. 인간의 개인적 차이는 환경이나 그 사람이 성장하면서 부딪히는 경험 이상의 것에 기인한다. 이는 개인적인 변이가 유전에 의해서 영향을 받는다는 것을 의미한다. 부모로부터 전달되는 특성이나 기질을 유전인자라고 하며 이것은 염색체 속에 들어 있다. 우리가 인간의 구조나 모습을 갖춘 것은 인간 특유의 염색체를 가지고 있기 때문이지만, 염색체와 유전인자의 구성이나 배열은 개인마다 다르다.

생물학적 측면의 인간발달은 아기가 수정이 되는 태내기부터 이미 시작된다. 이 시기는 임산부의 연령, 건강, 약물복용 및 정서적 상태까지 태아의 발달에 주요한 영향을 미친다. 임신 중 '태아'를 의학적으로 정확히 구분하면, 정자와 난자가 만나서 수정된 후 3~8주간은 태아가 아닌 '배아'라고 부르며 11주 이후부터는 '태아'라 부른다.

태내기는 태내발달에서 가장 긴 시기이며, 수정 후 8주경부터 출생하기 전까지를 말한다. 이 시기에는 배아기에 형성된 신체기관이 성장하고 좀 더 정교해진다. 태아는 골격과 근육을 가지고 있어서 발로 차기도 하고, 팔을 구부리고 손을 폈다 접었다 할 수도 있으며, 심지어 손가락을 빠는 행동을 보이기도 한다. 태아의 움직임은 배아기가 끝나는 시점부터 어머니는 성장이 상당히 진행된 후인 수정 후 17~20주 사이에 태아의 움직임을 느끼기 시작한다. 20주쯤에는 외음부가 형성되어 태아의 성별을 초음파로 파악하는 것이 가능해진다.

정상적인 태내발달은 37~40주에 완성되고, 대부분의 아기는 이 시기에 출생을 한다. 하지만 가끔씩 37주 이전에 태어나는 아기들이 있는데, 이런 아이들은 조산아라고 불린다. 조산을 했을 경우에 생존할 수 있는 가장 이른 시기는 22~26주이며, 이보다 전에 태어난 아기들은 폐가 매우 미성숙하고, 호흡이나 체온을 조절할 수 있는 기능을 갖추지 못하였기 때문에 생존율이 낮다. 이 시기는 정자와 난자가 만나는 순간부터 출생의 시기이며, 어머니의 자궁 내에서 태아의 신체조직이 발달하고 신체성장이 가장 큰 폭으로 일어나는 시기이다. 인간의 개인적 차이는 환경뿐 아니라, 유전에 의해서 영향을 받는다. 따라서, 태아에게 유전적 요인과 환경적 요인 등이 영향을 미치기 때문에 각별히 조심해야 하는 시기이다.

2. 영아기

영아기(infancy)는 태어나면서부터 만 3세까지, 즉 36개월까지를 말한다. 현행 우리나라의 보육 서비스에서는 영아를 36개월 미만으로 정의하고 있다. 유아교육법에서는 "유아란 만 3세부터 초등학교 취학 전까지의 어린이를 말한다."(제2조 1)고 규정하고 있다. 하지만 학문적으로 영아기를 더 세분해서 만 2세까지는 영아기(infancy)로, 만 2~3세까지는 걸음마기(toddler)로 구분하기도 한다. 대부분의 저작들에서는 만 2세까지를 영아기로 구분한다. 그중에서도 출생 후 첫 1개월을 신생아기라고 한다.

영아기는 발달의 여러 영역에서 급속한 성장이 이루어지는 시기다. 신체 및 운동 발달단계에서 '제1성장급등기'라고 불릴 만큼 빠른 발달이 이루어지며, 언어발달에 있어서도 다른 사람과의 의사소통이 이루어질 수 있을 정도로 발달한다. 전반적으로 이 시기는 인지발달을 포함한 모든 영역에서 균형적이고 긍정적인 발달을 위해서 새로운 것을 많이 접하고 경험하는 시기이다. 이 시기는 신체적 성장이 매우 급격히 이루어지며, 기본적 운동능력, 언어습득, 개념형성 등의 인지적 발달이 이루어진다. 또한 이후의 사회성 발달에 큰 영향을 미치는 애착관계를 형성하여 다른 사람과 정서적 유대관계를 맺을 수 있게 된다.

이 기간의 가장 큰 특징은 성장속도가 매우 빠르다는 것이다. 영아기는 독립적으로 생활할 수 없으므로 신체적, 심리적으로 성인에게 의존하며, 부모나 형제자매 등 돌보는 사람에게 애착행동을 보이게 된다. 영아기의 가장 큰 변화는 일어서서 이동하는 능력을 나타내는 것이다. 또한 감각운동의 시기이며, 한두 단어를 사용할 수 있게 된다. 이 기간 동안 무력한 존재인 영아는 하나의 독립된 개체로서 성장할 준비를 하게 된다. 특히, 신생아기는 태내환경과 너무나 상이한 새로운 환경에 적응해야 하므로 매우 중요한 의미를 갖는다.

3. 유아기

유아기(early childhood)는 대개 만 3~5세까지의 기간을 말한다. 국내법의 규정을 보면, 유아교육법에서는 "유아란 만 3세부터 초등학교 취학 전까지의 어린이를 말한다."(제2조 1)고 규정하고 있다. 영유아보육법에서는 "영유아란 6세 미만의 취학 전 아동을 말한다."(제2조 1)고 규정하고 있다. 그러나 많은 경우에 학문적으로는 만 2세부터 유아기로 본다.

이 시기의 유아는 자기주장과 지배에 대한 욕구가 매우 강하다. 이는 개인으로서의 자신을 의식하기 시작하는 데서 비롯된 것으로 반항과 고집, 자기주장이 나타나기 시작한다. 이 시기의 유아가 경험하는 긴장은 아이의 행동을 제한하고 규제하려는 환경의 요구에서 비롯된다. 이러한 과정을 거쳐 초기에는 타인과의 상호관계를 고려하지 않는 자기중심적 존재로부터 타인과의 상호관계를 고려하는 존재로 성장한다. 이 시기에 유아는 자신의 고유성을 인식하기 시작하여, 유아기 후반에 가면 '내 마음대로' 하는 것보다는 '내 스스로' 하는 것에 더 관심을 갖게 된다.

유아기 사회성 발달의 주요 특징은 먼저, 주도성이 강해지면서 점차 독립심과 자신감을 얻게 된다. 6, 7세가 되면 유아는 능력과 기술 등이 향상되면서 부모에게서 독립하여 스스로 결정하고 행동하기 시작한다. 또한 관심의 대상이 가족에서 또래로 바뀌면서 경험의 폭이 넓어진다. 이런 또래와의 경험은 유아가 자기중심적 사고에서 벗어날 수 있도록 해 주고, 자기의 객관적 모습을 보게 해 주며, 폭넓은 경험을 통해 인지적 성장을 촉진시켜 주므로, 집단생활의 교육적 의의가 특별히 부각되는 시기이다. 유아기는 영아기에 비해 대인관계의 폭이 넓어지고 다양해지기 때문에 사람과의 관계에 따른 정서적 긴장이 심하게 나타나며, 언어능력의 발달로 자신의 주장을 관철시키기 위한 언어적 표현도 많이 하게 된다. 특히, 유아는 주로 놀이를 통해 사회적 관계를 형성하고 사회적 기술과 역할을 습득하게 된다.

자유로운 독립보행이 가능하게 되는 유아기에는 무한한 지적 호기심을 충족시키기 위해 많은 탐험과 학습을 하게 된다. 유아기의 두드러진 특징은 활동성이다. 이 시기의 유아는 대단히 바쁘다. 끊임없이 이야기하고 움직이며 계획을 세운다. 또한 부모로부터 사회화 교육을 받고, 이를 바탕으로 향후 사회적 행동의 기준이 되는 가치관을 학습하게 된다. 이 단계에서는 주체성이 확립되기 시작한다. 이전의 시기에 시작되었던 대인관계 및 사회적 관계에 대한 믿음과 불신 그리고 가치관의 확립 등은 향후 독립된 인격체로서의 성장과 정신적인 성숙의 밑거름이 된다.

유아기는 영아기와 같은 급속한 성장은 보이지 않고, 비교적 완만한 성장을 보이는 시기에 해당한다. 신체적으로 정신적으로 미숙한 상태에서 급속한 성장을 통해서 스스로 걷고 달리며 언어를 사용한다. 사회적으로도 가정 내에서 가족관계로 한정되었던 사회적 관계가 가정을 벗어나, 어린이집 그리고 유치원 생활을 하게 되며 가정 밖의 또래들과 어울리면서 사회적 관계의 범위도 상당히 넓어지는 시기이다.

[그림 3-1] 유아기 놀이 모습

4. 아동기

아동기(childhood)는 초등학교 입학에서 졸업까지의 시기로서 6~12세까지를 말하는데, 학령기라고도 한다. 이러한 근거는 앞서 유아기 기준에서 6세 미만으로 규정한 데 따른 반사적 적용이라고 볼 수 있다. 또한 국내법으로 초등학교 입학기준을 만 6세 이상으로 한정한 데 따른 연령기준이라고 볼 수 있다. 아동기를 학령기라 부르기도 하는데, 학령기란 초등학교 재학기간을 나타내며, 청소년기가 13세부터 시작됨을 감안한 기준이라고 볼 수 있다. 따라서, 많은 학자들은 6~12세를 아동기로 본다.

아동기는 일반적으로 아동이 유치원에 들어가는 연령인 6세부터 초등학교를 졸업하는 12세까지의 시기이므로, 실제로 유치원과 초등학교의 경험은 매우 다르다. 유치원은 사실상 학교교육을 받는 시기라고 보기 어려우나, 가족 이외의 사회적 영향력이 새롭게 등장한다는 점에서 이전의 시기와 구별된다. 이를 감안하여, 아동기를 유치원 시기에 해당하는 아동기 전기(학령 전기)와 초등학교 시기에 해당하는 아동기 후기(학령 후기)로 구분하기도 한다.

아동기(middle & late childhood)는 신체적 성장이 급속히 일어나지 않고 꾸준한 성장을 보인다. 살이 빠지고 팔, 다리가 성장하면서 머리와 신체의 비율이 성인과 유사해진다. 초기 아동기에는 인지능력과 언어가 놀라운 속도로 발달하기 시작하며, 도덕성이 발달하고 또래관계를 형성하기 시작한다. 후기 아동기는 논리적 사고, 읽기 능력, 자아, 도덕성, 또래와의 우정 등이 증진되는 시기이다.

아동기에는 학교경험이 시작됨으로써 유아기보다 복잡한 사회적 영향을 받게 된다. 아동기 이전의 시기인 유아기까지 아동은 거의 전적으로 가족의 영향 아래 놓여 있다. 학교는 아동에게 가족 이외의 외부로부터의 평가, 성공과 실패의 기회, 또래집단과의 경험 등을 제공하는 중요한 영향력의 원천이 된다.

이 시기는 지속적 성장기로서 발육이 왕성하고 운동이 활발하므로 영양공급이 매우 중요하며 충분한 수면이 필요하다. 아직 신체의 소화 · 흡수 능력이 미숙하며, 식사행동도 자립하려는 단계이다. 유아기의 식습관은 성인 건강의 밑거름이 되므로, 이 시기는 중요한 식습관의 확립기이다. 유아의 풍부한 식생활은 신체적 성장과 발달뿐만 아니라, 정서적 · 지적 발달을 촉진한다.

5. 청소년기

청소년기(adolescence)는 아동기에서 성인기로 전환하는 시기이다. 연령적으로 만 13~18세를 말한다. 청소년 전기에는 급속한 신체적 변화와 인지적 발달을 경험하며, 청소년 후기는 자아정체감 확립과 더불어 성인생활을 준비하기 위한 여러 가지 과제에 집중한다. 또한 청소년기에는 급격한 신체발달과 더불어 운동 능력의 발달도 현저하다. 이것은 개인의 만족과 자신감을 키워주는 역할을 한다(정미경 외, 2015: 132).

청소년기는 '사춘기(puberty)'라고 이르는데, 이는 이 시기에 일어나는 다른 신체 변화뿐만 아니라, 개인의 성적인 면까지 포함하는 생리적 변화를 의미하는 개념이다. 이에 대해 청소년기는 인간발달을 뜻하는 일반적인 용어로서 문화적 개념이다. 즉, 행동적 그리고 문화적인 측면에서 성숙하는 시기이다. 따라서, 청소년이라는 용어는 사춘기의 신체적 성숙뿐만 아니라, 심리적 · 사회적으로 의존에서 벗어나 독립과 책임을 수용하는 것까지 포함된다. 대부분의 청소년기는 중 · 고등학생 시기이며, 주로 신체적 성숙과 인지적 발달을 경험하게 된다. 사춘기로 시작되는 청소년기는 신체적 변화가 일어나는 생물학적 변화로 인해 그 시작이 분명한 반면, 끝나는 시점은 행동적 · 문화적 · 심리적 성숙의 개인차로 인하여 사람마다 다양하다. 따라서, 청소년기는 사춘기의 여러 가지 육체적 · 심리적 변화로 부모 · 자녀 관계도 가장 힘들고 청소년 자신도 동요하는 시기이다. 이 시기를 '질풍노도의 시기(time of storm and stress)'라고도 한다(신명희 외, 2013: 292).

역사적으로 청소년이란 용어가 등장하기 시작한 것은, 얼마 전의 일이다. 이 용어는 산업혁명과 더불어 의무교육이 실시됨으로써, 인간의 발달단계에서 청소년기를 고유한 발달시기로 인식하게 하는 데 결정적인 영향을 미쳤다. 즉, 산업화는 기본적으로 교육받은 노동력이 요구되었으며, 학교교육의 의무화는 청소년들이 노동시장에 유입되지 않고 경제활동에서 제외되는 특권을 주었는데, 이러한 요인들이 본격적으로 청소년기를 인식하게 되는 계기가 되었다.

청소년기의 가장 중요한 과업은 '자아정체감'을 형성하는 것이다. 자아정체감이란, 자신의 독특성에 대한 비교적 안정된 느낌을 말한다. 자아정체감은 개별성, 통합성, 연속성(또는 계속성)의 차원을 갖는다. 개별성은 나는 다른 사람과 구별되는 고유한 존재라는 인식을 말하며, 통합성이란 자신의 행동이나 태도 등이 전체적으로 일관성이 있고, 통합되어 있다는 인식을 말한다. 연속성은 시간의 경과에도 불구하고 나는 동일한 사람이라는 인식을 말한다. 자아정체감 형성은 아동기 때부터 시작되는 것으로 볼 수 있으나, 청소년 후기에 가장 중요한 인생 과업으로 등장한다. 자아정체감 형성을 위해서는 자신의 신념, 가치관 등에 대한 고통스러운 의문 제시가 선행되어야 하며, 따라서 일종의 위기를 경험하게 된다. 자신이 경험한 많은 요소들을 모아 통합된 명확한 자기정의를 내리는 것은 어려운 일이므로, 자아정체감을 형성하는 과정에서 누구나 혼란과 우울증을 경험할 수 있다.

대부분의 동양권 국가에서는 '소년', '소녀', '미성년', '중·고생', '10대', '1318' 등 다양한 용어를 각각의 환경에 따라 사용하고 있다. 이는 어원적인 의미보다는 발달적·제도적 성격이 복합적으로 작용하여 사회통념상의 용어로 관행화된 성격이 짙다. 최근에는 이러한 동향도 수정되어 매우 구체적으로 접근하고 있는데, 그 대표적인 예가 이른바는 '1318'이다. 즉, 중학생이 되는 시작연령과 고등학생이 끝나는 연령을 연결시키는 '1318'로 범주화하고 있다. 문제는 이렇게 중·고등학생, 청소년, 1318이 동일하다는 등식으로 명확하지만 좁게 사용할 경우, 법적 정의와 충돌하여 청소년 지도와 보호에서 여러 가지 문제가 발생하기 쉽다. 또한 학계에서도 사회통념적 정의를 일부 수용하고 있는데, 대표적으로 아동의 권리에 관한 국제협약을 청소년의 권리에 대한 준거로 채택하고 있다. 마찬가지로 이러한 학계의 관점을 제도권에서도 수용하여 청소년복지정책에 반영하고 있다.

청소년 관련법상의 호칭과 연령은 다음과 같다.

〈표 3-1〉 청소년 관련법상의 연령

관련 법률	호칭	연령 구분
도로교통법	어린이, 유아	어린이: 13세 미만인 사람 유아: 6세 미만인 사람
모자보건법	영유아	출생 후 6년 미만인 사람
민법	미성년	19세 미만의 자
영유아보육법	영유아	6세 미만의 취학 전 아동(방과 후 보육은 만 12세 미만까지 가능)
유아교육법	유아	3세부터 초등학교 취학 전 어린이
입양특례법	아동	18세 미만인 자
아동복지법	아동	18세 미만의 자
청소년 기본법	청소년	9세 이상 24세 이하의 자
청소년 보호법	청소년	19세 미만의 자
청소년 성보호에 관한 법률	청소년	19세 미만의 자
청소년활동진흥법	청소년	9세 이상 24세 이하의 자
청소년복지지원법	청소년	9세 이상 24세 이하의 자
민법	미성년	19세 미만인 자(19세 성년)
형법	형사미성년	14세가 되지 아니한 자
근로기준법	연소자	18세 미만인 자
모자복지법	아동	18세 미만인 자 (취학 중인 때에는 20세 미만)
국민기초생활보장법	아동	18세 미만인 자
소년법	소년	19세 미만인 자
영화 및 비디오물의 진흥에 관한 법률	청소년	18세 미만의 자 (고교 재학 중인 자 포함)

6. 성인기

성인기(adulthood)는 '청년기' 또는 '성인 초기' 등으로 불리며, 20~40세로 신체적 · 지적인 면에서 인생의 가장 정점에 해당한다. 성인기 이전의 시기를 준비기라고 한다면, 성인기 이후는 이제까지 준비해 온 것을 실현하고 구체화하고 통합화하여 다음의 인생을 대비하는 시기이다. 심리사회적 측면에서 다른 사람을 보살피는 능력이 심화된 사람은 타인과의 상호관계에 집중할 수 있다. 부모로부터의 심리적 · 경제적 독립을 시작하며, 직업과 결혼, 군대 등의 환경 변화에 따라 다양한 역할 탐색과 선택을 하는 시기이다. 특히, 우리나라의 경우 고등학교 교육이 대학 진학을 위한 준비 차원에서 이루어지고 있으므로, 대학생 시기에 이르러서야 실습생들은 비로소 자기 자신에 대해서 새롭게 탐색하며, 인간관계 및 사회적응기능의 습득을 위한 시간적 · 심리적 여유를 누리게 된다.

성인기의 기준은 아동기나 청소년기처럼 새로운 신체적 기능이나 인지적 능력의 획득에 의한 것이 아니라, 사회적 · 문화적 요소를 적용하게 된다. 즉, 연령 · 신체적 · 생리적 · 심리적 · 사회적 성숙도 등의 기준을 들 수 있다. 성숙도는 안정된 직업이나 결혼에 대한 준비 태도, 자아정체감의 정착 정도 등이 포함된다(구혜영, 2015: 358).

발달에 대한 잠재력은 전 생애에 걸쳐 존재하지만, 성인기 이후의 발달은 아동기나 청소년기와는 그 성격이 다르다. 다시 말해서 성인기 이후의 발달은 새로운 신체적 기능이나 인지적 능력의 획득에 의해 일어나기보다는, 주로 사회적 · 문화적 요소에 의해 주도된다.

성인기는 대부분의 청소년들이 예측하고 얻기 위해 노력해온 시기이다. 이 시기로 들어가는 것은 보통 긍정적인 느낌, 꿈, 포부 등을 동반한다. 이 시기의 목표는 직업을 선택하고 취득하는 것, 성적 욕구를 만족시키는 것, 가정 및 가족을 만드는 것, 사교관계 확장시키기, 성숙함의 발달 등이다. 이 시기를 완수하기 위해 성인들은 자신의 이전의 꿈과 업적을 비교하기 시작한다. 이러한 일들이 발생하면서 성인들은 차이를 조정하고 현실을 받아들이거나 변화를 만들어가야 한다.

7. 장년기(중년기)

장년기(middle adulthood)는 '성인 후기', '중년기' 또는 '베이붐 세대' 등으로 불리는데, 연령으로 볼 때, 40~65세 이전까지 약 25년의 기간을 말한다. 이는 국내법상 노인을 65세로 규정하고 있기 때문이다. 학문적으로는 40~60세를 일컫는 경우도 많다.

장년기는 인생의 목표를 성취해 나가는 시기로 심리적 · 직업적 · 가정적으로 안정되어 있으며, 사회에 공헌할 수 있는 능력과 태도를 갖추게 된다. 특히, 장년기의 자녀 성장이나 직업적 성취, 후배 배출 등의 생산성은 장년기 발달에 원동력으로 작용한다. 장년기 발달에서 가장 현저하게 진행되는 변화는 노화로 신체적 · 성적 변화가 우선하며, 이와 함께 나타나는 심리적 변화로 성격과 정서의 변화가 있다. 사회적으로는 가정과 사회에서 윗사람으로서의 역할 변화가 있다.

이 시기에는 경제적 · 직업적으로 비교적 안정되는 기간이기도 하지만, 새로운 위기가 시작되는 기간이기도 하다. 장년기에 들어서면서 지혜를 통하여 문제를 해결하려고 시도하고, 대인관계를 이성보다는 사회적인 관계를 받아들이며, 감정의 대상을 다양화하고, 새로운 사고에 대하여 수용적이어야 건강하다고 할 수 있다. 이 시기는 사회적 관점에서 '빈둥지(empty nest)시기'라고 한다. 이는 자녀가 성장함에 따라 집을 떠나게 되어 부부만 남게 되는 것을 말한다. 각 가정의 부부의 결혼 연령, 자녀의 수, 자녀들의 교육기간, 자녀의 결혼 유무, 결혼 시기 등과 같은 여러 요인에 따라 그 기간이 결정된다. 즉, 이 시기는 남성보다는 여성, 특히 전업주부는 심리적으로 공허감이나 우울감을 느끼게 되어 부적응적 양상이 나타날 수 있으며, 이를 '빈둥지증후군(empty nest syndrome)'이라고 한다. 이러한 현상에 잘 대처하기 위해서는 원만한 부부관계를 유지하기 위한 노력이 필요하며, 다양한 사회적 활동에 참여하는 것이 도움이 된다.

이 시기는 인생의 목표를 성취해 가는 인생의 절정기이다. 이 시기에는 노화가 시작되는 자신의 신체적 · 생리적 변화를 인정하고 적응하며, 사회에 공헌하고 생산성을 획득해 나가면서 장년의 위기에 대처한다. 성숙한 부모의 태도를 소유하고 자녀를 지도하며, 부부간의 동반자 의식을 신장시키고, 노부모를 부양한다. 또한 직업안정을 통하여 경제적 안정을 누리고, 여가를 활용하며, 은퇴에 대비해 나간다. 특히, 장년기의 자녀 성장이나 직업적 성취, 후배 배출 등의 생산성은 장년기 발달에 원동력으로 작용한다.

베이비붐 세대(baby boom generation)와 에코붐 세대(echo boomers)

베이비붐 세대란, 전쟁 후 또는 혹독한 불경기를 겪은 후 사회적 · 경제적 안정 속에서 태어난 세대를 지칭한다. 각 나라의 사정에 따라 그 연령대가 다르다. 한국전쟁 이후인 1955~1963년(일본은 1947~1949년, 미국은 1946~1965년) 사이에 출생한 세대를 지칭한다. 베이비붐 세대는 고도 경제성장과 1997년 외환위기, 그리고 최근 글로벌 금융위기를 경험한 주역이었다.

그러나 베이비붐 세대는 그동안 한국사회에서 주목받지 못하고 6 · 3세대와 386세대, 아날로그와 디지털 세대 사이에 '낀 세대'로 취급당하는 애물단지일 뿐이었다. 앞뒤의 세대들 사이에서 낀 세대로서의 비애를 느끼지 않는 세대는 없을 것이다. 한국의 베이붐 세대는 개발도상국가체제하에서 성장했기 때문에 필연적으로 다가오는 전통사회의 해체, 핵가족시대, 개발독재 등 온갖 고난을 겪었고, IMF 외환위기로 인한 충격과 부담을 별다른 준비 없이 온몸으로 부딪쳐야 했던 세대라는 점에서 더 큰 박탈감을 느끼고 있는 것 같다. 더구나 앞선 세대로부터 부의 대물림이나, 후대로부터 존경의 대상이 되지 못했다. 정치적으로도 선배인 4 · 19세대와 6 · 3세대, 후배인 386세대에 비해서도 제대로 평가받지 못했고 각성하며, 386세대가 개혁의 전위대로 부상하고 있는 최근의 사회 분위기 속에서 상대적 박탈감을 더욱 뼈저리게 느끼기도 한다.

에코붐 세대는 베이비붐 세대의 자녀 세대로, 일반적으로 1980년대에 태어난 이들을 가리킨다. Y세대, 밀레니얼(millennial) 세대, 네트(net) 세대라고도 불린다. 1970년대 말 또는 1980년대 초부터 1980년대 말 또는 1990년대 말까지 태어난 이들을 가리킨다.

출생률이 현저하게 상승했던 베이비붐 세대의 자식 세대인 만큼 이들이 태어난 시기의 출생률도 비교적 높아 에코붐 세대(echo boomers), 즉 메아리 세대라는 말이 붙었다. 이들은 대체로 풍족한 환경에서 자라 유행에 민감하고 쇼핑을 좋아하며, 어려서부터 컴퓨터와 친숙하고 최신 IT기술을 잘 활용하는 특징을 가지고 있으며, 언어능력이 타 세대에 비해 탁월하다.

에코붐 세대는 그들의 부모와 한국사회의 1970 · 80년대의 상황 인식을 공유하고 있으며, 향후 한국사회의 강자로 부상하고 있다. 즉, 베이비붐 세대의 한계를 에코붐 세대가 뛰어넘고 있으며, 앞선 386세대와는 또 다른 생명력을 보이고 있다. 더구나 베이비붐 세대로부터 개인 및 국가재난극복의 경험을 물려받아 엄청난 동력을 보여 줄 세대로 기대되고 있다.

8. 노년기

인간의 발달단계를 생애주기로 구분할 때, 노년기는 성인기 이후부터 죽음까지를 일컫는데, 노년기는 인생의 마지막 단계이다. 물론 노년기의 시점에 관한 견해는 다양하여 노년기의 시작 나이를 일률적으로 규정하기는 쉽지 않다. 그러나 노년기에 들어서면 성인기에서의 생활로부터 급격한 삶의 변화가 온다. 아울러 임종과 함께 죽음을 맞이하는 노인들은 본인뿐 아니라, 가족을 포함한 주변인들에게 적지 않은 영향을 미친다. 취업활동을 비롯한 노년기 사회활동이 하향곡선을 그리면서 생활환경이 바뀌고, 노화로 제반활동이 줄어들고, 결국 가족이나 노인복지시설에 의지하는 경향이 강하다. 이뿐만 아니라, 임종과 죽음을 맞이하면서 발생하는 노인들의 심리적 변화와 이들의 가족 간 관계가 불러일으킬 수 있는 여러 문제는 사회문제로까지 대두되고 있다.

이 시기에는 자녀양육 책임으로부터 벗어나 부부관계에 보다 초점을 맞추게 되고 또한 지너들이 성인이 되는 등 중년기까지의 자신의 삶이 결혼생활과 자녀양육에서 그리고 직업 등에서 성공했는지 실패했는지를 평가할 수 있는 증거가 축적된다. 따라서, 노년기에는 지나온 삶에 대한 평가를 하게 되는데, 이 과정에서 자신의 성취한계를 깨닫고 어느 정도의 실망을 하게 된다. 문제는 이것을 어떻게 받아들이는가의 여부인데, 어떤 경우에는 지나온 삶을 돌아보면서 극도의 우울감에 빠져 현재의 어떤 경험도 그 우울을 보상하지 못하는 경우가 있는가 하면, 어떤 경우에는 지나온 삶에 대한 평가를 지나치게 긍정적으로 합리화하여 극도의 자신감을 표현하는 경우도 있다.

한편, 노년기의 의미를 바라보는 관점은 긍정적 관점과 부정적 관점이 있는데, 노년기를 죽음에 이르기까지의 인생의 마지막 단계로서, 신체적 능력의 쇠퇴와 사회적 관계의 축소, 그리고 사회경제적 지위의 하락과 같은 쇠퇴가 일어나는 시기로 보는 시각이 있다. 다른 시각은 노년기까지 삶을 살아오는 데 축적된 경험과 지혜를 바탕으로 사회를 위해 봉사할 수 있으며, 죽음에 대비해 자신이 살아온 삶을 정리하는 과업이 중요한 시기로 보는 긍정적인 관점이 있다.

Chapter 4

한국 사회복지 역사

학습목표

1. 시대별 구체적 사례연구
2. 전환기 사회복지정책의 의미
3. 보수 · 진보 정권의 사회복지정책의 차이점

학습내용

1. 근대 이전
2. 일제강점기
3. 미군정시대
4. 이승민 정부
5. 박정희 정부
6. 전두환 · 노태우 정부
7. 김영삼 정부
8. 김대중 · 노무현 정부
9. 이명박 · 박근혜 정부
10. 문재인 정부

개 요

현대 사회복지의 발전과정을 간단히 설명하기란 쉽지 않은 일이다. 국가마다 사회복지의 발전과정이 다르며, 사회복지의 발전과정에서도 중요한 역할을 해온 사회적 요인들이 결코 단순하지 않기 때문이다. 우리나라는 사회복지제도가 봉건제도 → 식민지 → 미군정 → 정부수립 초기 → 한국전쟁 등을 거치면서 많은 굴곡을 겪어 왔으며, 최근에는 보수 · 진보 정권이 교차로 사회복지정책을 실시함에 따라 많은 혼란을 가져오고 있다. 여기에서는 우리나라 사회복지 역사를 개관하여 학습하고자 한다.

Chapter 04
한국 사회복지 역사

현대 사회복지의 발전과정을 간단히 설명하기란 쉽지 않은 일이다. 국가마다 사회복지의 발전과정이 다르며, 사회복지의 발전과정에서도 중요한 역할을 해온 사회적 요인들이 결코 단순하지 않기 때문이다. 또한 사회복지의 역사를 보는 이데올로기적 관점에 따라 동시대의 역사적 서술에 있어서 같은 사실을 상당히 다르게 설명할 수도 있다. 마르크스주의적 관점에서 보면, 사회복지의 발전과정은 프롤레타리아를 착취 · 회유하고 억압하기 위한 과정으로 이해될 수 있다. 반면에, 시장자유주의적 관점에서 보면, 사회복지의 발전은 자본가들의 규모와 영향력을 확대하기 위한 전략적 과정으로 이해될 수도 있다. 또한 윤리적 관점에서 보면, 시민권의 발전의 한 축으로서의 사회복지의 발전과정을 설명할 수 있다.

한국 사회복지의 역사는 그 기원을 어디에서 찾아야 하는가에 대해 많은 논의가 있다. 고대 삼국시대에서 조선왕조까지의 시기를 왕조별로 구분하여 사회복지의 흐름을 살펴보거나, 전체 한국사를 고대, 중세, 근대, 현대 등으로 나누어 종단적인 방법으로 그 특징을 파악함으로써, 사회복지의 역사적 근원을 찾으려는 연구방법들이 있다. 이러한 연구들은 단순한 시대적 흐름에 따른 사실이나 현상의 연대기적 나열에 그친다는 한계가 있다. 엄격히 말해서, 고대 왕조 중심의 구휼정책은 서구의 상호부조나 자선, 박애의 시혜적 논리와 관련을 지닐 뿐, 근대적인 사회복지의 전개과정이라고 하기에는 그 자체에 많은 한계가 있는 것은 사실이다. 여기에서는 학습자의 이해편의를 위해 연대기적 발전과정으로 서술하고자 한다.

1. 근대 이전

삼국시대 이후에 씨족사회와 부족국가 사회가 해체되고, 민족국가가 성립함에 따라 혈연관계에 의한 욕구충족 기회를 상실한 사람들이 나타나게 되었다. 이에 따라 사회복지의 원형이라 할 수 있는 구제제도가 국가라는 공적기관에 의해 마련되었으며, 이러한 기관들을 통해서 구제조치가 실시되었다. 전통사회에서의 사회복지는 크게 왕에 의한 민생구휼과 민간 차원에서 행해진 상부상조적인 여러 관행들로 나눌 수 있다.

1) 삼국시대

삼국시대에는 흉년, 천재지변, 전쟁, 질병, 등 각종 재해로 인한 민생구휼사업이 중심이었고, 특히 4궁(四窮)에 대한 보호, 병들고 자립이 불가능한 사람들에 대한 국가재원 조달에 의한 구제가 중심이었다. 신라 유리왕 때에 환과고독(鰥寡孤獨: 홀아비, 과부, 고아, 자식 없는 노인)의 4궁(四窮)과 노(老: 늙은이), 병(病: 병든 자) 등을 자립무능력자로 보고 구제하였다.

획기적인 복지제도로는 고구려 고국천왕 16년(194년)에 당시 재상인 을파소(乙巴素, ?~203)의 건의를 받아들여 진대법을 만들어 시행하였다. 이 법은 춘궁기(3~7월)에 관곡을 빈곤한 사람에게 그 가구원의 수에 따라 필요한 양을 대여하였다가 추수기인 10월에 납입하게 하는 제도로서, 후세 고려의 의창과 조선의 환곡, 사창으로 연결되었다. 창은 양곡을 비축해 두는 창고로, 원래 목적은 전시에 군량미를 확보하는 것이었지만 빈민구제에 많이 활용되었다.

삼국시대에는 이러한 창 이외에 다음과 같은 구빈사업을 공통적으로 실시하고 있었다.

첫째, 관곡의 진급(賑給)은 정부에서 비축하고 있는 관곡을 여러 형태의 재난을 당한 백성들에게 구제하는 것이다.

둘째. 사궁구휼(四窮救恤)은 무의무탁한 빈민을 구제하는 것으로, 사궁이란 환과고독(鰥寡孤獨)을 지칭한다.

셋째, 조세감면 사업은 자연재해로 인하여 심한 피해를 입었던 지역의 주민들에게 그 재해의 정도에 따라 조세를 감면해 주는 것이다.

넷째, 대곡자모구면(貸穀子母俱免)은 춘궁기에 백성들에게 대여한 관곡을 거두어들일 때, 재해로 인해서 흉작이 되면 상환 시 그 원본과 이자를 감면해 주는 것이었다.

이러한 구빈사업은 모두가 우리 민족 고유의 상부상조 정신에서 비롯된 것이며, 당시의 민족문화 형성에 많은 역할을 한 유교, 불교, 선교의 영향을 받았다. 삼국시대의 구빈사업은 임시적이었고, 사후 대책적인 성격이 강하였으며, 지속성을 유지할 수 있는 단계에는 이르지 못한 한계성을 지닌 구제제도라고 할 수 있다.

2) 고려시대

고려시대의 구빈제도는 창제가 가장 대표적인 것이다. 창제는 고대의 창제에서 유래된 것으로 흑창 · 의창 · 상평창 · 유비창 등이 있는데, 그 대표적인 것으로는 의창과 상평창을 들 수 있다.

의창은 구황제도로서 각 주(州)와 부(府)에 두어 평상시에 곡물을 쌓아 두었다가 흉년 · 전쟁 · 질병 등 비상시에 대비하였는데, 이 제도는 고구려의 진대법과 같은 성격의 제도라고 할 수 있다. 상평창은 개경과 서경 및 12주의 행정중심지에 설치된 것으로 물가조절기능과 생활필수품의 공급조절기능 등 백성들의 일상적인 경제생활의 편의를 도모하고자 하였다.

고려시대에는 궁민 · 재민을 구제하는 기관으로 제위보 · 구제도감 · 동서대비원 · 혜민국 등이 있었다. 제위보는 최초로 설치된 구빈기관으로서 빈민구제사업과 이재민 구제사업을 시행한 기관이었고, 구제도감은 중앙에 설치된 구휼행정을 총괄 관장하는 기관으로서 가난한 백성을 구제하여 병약자를 보호하였다. 동서대비원과 혜민국은 의료구호기관으로서 이들 기관들은 가난한 자에게 약품과 의복을 내주고 치료를 해 주었는데, 특히 이들 기관에서는 대부분 훈련을 받은 승려를 두어 자선사업으로써 과업을 수행하도록 하였다.

3) 조선시대

조선시대는 건국 초부터 불교를 멀리하고 유교를 지도이념으로 삼고 유교의 왕도사상을 치자의 근본으로 하여 국가제도를 확립하였다. 봉건적 중앙집권제가 완성되고 유교문화가 생활화되어 감에 따라, 생활에 적합하게 수정되고 확대·조직화되어 백성 등의 일상생활은 크게 안정되었다. 조선 초기의 빈민구제의 원칙은 ① 빈민구제는 왕의 책임, ② 구제의 신속, ③ 일차적인 구빈행정 실시 책임은 지방관의 사명, ④ 중앙정부는 수시로 구제에 대한 교서를 내리며, 필요한 관계법을 제정, 공포, 지방 구빈행정을 지도·감독하였다.

조선시대의 구휼사업의 원칙은 다음과 같다.

첫째, 빈민구제는 왕의 책임이었다. 그 예로, 태조 7년(1398)에 경상도 관찰사가 이재민들에 대한 구제를 조정에 요청하자 좌의정 조준은 "굶주리는 백성이 각지에 많이 있거늘 만일 이들 모두를 국가의 양곡으로 구제하게 되면 나라의 모든 비축미가 없어질 것이다."라고 하여 이를 반대하였다. 이 말을 들은 태조는 "현재 경상도에 양곡이 있거늘 어찌 빈민을 구제하지 아니 하겠느냐."라고 하여, 관가의 쌀로써 이들을 구제했다는 기록이 있다.

둘째, 구제는 신속히 행해져야 한다. 그 예로, 태종 16년(1418)에 도순문사 조흡이 관곡구제를 요청하자 태종은 이를 듣고 "구제는 백성의 시급한 곤란을 구하는 것인데, 일일이 중앙에 상신하여 명령을 받아 실시하게 되면 시기를 놓치게 될 터이니, 지방형편에 따라 적합하게 구제하도록 하라."고 하였다.

셋째, 일차적인 구빈행정의 실시책임은 지방관이 지고 중앙정부는 구호관계의 교서와 법을 제정하여 지방의 보호행정에 대한 지도·감독을 하게 한다. 그 예로, 세종 1년(1419)에 구황에 대한 교서를 공포하여 물난리, 가뭄, 풍해 및 눈사태 등의 재난이 있을 때, 관가의 쌀이나 나랏돈으로 빈곤한 백성을 구제하게 하고 만일 지방관리가 구호행정을 등한시 할 경우에는 이들을 문책하고 처벌하게 하였다.

조선시대의 구제제도는 크게 비황제도, 구황제도, 구료제도의 세 가지로 나누어 볼 수 있다.

첫째, 비황제도로서 상평창, 의창(환곡), 사창 등의 창제가 있었다. 의창은 조선시대에도 고려시대에서와 같이 재난을 대비하기 위하여 각종 곡물을 비축하여 재난 시에 사용하는 제도와 시설이었다. 사창은 의창과는 달리 100가구를 일사로 하여 사민의 공동저축으로 상부상조하여 연대책임으로 자치적 운영을 하는 제도였다. 그 밖에도 교제창, 제민창을 두어 재민을 구제하였다. 이와 같은 창 제도는 1910년 한일합방과 더불어 폐지되었다.

둘째, 구황제도로서 사궁(환 · 과 · 고 · 독)에 대한 보호, 관곡의 염가매출과 방곡사업, 음식 제공, 진휼 및 진대사업, 노인보호사업, 혼례나 장례를 치르지 못하는 자에게 비용을 조달해 주는 고조제도, 부유한 민간인으로 하여금 구제를 위한 곡물을 납입하게 하고, 이를 납입한 자에게 관직의 첩지를 주는 원납제도, 흉년 또는 재해를 당한 백성에게 지세, 호세, 부역 등을 감면하거나 대부된 환곡을 면제 또는 감해 주는 경감제도, 향약 및 계제도, 식용식물을 조사 · 연구하여 제시한 구황방제도 등이 있다. 향약은 덕업상권, ② 과실상규, ③ 예속상규, ④ 환난상휼 등 4개 덕목의 실천을 근본 목적으로 하는데, 그중에서도 환난상휼은 복지의 제공에 중점을 두고 있다.

셋째, 구료제도(의료사업)로서 태조 원년(1392)에 의료 담당의인 전의감과 일반 백성의 의료기관인 혜민서 및 동서대비원을 설치하였고, 조선 말엽에 이르러 국정 및 사회가 혼란에 빠지면서 각종 의료사업도 소기의 목적을 달성하기 어렵게 되었다. 조선시대의 의료사업(구료제도)은 ① 태조 원년의 전의감과 혜민서, 동서대비원 설치, ② 태조 6년(1397)의 제생원 설치, ③ 고종 31년(1894)의 광제원, 의학교 및 대한의원 설치, ④ 융희 3년(1909)에 자혜의원을 개설하였다.

2. 일제강점기

일제강점기의 사회복지(구호)사업은 근대적인 복지이념에 의해 시행되었다기보다는 일제의 식민정책의 일부로서 시혜 또는 자선으로서 우리 민족이 그들에게 충성을 하도록 하는 사회통제적 · 정치적 의미가 컸다. 그럼에도 불구하고, 근대적 의미의 사회복지제도가 도입 · 실시되게 되었다. 이를 ① 사회복지지도기관, ② 구호법, ③ 사회복지시설과 사업 등으로 서술하고자 한다.

1) 사회복지지도기관

한일합방 당시 사회복지사업의 업무는 총독부 내무부 지방국 지방과에서 구휼 및 자선사업에 관한 사항으로서 맡게 되었고, 1912년에 내무부 지방국 제2과를 두어 사회복지사업에 관한 사무를 관장하게 했다. 1919년에 각 부를 폐함에 따라 내무부 지방국이 내무국으로 고쳐졌고, 1921년부터는 내무국 제2과에서 한반도의 사회복지사업의 지도 · 통제를 담당하게 하였다.

그 후 1932년에 일반적 행정정리에 따라 사회과를 업무국으로 이관하여 사회복지사업의 업무와 종래의 업무과 소관이던 사회교육에 관한 사무 및 종교과의 소관이던 종교, 고적 등의 사무를 합하여 관장하게 되었다.

각 도에서는 총독부에 사회과를 설치한 것을 기본으로, 내무국에 사회과를 신설하여 도내 사회복지사업을 지도 · 통제했으며, 1924년에는 그 사무가 다시 내무부 지방과로 귀속되었다. 경성부에는 종내 내무과에 사회계를 두고 있었으나, 사회복지사업의 발전과 그 중요성을 인정하여 1932년 6월에는 사회과를 신설했다.

이 밖에 시설의 사회복지사업의 연락 · 조사 연구기관으로 1929년 4월에 조선사회사업연구회가 관계자 간에 조직되었는데, 1929년 4월에는 이를 재단법인 조선사회사업협회로 개칭 · 확대하고 총독부 사회과 내에 사무실을 두고 회장에는 정무총감, 부회장에는 사무국장, 간사에는 사회과장에 있는 자로 하고, 각 도에도 순차적으로 지부를 두고 활동을 개시했다. 그 주요한 사업은 다음과 같다.

① 사회사업 상호의 연락 · 통일을 도모한다.
② 사회사업의 조사연구를 한다.
③ 사회사업의 장려 · 원조를 한다.
④ 사회사업 관계자 및 일반 독지가의 간친(懇親) 및 지식의 교환을 도모하고 사회사업에 대한 관심을 진작시킨다.
⑤ 강습회, 강연회 등을 개최한다.
⑥ 사회사업에 관하여 공로가 있는 자의 표창을 한다.
⑦ 기관지를 발행하고 사업에 관한 도서를 출판한다.
⑧ 필요에 의해 본 협회 스스로 사업을 경영한다.
⑨ 기타 본 협회의 목적을 달성하는 데 필요한 사업을 한다.

이 협회는 오늘날의 사회복지협의회와 유사한 업무를 가진 협의체이나 그 조직이 관에 의해 통제되고 있었다는 점에서 정부기관이라고 본다.

2) 구호법의 실시

국내에서는 제1차 세계대전으로 말미암아 빈곤은 반드시 개인의 책임이 아니라, 사회적 · 경제적 변동에 의해 필연적으로 발생되는 것이어서, 개인의 힘으로는 어쩔 수 없다는 사실이 일반적으로 인식되기에 이르렀다.

일제는 이러한 사회정세 아래 1929년에 벌써 「구호법」을 제정 · 공포했으나, 국가재정 형편으로 1932년에야 일본 본토에서 이 법의 실시를 보게 되었다. 국내에서는 이로부터 12년이 지난 1944년 3월 1일에 이르러서야 비로소 이 법의 전문 33조를 그대로 가져다가 조선구호령으로 공포 · 실시되었다. 그 주된 내용은 65세 이상의 노약자, 3세 이하의 유아, 임산부, 불구 · 폐질 · 질병, 기타 정신 또는 신체의 장애에 의해 노동을 할 수 없는 경우 생활부조와 의료부조를 제공하는 것이었다. 이 구호령은 해방 후 1961년에 「생활보호법」이 제정되기 전까지 우리나라의 공공부조를 맡아 온 기본법으로서 그 역사적 의의가 있다.

3) 사회복지시설과 사업

일제강점기 특기할 만한 사회복지시설로는 육아시설(전국 22개소), 임산부상담소(5개소), 탁아시설(4개소), 영아건강상담소(5개소), 빈궁아교육기관(9개소), 불량아 감화시설(5개소), 맹아아 보호시설(2개소), 육아협회 등 각종 어린이 보호시설이 1934년까지는 전국적으로 설립 · 경영되기에 이르렀다.

어린이 보호사업 이외에도 1918년에 공설일용품시장, 1912년에 인사상담소, 같은 해에 경성부립도서관 등을 개설했고, 1927년에는 방빈사업, 1929년에 공익 전당포 등을 설치하여 구빈뿐 아니라, 방빈사업을 위한 시설을 갖추게 되었다.

1937년에 중일전쟁이 시작되자 인보, 상부상조와 국민 자각을 향상시킨다는 명목으로, 1938년에 서부인보관, 1939년에 용강인보관, 1940년에 성동인보관, 1941년에 영등포인보관을 개설하였다. 1941년에 방면위원제도를 전면적으로 개편하여, 경성부 내에 8개의 방면에 총 250명의 위원을 위촉하여 요보호자들에 대한 보호, 구제, 직업알선 등 '케이스워크'의 업무를 담당하게 했다.

3. 미군정시대

광복 후 3년간 미군정이 실시되었다. 이 시기는 열악한 경제적 상황 속에서 수많은 월남 · 귀환민들을 중심으로 광범위한 빈곤이 형성되었던 시기였다. 노동운동을 중심으로 한 파업과 소요 및 폭동 등의 투쟁 양상은 미군정의 전 기간의 시대적 배경에서 전개되었다. 미군정 시대의 구호행정은 일제강점기의 법적 · 제도적 형식을 그대로 계승하였지만, 군정하의 법령과 필요한 규정에 의해 구성되었다. 일반적인 구호사업은 시설구호, 공공구호, 응급구호 및 이재민 구호가 있었고, 귀환전재민과 월남피난민의 수용구호사업과 주택구호사업, 실업구제사업 등이 있었다.

미군정은 1945년에 보건후생국을 설립하였으며, 1946년에는 보건후생부로 승격하였다. 보건후생국은 1946년 공공부조에 관한 후생국보 제3호를 발표하여, 일본이 제정한 조선구호령과 함께 사용하였다. 그 뒤 후생국보 제3A호를 발표하여 재해민과 피난민 구호계획을 발표하고, 그들에게 식량, 의류, 연료, 긴급의료, 매장, 차표 등의 편의를 제공하였다. 후생국보 제3C호(1946)는 이재민, 피난민, 빈궁자, 고아 등에 관한 응급처리와 임시구호를 규정하였다. 미군정은 군정법령 제112호(1946)로 「아동노동법규」를 제정하여 전 세계의 문명국가가 채용하는 인도적 · 계몽적 원리에 따라 어린이의 노동을 보호하였다. 그 이후 과도정부 법령 제4호로 「미성년자노동보호법」을 제정하여 미성년자를 유해, 위험한 작업 또는 과중한 노동으로부터 보호하고 어린이의 건전한 발육과 정당한 이익을 보장하도록 하였다. 이 법은 「근로기준법」(1953)이 실시되기 전까지 아동복지 증진에 커다란 영향을 미쳤다.

전반적으로 미군정기의 구호사업은 일제강점기의 잔재가 그대로 남아 있는 임시방편적인 성격이 강했으므로, 근본적인 구호문제를 해결하기에는 많은 한계가 있었다. 따라서, 미군정기의 사회복지사업의 특성은 적극적 · 계획적 · 장기적으로 이루어지지 않고, 주로 빈곤과 사회적 혼란에 대처하기 위한 구호적 · 응급적 대책으로서의 성격을 가진다.

4. 이승만 정부

1948년 8월 15일 대한민국 이승만 정부가 수립되고 제1공화국이 출범하자, 보건후생부 및 노동부가 사회부로 통합되어 보건, 후생, 노동 및 부녀 등에 관한 행정을 관장하였다. 그 후 1949년 3월에 보건부가 창설되어 사회부에서 관장하던 보건행정을 분할하여 주관하였으나, 1955년 2월에 보건 및 사회 양부는 다시 보건사회부로 통합되었다.

정부수립 당시 제정된 헌법 제19조에는 "노령, 질병, 기타 근로능력이 없는 자는 법률이 정하는 바에 의하여 국가의 보호를 받는다."라고 하여 국민의 생존권을 명문으로 규정하였다. 그러나 이 헌법이 규정한 국민의 생존권을 보장하는 관계 법률이 제정되기도 전인 1950년에 한국전쟁이 발발하여, 신생 대한민국으로서는 도저히 물적으로나 인적으로나 감당하기 곤란한 일대 궁지에 빠지게 되었다. 즉, 요구호자는 일시에 막대한 수로 급격히 증가하는 반면, 소요 물자와 자금은 극히 제한되어 있어, 전쟁 중에는 주로 요구호자들의 최소한의 생명 유지를 위한 응급구호에 치중할 수밖에 없었다.

1952년 3월 현재 전국에 3,935,152명의 피난민과 4,583,974명의 이재민 및 1백만 명의 전 · 사상자가 발생했다. 그중에서도 요보호아동의 구호와 보호문제는 당시의 여러 가지 사회문제와 더불어 긴급히 해결해야 할 문제로 제기되었다. 정부는 재정 부족 때문에 요구호자 구호를 위해 외국 원조단체들의 협조를 받지 않을 수 없었다. 미군정 때부터 한국을 원조하고 있던 국제원조처, 경제협력처, 전시 긴급원조 한국민간구호단체, UN한국재건단 등의 외국 원조단체는 중앙구호위원회를 조직하여 긴급구호를 실시하였다.

지방에서도 각급 구호위원회를 조직하여 중앙구호위원회의 지휘감독 아래, 부산지역에 우선 피난민 수용소를 설치하여 수용 · 보호하는 한편, 거제도와 제주도에는 집단수용소를 설치하여 피난민 응급구호를 하였다.

한국전쟁으로 시설수용보호를 필요로 하는 난민이 다수 생겨났다. 이와 같은 사회적 요구에 따라 고아시설, 양로시설, 모자원 등의 각종 후생시설이 휴전협정 성립 후에 급속히 증가하여, 1959년에는 총 686개의 각종 시설이 설립되었다.

한국전쟁은 우리나라 사회복지에 두 가지 큰 변화를 가져왔다.

첫째, 정부 수립 후 단계적 · 계획적으로 준비해 오던 사회부의 모든 정책이 무산되고 임시적 · 응급적 정책으로 전락하였다.

둘째, 막대한 외국 원조로 인해 우리 사회에 의존적 구제방식을 심화시켜 놓았다.

이와 같이 정부 수립 이후 1950년대의 사회복지는 임시 응급구호와 전후 복구에 급급하였으며, 근대적인 사회복지제도가 제대로 자리 잡지 못하였던 시기였다.

5. 박정희 정부

1960년 4 · 19혁명에 의해 이승만 정부가 붕괴된 후 탄생한 제2공화국 민주당 정부는 나름대로 자주적이고 민주적인 발전의 길을 모색하였다. 그러나 반목과 대립 속에서 정치적 · 사회적 혼란이 그칠 줄 몰랐고, 그 와중에 무정부적 혼란을 청산한다는 명분으로 1961년 5월 16일 군부가 쿠데타를 일으켰다. 군사정부는 절대 빈곤을 해소한다는 혁명공약의 실천을 위해, 1962년부터 제1차 경제개발 5개년 계획을 추진하였고, 1963년에는 박정희 대통령을 중심으로 한 제3공화국이 출범하였다.

1962년부터 시작한 경제개발로 도시화 및 산업화 현상이 나타나고, 도시 빈곤층, 가출 및 비행, 미혼모, 주택 부족 등 과거와는 다른 여러 가지 사회문제들이 드러나기 시작하였다. 그러나 당시 군사 정부는 한정된 재원을 경제개발에 집중하기 위해 사회복지에 대해서 소극적이었다. 한편, 노동자계층의 미성숙으로 노조의 조직력이 미약했고, 그들의 권익을 추구하기 위한 이익 표출은 거의 없었으며, 일반 국민의 경우도 사회복지에 대한 이해나 주장이 거의 없었다.

단지 1960년대에, 특히 군사정부 시절에는 국민의 지지를 얻기 위해 여러 가지 사회복지 관련법들이 제정 · 공포되었다. 사회보험 부문에서 「공무원연금법」(1960), 「선원보험법」(1962), 「군인연금법」(1963), 「산업재해보상보험법」(1963), 「의료보험법」(1963)이 제정되었고, 공공부조 부문에서 「생활보호법」(1961), 「군사원호보상법」(1961), 「재해구호법」(1962), 「국가유공자 및 월남 귀순자 특별보호법」(1962) 그리고 사회복지 서비스 부문에서 「아동복리법」(1961), 「윤락행위 등 방지법」(1961), 「자활지도에 관한 임시조치법」(1968) 등이 제정되었다. 그 밖에 1963년에는 「사회보장법」이 제정되었다.

이와 같이 1960년대는 전례 없이 사회보험 및 생활보호를 중심으로 한 근대적인 사회복지법제를 마련하였다. 이와 같은 사회복지법제는 그 내용상으로는 비교적 장기적인 안목과 효율적인 합리성을 가지고 있었지만, 형식적인 사회복지법제의 도입이라는 의견이 많았다. 이는 사회복지제도가 구빈적 · 단편적 성격으로부터 벗어나 국가 중심의 체계적인 사회복지제도로 자리 잡는 계기는 되었으나, 그 시행은 성공적이지 못하였다.

1960년대 사회복지의 특징 중 하나는 공무원, 군인 등 사회적 지배계층을 위한 사회보장제도가 우선적으로 제정되었다는 것이다. 이는 후진적 사회복지 발달의 한 형태로서, 사회보장제도의 확충이 복지적인 측면보다는 정치적 지배의 편의성을 위해 이루어졌다는 것을 말해 주고 있다.

1972년 박정희 대통령이 유신헌법을 만들어 대통령의 권한을 대폭 강화하고 유신체제를 유지하자, 이에 대한 체제 도전이 끊임없이 일어났다. 따라서, 체제의 정통성 확립을 위해 무언가 최소한 국민들의 지지를 받을 수 있는 유인을 제공하지 않으면 안 되는 정치적 상황이었다.

사회경제적 상황을 보면, 1960년대 제1차 및 제2차 경제개발 5개년 계획이 성공적으로 수행됨으로써 산업화 · 도시화 현상이 나타나기 시작했고, 절대빈곤에서 탈피하여 고도의 경제성장을 이룩하게 되었지만, 산업화 · 도시화 현상은 필연적으로 각종 사회문제를 가져왔다. 특히, 빈부의 격차가 심해져 상대적 박탈감 및 위화감이 사회에 팽배하여 사회적 불안이 조성되었다. 이런 상황에서 1972년부터 시작된 제3차 경제개발 5개년 계획부터는 본격적으로 사회개발정책을 수행하게 되었다.

1970년대의 사회복지 관련법들을 보면, 사회보험 부문에서는 「사립학교 교원연금법」(1973), 「국민복지연금법」(1973), 「개정의료보험법」(1976), 「공무원 및 사립학교 교직원 의료보험법」(1977), 「월남귀순자 특별보상법」(1978)이 제정되었으며, 사회복지 서비스 부문에서는 「사회복지사업법」(1970)이 제정되었다. 이 가운데 「사립학교 교원연금법」과 「공무원 및 사립학교 교직원 의료보험법」은 국가 건설과 유지에 필수적인 공무원과 교직원에 대한 특별한 배려라고 볼 수 있다. 「국민복지연금법」은 법만 제정해 놓고 실시하지 못하였는데, 그 이유는 제도의 수립목적이 중화학 공업을 위한 내자 조달의 수단으로 국민들이 인식하게 됨으로써, 국민의 지지와 호응을 받지 못했기 때문이다.

6. 전두환 · 노태우 정부

1979년 10 · 26사건으로 박정희 대통령의 유신체제가 종말을 고하고, 1980년 5 · 17 군사 쿠데타로 전두환 정부의 제5공화국이 출범하였다. 전두환 정부는 민주주의의 토착화, 정의사회 구현, 교육혁신 및 문화창달과 더불어 복지사회의 건설을 국정지표로 내세웠을 뿐만 아니라, 1982년부터 시작된 '제5차 5개년 개발계획' 에서도 경제와 사회의 균형적인 발전을 기본 목표로 삼았다.

전두환 정부는 부족한 체제 정통성을 확보하기 위하여 일단의 사회복지 입법을 단행하였다. 사회복지 서비스 부문에서는 「사회복지사업기금법」(1980), 「심신장애자복지법」(1981), 「노인복지법」(1981)을 제정하였고, 「아동복리법」을 「아동복지법」으로 개정하였으며(1981), 「사회복지사업법」을 전면 개정하여(1983) 사회복지 종사자를 사회복지사로 그 명칭을 변경하고 사회복지사 자격을 1급, 2급, 3급으로 구분하였다. 그리고 공공부조 부문에서는 생활보호법을 개정하여(1983), 생활보호 유형에 자활 보호와 교육 보호를 추가하였고, 「최저임금법」을 제정(1986)하였다.

전두환 정부 후반부터는 '한국형 복지모형' 이 논의되기 시작하였다. 한국형 복지모형이 등장하게 된 배경은 1970년 중반 이후 선진 복지국가에서 복지국가 위기론이 대두되고 있었기 때문에, 한국에서도 자칫 잘못하면 복지병을 유발할 수 있다는 정책 관련자들의 우려 때문이었다. 이러한 한국형 복지모형은 제6차 경제사회발전 5개년 계획(1987~1991)과 맥락을 같이하고 있다. 제6차 계획의 기본 방향은 ① 우리 경제, 사회발전 수준에 맞는 복지시책이어야 하고, ② 가족과 지역사회의 복지기능을 최대한 조장하며, ③ 자립정신에 입각한 복지시책을 전개하고, ④ 민간의 복지자원을 최대한 동원한다는 것 등이다. 그리하여 1980년대 후반부터는 시설수용 위주의 복지사업으로부터 탈피하여 지역복지와 재가복지가 강조되기 시작하였다.

1988년 출범한 노태우 정부는 제5공화국의 사회보험제도를 대부분 확대 시행하여, 국민연금제도(1988), 전국민의료보험제도(1989), 최저임금제도(1988)를 시행하였다.

제6공화국 정부에서 제정 또는 개정된 사회복지 관련법은 「모자복지법」 제정(1989), 「심신장애자복지법」을 「장애인복지법」으로 개정(1989), 「노인복지법」 개정(1989), 「장애인 고용촉진 등에 관한 법률」 제정(1990), 「의료보호법」 개정(1991), 「영유아보육법」 제정(1991), 「고령자고용촉진법」 제정(1992), 「사회복지사업법」 개정(1992) 등이었다.

노태우 정부의 사회복지제도 발전의 특징은 다음과 같다.

첫째, 국민연금제도, 최저임금제도, 전국민의료보험제도 실시 등 소득 및 의료보장의 확대가 이루어지기 시작하였다.

둘째, 1988년 서울 장애자 올림픽 이후 장애인 종합대책을 수립하였으며, 이어서 장애인 고용촉진 등에 관한 법률을 제정하여 장애인복지에 대한 변화를 시도하였다.

셋째, 지역복지의 중추적인 서비스 전달체계인 사회복지관을 전국적으로 확대 실시하였다.

넷째, 「아동복지법」과는 별도로 영유아보육법이 제정되면서 영유아 보육사업이 크게 부각되었다.

다섯째, 재가복지를 중시하여 재가복지봉사센터가 급격하게 증가, 1987년부터는 사회복지 전문요원을 영세민 밀집지역의 동사무소에 배치하기 시작하였다.

7. 김영삼 정부

김영삼 정부가 등장한 1990대는 세계화라는 흐름이 새로운 국제질서로 자리를 잡아가고 있었다. '우루과이라운드'(UR)협상 타결에 이은 세계무역기구(WTO)

체제가 세계경제를 규정하는 요소로 등장하면서 국가경쟁력이 중요한 국가적 과제로 떠올랐다. 이와 함께 독일의 통일, 동구 공산권의 몰락, 복지국가 위기론 이후 신보수주의 이데올로기의 확산 등 세계는 빠른 속도로 변화하고 있었다. 공산권이 몰락하면서 제2차 세계대전 이후 유지되어 오던 동서대립의 양극체제가 무너진 공간을 미국은 유일한 강대국으로서 세계화와 정보화라는 새로운 기준으로 세계를 재편해 나갔다.

김영삼 정부는 1993년 아시아태평양경제협력체(APEC) 정상회담 이후 개방과 무한경쟁을 의미하는 세계화를 정책목표로 설정하였으나, 1960년대 이후 계속된 우리나라의 관 주도 압축성장은 많은 문제점을 내포하고 있었다. 이중에서도 가장 취약한 부문은 외환금융 부문이었다. 외환금융 부문에서 시작된 외환위기로 인하여 김영삼 정부는 국제통화기금(IMF)의 구제금융을 요청할 수밖에 없었고, 한국 경제는 최악의 침체와 함께 상당 부분을 외국의 자본에 의존하게 되었다.

김영삼 정부는 1993년 신경제 5개년계획의 사회복지 부문에서 우리나라 제7차 경제사회발전 5개년 계획 복지정책의 기본 방향을 국가발전 수준에 부응하는 사회복지제도의 내실화에 두고 국민복지를 증진시킬 것을 제시하였다. 또한 1995년에는 성장 위주의 정책에서 벗어나 삶의 질과 생산적인 국민복지에 적극적인 관심을 기울여야 할 것이라고 강조하였다. 그러나 실질적인 성과는 미미하였다.

김영삼 정부에서 제정 또는 개정된 사회복지 관련법들을 보면, 사회보험 부문에서는 「고용보험법」 제정(1993), 사회복지서비스 부문에서는 「정신보건법」 제정(1995), 「사회복지공동모금법」을 제정(1997)하였고, 과거의 사회보장에 관한 법률을 폐지하고, 「사회보장기본법」을 제정(1995)하였다. 김영삼 정부의 사회복지제도에서 가장 큰 변화는 사회보험 부문으로, 전 국민 대상 국민연금제도의 확대 실시와 더불어 전 사업장에 대한 고용보험제도의 적용, 전 국민 의료보험의 실시 등으로 기존의 산재보험제도를 포함한 4대 보험체계를 완성하였다.

8. 김대중 · 노무현 정부

1997년의 이른바 'IMF 외환위기' 하에서 출범한 김대중 대통령의 '국민의 정부' 에서는 대량실업 사태로 인해 우리나라의 사회안전망이 취약하다는 분석과 함께 사회복지제도의 발전에 중요한 전기가 마련되었다. 주목할 만한 조치와 입법으로는 노사정위원회 출범(1998), 고용보험의 모든 사업장으로 확대(1998), 사회복지공동모금회법 제정(1998), 국민건강보험법 제정(의료보험 전체 통합, 1999), 전 국민 연금 실시(1999), 「국민기초생활보장법」 제정(1999) 등 사회안전망구축에 힘을 쏟았다. 특히, 이른바 '생산적 복지' 의 근간이 되는 국민기초생활보장제도는 지난 40년간의 시혜적 단순보호 차원의 생활보호제도로부터 국가책임을 강화하는 현대식 복지제도로 대전환했다는 점에서 우리나라 복지국가의 출범을 가져다 준 획기적인 것으로 평가되고 있다.

국민의 정부에 의한 적극적인 사회복지정책에 힘입어 우리나라는 비록 OECD 국가들의 복지수준에는 뒤지지만, GNP 대비 10% 이상을 사회복지에 투자하는 이른바 '후진복지국가' 의 대열에 진입하게 된 것이다.

국민의 정부를 승계한 노무현 대통령의 이른바 참여정부에서는 '참여복지' 가 주창되었다. 참여복지의 이념은 복지에 대한 국가의 책임 강화, 복지정책의 수립 · 집행 · 평가과정에서의 국민참여를 무엇보다 강조하였다. 그리고 참여복지의 시각에서는 복지와 경제, 분배와 성장의 선순환관계를 강조하였다. 즉, 복지의 증진을 통해 경제가 성장하고, 경제성장을 통해 복지증진을 꾀할 수 있다는 것이었다.

참여정부는 참여복지 이념을 실현하기 위해 '참여복지 5개년 계획' 을 수립하였다. 참여복지 5개년 계획은 「사회보장기본법」에 의거하여 2004년부터 2008년까지 추진될 사회보장장기발전계획이었다. 이는 보건복지부 주관 아래 민간전문가와 5개 관계부처(문화관광부, 정보통신부, 노동부, 여성부, 건설교통부)가 공동으로 참여하여 수립된 범정부 차원의 장기복지종합정책이었다. 이 계획은

제1차 사회보장장기발전계획(1999-2003)에 의해 그 기본틀이 갖추어진 사회안전망의 내실화를 목표로 하였다. 그리고 저출산 · 고령화 등 사회경제적 변화에 대응한 복지인프라 구축 및 복지서비스의 확대를 도모하였다. 나아가 전 국민에 대한 보편적 복지서비스 제공, 상대빈곤의 완화 등을 통해 풍요로운 삶의 질이 구현되는 참여복지공동체 구축을 목표로 하였다.

이러한 목표에 따라 참여정부는 기초생활수급자와 의료급여수급자를 확대하는 등 기초보장의 확대를 추진하며, 장애수당 대상자를 확대하거나, 노인일자리를 확대하고 빈곤아동에 대한 지원을 확대하는 등 사회서비스의 개선에도 노력하였다.

그 외 기존 복지제도로 대처하기 어려운 위기상황에 대처하기 위한 「긴급복지지원법」을 제정(2005)하였고, 24시간 긴급지원을 위한 '보건복지통합콜센터 129'를 운영하기 시작했다.

새로운 지방의 복지수요 증대에 대처하여 사회복지재정의 지방이양과 함께 지역복지인프라 확충에 노력하였다. 즉, 전국 시 · 군 · 구에 지역복지협의체가 구성되어 「지역사회복지계획」을 수립하고 지역복지시책을 심의, 의결하는 기능을 하고 있다. 저출산대책으로 대통령이 위원장을 맡는 저출산 · 고령사회위원회를 출범시켜(2005년 9월) 5개년 기본계획을 마련하였다.

[그림 4-1] 저출산 · 고령사회위원회 현판

[그림 4-2] 저출산 · 고령사회위원회 조직도

9. 이명박 · 박근혜 정부

이명박 정부는 사회복지의 기조를 '능동적 복지'로 정했는데, 능동적 복지란 일할 능력이 있는 사람에게 일자리를 주고, 도움이 필요한 사람에게 국가가 따뜻한 손길을 제공하는 것이다. 정부는 이를 달성하기 위하여 평생복지 기반 마련, 예방 · 맞춤 · 통합형 복지, 시장기능을 활용한 서민생활안정, 사회적 위험으로부터 안전한 사회를 위한 성장과 분배 등 네 가지를 전략으로 내세운 사회복지정책을 추진하였다.

이 시기에 사회복지 관련 법률에는 「다문화가족지원법」(2008), 기존의 「고령자고용촉진법」을 폐지하고 「고용상 연령차별금지 및 고령자고용촉진에 관한 법률」 제정(2008), 「실종아동 등의 보호 및 지원에 관한 법률」(2008), 2005년 제정 당시는 한시법이었던 「긴급복지지원법」을 영속법으로 개정(2009), 기존의 「청소년의 성보호에 관한 법률」을 폐지하고, 「아동 · 청소년의 성보호에 관한 법률」 개정(2009), 「장애인연금법」(2010), 1994년에 제정된 「성폭력 범죄의 처벌 및 피해자 보호 등에 관한 법률」이 '성폭력 범죄의 처벌 등에 특례'와

'성폭력 범죄의 피해자 보호 등에 관한 사항'을 함께 규정하고 있어 이에 대한 효율적 대처에 한계가 있음을 인식하고, 2010년 4월 15일 「성폭력범죄의 처벌 등에 관한 특례법」과 「성폭력방지 및 피해자보호 등에 관한 법률」로 분리하여 제정하였다. 그리고 「장애인활동지원에 관한 법률」(2011) 제정과 사회복지사의 처우향상을 위하여 「사회복지사 등의 처우 및 지위향상을 위한 법률」(2011)을 제정하였고, 「노숙인 등의 복지 및 자립지원에 관한 법률」(2011)과 「장애아동복지지원법」(2011)을 제정하였고, 「사회보장기본법」(2012.1.26.)의 전면 개정과 인화학교 아동 성폭력문제로 「사회복지사업법」(2012)이 대폭 개정되었다. 또한 「가족친화 사회환경의 조성촉진에 관한 법률」(2012)과 「장애인 · 고령자 등 주거약자 지원에 관한 법률」(2012)을 제정 · 시행함으로써 사회복지를 한 단계 더 성숙시켰다.

이명박 정부가 추진했던 '사회안전망' 정책은 세 가지로 분류할 수 있다.

첫째, 보편적 복지정책으로 빈곤층뿐만 아니라, 중산층 이하의 일반 국민 대다수를 국가복지정책의 직접적 수혜대상으로 확대한 것이다.

둘째, 예방적 복지정책으로 실직이나 교육사각지대에 놓인 사람들이 제때에 도움을 받을 수 있도록 하는 정책을 표방하였다.

셋째, 맞춤형 복지정책으로 각각의 취약계층에게 맞춤형 복지혜택의 지속적인 제공이 가능하도록 사회복지 전달체계를 획기적으로 개선한 정책이다.

박근혜 정부는 2013년 1월부터 시행된 「사회보장기본법」의 전면개정에 맞추어 사회보장기본계획(2014)을 수립하였는데, 사회보장의 비전을 '더 나은 내일, 국민 모두가 행복한 사회'로 하였으며, 생애주기별 맞춤형 사회안전망 구축, 일을 통한 자립지원, 지속가능한 사회보장기반 구축의 3대 정책방향을 제시하였다. 이는 이전에 수립되었던 사회보장 장기발전방향과는 달리 개별 계획보다 우선한다고 명시함으로써 기본계획으로서 구속력을 강화하였으며, 소요재원 및 조달방안을 포함하여 구체성을 강화하였다.

박근혜 정부에서 사회복지 관련 법률로는, 기존의 「기초노령연금법」(2007)을 폐지하고 「기초연금법」(2014)을 제정하였다. 이는 노인세대를 위한 안정적인 공적연금제도를 마련하여 소득과 재산을 환산한 소득인정액이 보건복지부장관이 정하여 고시한 금액 이하인 65세 이상의 노인 중소득 기반이 취약한 70%의 노인에게 기초연금을 지급함으로써, 노인 빈곤문제를 해소하고 노인의 생활안정과 복지증진에 기여하게 되었다.

「국민기초생활보장법」(2014)을 개정하여 탈수급의 경우 지원이 전무한 상황에서 사각지대가 발생하고 있으므로 맞춤형 빈곤정책으로 전환하여 지원대상을 확대하고, 개별 맞춤형 급여체계를 마련함으로써 탈수급 유인을 촉진하고 빈곤 예방기능을 강화하였다. 따라서, 절대적 빈곤선인 최저생계비 기준을 폐지하고, 상대적 빈곤선의 기준인 기준 중위소득에 의한 보장대상자 선정기준에 따라 급여종류별로 다층화한 맞춤형 급여체계를 도입하였다.

「사회보장급여의 이용 · 제공 및 수급권자 발굴에 관한 법률」 제정(2014)하여 「사회보장기본법」에 따른 사회보장급여의 이용 및 제공에 관한 기준과 절차 등 기본적 사항을 규정하고, 지원을 받지 못하는 지원대상자를 발굴하여 지원함으로써, 사회보장급여를 필요로 하는 사람의 인간다운 생활을 할 권리를 최대한 보장하고 사회보장급여가 공정하고 효과적으로 제공되도록 하며, 사회보장제도가 지역사회에서 통합적으로 시행될 수 있도록 그 기반을 구축하는 것을 목적으로 제정하였다. 특히 공공전달체계를 확립하였다.

「정신건강증진 및 정신질환자 복지서비스 지원에 관한 법률」(2016)은 1995년 제정한 「정신보건법」을 폐지하고 법명을 개칭하였다. 이 법은 정신질환의 예방 · 치료, 정신질환자의 재활 · 복지 · 권리보장과 정신건강 친화적인 환경조성에 필요한 사항을 규정함으로써, 국민의 정신건강증진 및 정신질환자의 인간다운 삶을 영위하는데 기여하기 위하여 제정하였다. 이 법은 정신질환자의 범위를 중증정신질환자로 축소 정의하고, 전 국민 대상의 정신건강증진의 장을 신설하며, 비자의 입원 · 퇴원을 강화하고 정신질환자에 대한 복지서비스 제공을 추가하였다.

박근혜 정부의 중요한 복지정책은 다음과 같다.

첫째, '국가책임보육'의 명제 아래 소득수준에 관계없이 보편적으로 0~5세 무상보육과 양육수당정책의 도입이다.

둘째, 2014년 7월 1일부터 기초노령연금을 기초연금으로 확대 개편하여 65세 이상 노인에게 상향된 연금을 지급하는 정책이다.

셋째, 4대 중증 질환에 대한 건강보험 지원율을 일부 급여항목을 대상으로 국가 부담을 확대한 정책이다.

박근혜 정부 출범 시 한국의 사회복지정책은 과거의 지속적인 노력에도 여전히 해결해야 할 많은 문제점이 내재하고 있는 것이 사실이었다. 즉, 양극화 문제와 저출산 및 고령화 문제 해결이 시대적 요청이었다. 박근혜 정부의 복지정책은 보수정권임에도 진일보하여 잔여적 복지모델에서 벗어나 보편적 복지정책의 시도가 많았다는 평가이다. 그럼에도 불구하고, 대선공약 당시 기초연금을 65세 이상 노인 전부에게 지급하겠다는 보편주의적 발상은 집권 후 전체 노인인구의 65%만을 수급대상으로 국한시킴으로써 신자유주의적 발상에서 벗어나지 못했다는 평가가 있다.

그러던 중 2017년 3월 10일 박근혜 대통령은 탄핵으로 인한 헌법재판소에서의 파면이 결정되었다. 이는 우리나라 헌정사상 초유의 사태로, 이 과정에서 사회는 혼란을 가져오게 되었고, 사회복지정책에서도 새로운 정책이 요구되었다.

10. 문재인 정부

박근혜 대통령의 탄핵으로 2017년 5월 10일에 문재인 정부가 집권함에 따라, 보편적 사회복지정책의 추구로 사회복지정책에 있어서 근본적인 변화가 일어나고 있다. 즉, 신자유주의에서 사회민주주의의 요소를 추가하는 방향으로 정책기조가 변경됨으로써, 사회복지 각 분야에서 획기적인 전환이 이루어지게 되었다.

문재인 정부는 경제성장률 이상으로 정부지출을 더 늘리는 '확장적 재정정책'을 천명하고 일자리 창출과 복지서비스 수혜범위의 대폭 확대를 강조하고 있다. 2017년 8월 29일에 발표된 "2018년 예산안"과 "2017~2021년 국가재정운용계획"에 따르면, 2018년 복지예산은 2017년보다 12.9% 증가한 146조 2천억 원으로, 전체 지출 429조 원의 34%에 해당하는 사상 초유의 규모이다. 대통령 임기 중 연평균 9.8%씩 늘릴 계획이며, 2021년 전체 예산 중 38%까지 올릴 것으로 계획·발표하고 있다.

21세기에 들어 우리나라의 사회복지는 대상, 내용, 범위, 실시체계의 측면에서 복지국가에 진입한 것으로 평가되고 있다. 그러나 고부담 고복지에 대한 각계의 합의가 이루어지지 못하고 있고, 일단 증가된 복지지출은 감소할 수가 없어 재정위기를 겪은 국가의 대부분은 복지예산을 방만하게 운영하다가 어려움에 빠졌다는 지적이 있는 만큼, 경제와 복지의 균형발전에 정부, 기업, 민간부문의 합의가 요청되고 있다.

결론적으로 우리나라 사회복지의 역사를 살펴보면 빈곤, 질병, 전쟁, 국가의 경제적 위기 등과 같은 위기상황에서 국민복지의 책임을 강조하고 대처해온 것을 발견할 수 있다. 대처방안으로서 사회복지 관련법을 제정함은 물론, 변화되고 다양한 국민의 복지욕구에 따라 기존의 법을 개정하였으며, 복지서비스를 통한 사회통합을 추구함으로써 국가위기를 극복한 것을 볼 수 있었다.

PART Ⅱ 사회복지사

Chapter 5. 사회복지사의 제도

Chapter 6. 사회복지사의 역할

Chapter 7. 사회복지사의 확장 영역

Chapter 5

사회복지사의 제도

학습목표

1. 사회복지사의 개념 정리
2. 사회복지사의 기능과 질적 구성요소 학습
3. 사회복지사 자격기준과 교과목 숙지

학습내용

1. 사회복지사의 개념
2. 사회복지사의 자격
3. 사회복지사의 실태분석

개 요

사회복지사가 하는 일은 사람이 살아가면서 직면하게 되는 위기 상황에 전문적으로 개입하여 사회복지서비스를 제공하는 것이다. 사회복지사는 대상자, 즉 클라이언트가 바라는 욕구를 충족시켜 주고, 그들이 각자 맡은 책임을 다할 수 있게 적절한 사회기능 수행의 향상을 돕는 일을 한다. 여기에서는 사회복지사의 개념과 자격, 실태분석을 학습하고자 한다.

Chapter 05 사회복지사의 제도

1. 사회복지사의 개념

1970년대 사회복지사업종사자로 시작하여 1983년 5월「사회복지사업법」이 개정되면서 사회복지사 또는 사회사업종사자의 명칭이 "사회복지사" 규정되어 사회복지사 자격증이 발급되기 시작하였다. 이후 사회사업은 사회사업학의 학문적 체계에서 사용되어지고, 사회복지사의 영문표기는 "Social Worker"로 사용하고 있다.

한국직업표준분류(KSCO)는 "사회복지사는 현대사회에서 발생하고 있는 청소년, 가족, 노인, 여성, 장애인 등 다양한 사회적 · 개인적 문제를 겪는 사람들에게 사회복지학 및 사회과학의 전문지식을 이용하여 문제를 진단 · 평가함으로써, 문제해결을 돕고 지원하는 업무를 담당하는 자"로 정의하고 있다. 미국사회복지사협회(NASW)에서는 사회복지사(social worker)를 개인, 집단, 지역사회의 복지를 촉진시키기 위해 활동을 수행하는 전문직으로 규정하였다.

우리나라는「사회복지사업법」제11조제1항의 규정에 의해 사회복지사는 "사회복지에 관한 전문지식과 기술을 가진 자"로 규정하고 있다. 사회복지사가 하는 일은 사람이 살아가면서 직면하게 되는 위기 상황에 전문적으로 개입하여 사회복지서비스를 제공하는 것이다. 사회복지사는 대상자, 즉 클라이언트가 바라는 욕구를 충족시켜 주고, 그들이 각자 맡은 책임을 다할 수 있게 적절한 사회기능 수행의 향상을 돕는 일을 한다. 그리고 사회복지사는 사회복지서비스 제공 대상인 클라이언트의 욕구 해결이라는 목적달성을 위한 매개체 역할과 클라이언트의 욕구와 자원을 연결시켜 주는 주체이다. 그리고 사회복지사는 클라이언트의 문제해결과 능력을 향상시키고 클라이언트에게 자원과 서비스 기회를 제공하는 연결체계를 이어주며, 체계적인 효과를 증진시켜 사회정책의 개발과 개선을 위해 노력한다. 그렇기 때문에 사회복지실천현장에서 핵심 역할을 수행하고 있는 사회복지사의 역할이 더욱 부각되고 있다. 현대사회에서 점차적으로 심각해지고 있는 각종 사회문제의 해결을 위한 사회복지의 역할은 날로 중요해지고 있으며, 사회복지사의 역할 또한 전문직으로서의 그 중요성이 부각됨에 따라 다양한 측면에서의 사회복지사의 역할과 역량이 매우 중요한 문제로 강조되고 있다.

결론적으로 사회복지사는 가치를 기반으로 지식과 기술을 사용하여 광범위한 문제를 다루기 위하여 다양한 역할을 수행한다.

『사회복지사업법』 제11조(사회복지사 자격증의 발급 등)

① 보건복지부장관은 사회복지에 관한 전문지식과 기술을 가진 사람에게 사회복지사 자격증을 발급할 수 있다.
② 제1항에 따른 사회복지사의 등급은 1급 · 2급 · 3급으로 하고 등급별 자격기준 및 자격증의 발급절차 등은 대통령령으로 정한다.
③ 사회복지사 1급 자격증을 받으려는 사람은 국가시험에 합격하여야 한다.
④ 보건복지부장관은 제2항에 따른 사회복지사 자격증을 발급받거나 재발급받으려는 사람에게 보건복지부령으로 정하는 바에 따라 수수료를 내게 할 수 있다.

보건복지부와 한국사회복지사협회는 「2018년 사회복지사 자격관리 지침」에서 사회복지사는 '사회복지에 관한 전문지식과 기술을 가진 자'이며, 수행업무는 사회복지사의 수행업무, 사회복지프로그램의 개발 및 운영업무, 시설거주자의 생활지도업무, 사회복지를 필요로 하는 사람에 대한 상담업무 등으로 규정하고 있다.

1) 사회복지사의 역사

사회복지사라는 이름의 고유성은 우리나라 사회복지의 역사를 통해 살펴볼 수 있다. 우리나라 사회복지는 개항 이후 외국 선교단체의 의료 · 교육 사업을 통해 사회사업의 활동이 시작되었으며, 1920년 9월에 최초의 사회복지관이 건립되었다. 이후 선교단체를 중심으로 사회사업활동이 지속되었으며, 이 당시는 고아원, 양로원 등 시설중심의 자선사업이 이루어졌다. 해방 및 한국전쟁 이후에는 외원단체를 통해 응급구호사업이 실시되었으며, 전쟁고아의 구호 및 이재민 물자 지원 등 현물공급과 시설중심의 보호사업을 통해 활동했다.

이후 국가에서 실시한 사회보험(국민연금, 산업재해, 의료보험 등)을 중심으로 사회복지정책들이 만들어지고, 1970년대 사회복지사업 법이 제정되면서 사회복지법인이 사회복지사업을 수행하도록 하였으며, 부랑인 보호사업을 중심으로 사회복지사들의 활동이 진행되었다. 이어 1989년 전 국민 의료보험의 시작과 더불어 사회복지사들의 활동이 점차 확대되면서 사회복지전담 공무원들의 활동이 시작되었다. 또한 도움을 필요로 하는 대상자들의 시설보호 위주에서 지역사회 내 보호방식으로의 인식전환과 지역 사회복지관의 설치 · 운영에 따라 사회복지사들이 본격적으로 활동하게 되었다. 2000년대 이후 다양한 복지환경의 변화로 사회복지사들의 영역은 아동, 노인, 장애인, 여성, 다문화 등의 다양한 분야로 다각적인 확대가 이루어졌으며, 점차로 사회복지사의 중요성이 대두되기 시작하였다.

2) 사회복지사의 기능

일반적으로 역할이 마땅히 해야 할 개인이 맡은 책임이나 임무라고 한다면, 기능은 구실이나 작용을 뜻한다. 따라서, 사회복지사로서 어떻게 직업역할을 수행하는가의 방법은 개인에게 달려 있지만, 사회복지사로서 수행하도록 기대되는 기능을 이해하는 것은 매우 중요하다. 사회복지사에 의해 수행되는 실천의 역할들이 크고 다양하기 때문에 사회복지사로서 해야 할 역할과 관련된 기능을 수행하는데 있어 전문가다운 능숙함을 요구받는다.

사회복지사들이 사회복지현장에서 만나는 대상자들은 기능적인 약점이나 병리만을 가진 경우는 드물고, 오랜 시간 빈곤했고, 저학력 · 저소득이고 손상된 가족구조를 경험했으며, 가족병리를 지속적으로 경험한 사례가 많다. 사회복지사는 무엇보다 '무엇을 하지 않아도 되는가'라는 실천의 방어적인 자세보다는 어떤 역할과 기능이 적절한가에 대한 능동적인 자세를 견지할 것을 요구하고 있다. 따라서, 사회복지사는 일반적인 원조직과는 무엇이 다른지에 대해 차이점을 깊이 인식해야 하고, 그 인식을 바탕으로 직업현장에서 자신에게 요구되는 역할과 기능이 가능해진다고 할 수 있다.

사회복지 실천현장의 6개 영역에서 근무하는 사회복지사의 직무특성과 관련한 사회복지사 기능을 살펴보면, 사회복지사는 행정가로서 통계 및 보고서 작성, 보고 및 행정처리, 서비스 내용 기록과 같은 문서관리기능 수행에 가장 많은 시간을 할애 하고 있고, 그 다음이 구체적인 서비스 제공 및 프로그램 시행, 정보제공 등과 같은 직접적인 서비스 제공과 시행, 사정, 접수 등의 기능 수행을 통해 중개인, 상담가, 사례관리자 등의 역할을 수행하고 있는 것으로 유추해 볼 수 있다. 반면, 업무량 개발자나 직원개발자와 같은 역할에 주어지는 인사관리, 기획 및 재정 관리와 같은 기능 수행은 낮았다. 이러한 기능은 주로 담당자가 지정되어 있거나 소수 관리자에게 집중되어 있기 때문인 것으로 보인다.

사회복지사는 전체로서의 인간에 대한 관심을 추구한다. 이는 대개의 전문직이 특정한 측면의 인간에 대해 관심을 가지는 것에 비해 넓은 관심 범위이다. 때문에 깊이는 모자랄 수 있다. 그렇다고 사회복지실천이 깊이가 없는 전문직을 의미하는 것은 아니다. 사회복지사는 다양한 분야에서 그 분야가 가지는 특유의 전문성을 살린다. 정신건강, 장애, 가족관계의 위기 등 각 실천분야에서는 매우 심도 있는 전문성을 발휘한다. 하지만 분야별 전문실천영역의 모든 내용을 사회복지사가 숙지해야 한다는 것은 비현실적이다. 하지만, 전체로서의 인간을 이해하기 위해 필요한 만큼은 인구학적 특성(노인, 청년, 장년, 여성 등)에 대해, 건강과 장애의 요소에 대해, 직업과 사회활동에 대해, 지역사회와의 참여적 교류에 대해, 금융상황에 대해, 그리고 나아가 서비스를 제공할 주체의 조직과 특성에 대해, 거시적인 사회복지 정책에 대해 적절한 지식을 보유하는 것이 모든 사회복지사에게 필요하고 이것이 사회복지사의 핵심적 역량이 될 것이다.

결론적으로 결국 사회복지사의 핵심 역량은 '전체로서의 인간'에서 찾아야 한다. 사회복지사가 다양한 영역에서 활동 범위를 넓혀가는 원동력이 전체성에 있다고 할 수 있다. 즉, '전체로서의 인간'을 이해하고 개입하기에 필요한 만큼의 지식과 기술이 사회복지사의 핵심역량이라고 볼 때 사회복지사는 제대로 사회복지현장에서 기능하기 위해서 이 핵심역량을 반드시 키워야 할 것이다.

3) 사회복지사의 질적 구성요소

업무능력을 향상시키기 위한 사회복지사의 질적 구성요소는 다음과 같다.

(1) 인권감수성

인권은 인간의 권리를 말하는 것으로 인간이라면 당연히 가지는 자연법상의 권리를 말한다. 이 권리는 어떤 국가나 법이 권리로 인정하여 주는 것과 상관없이 우리 각자에게 인정되는 실정법 이전의 권리로서 모든 인간들은 존중해야 할 의무가 있다.

인권감수성은 인권과 관련된 문제에 대해 민감하게 반응할 수 있는 능력을 의미한다. 인권감수성은 현대사회의 시민이라면 누구나 지녀야 하고, 이를 옹호하는 것은 사회복지사에게 요구되는 중요한 가치이다. 어떠한 사람이 인권을 옹호하는 행동은 인권에 대한 감수성, 인권에 대한 판단력, 인권에 대한 동기화, 인권 옹호 행동과 관련된 성격 등 네 가지 심리적 과정을 거쳐야 한다. 인권감수성은 인권을 옹호하기 위한 첫 번째 과정이며, 인권의식보다는 구체적인 상황이나 장면에서 적용되는 개념이다.

사회복지사의 인권감수성은 사회복지 직무 특성상 매우 중요하다. 사회복지사의 주요 직무는 사회복지 기관 이용자의 권리를 보호하고 권리를 실현하는데 목적이 있다. 특히, 사회복지사가 이용자의 인권문제를 어떤 식으로 지각하고 해석하는가에 따라 사회복지시설 이용자의 인권문제가 달리 나타난다. 인권감수성의 개념은 인권에 대한 기술이나 태도가 아니라, 인권 관련 상황을 해석하고 지각하는 능력을 다룬다는 점에서 기존의 인권의식과는 차별화되는 개념이다.

사회복지실천에서 사회복지사들의 중요한 직무는 이용자의 권리 주장을 대변하는 것이다. 사회복지사의 윤리 강령은 이용자의 권익 보호와 이용자의 자기결정권을 최우선으로 행사할 수 있도록 도와주는 내용을 포함하고 있다. 특히, 복합적 문제와 다양한 욕구를 가진 의사 능력이 힘든 이용자를 위해서 최대한 그들의 입장과 이익을 대변해야 하며, 이용자의 사생활 보호와 알 권리를 존중해야 한다. 사회복지사는 직무에 있어서 사회적 약자를 보호하고 인간의 평등과 인권의 존중을 대변하여야 하고, 사회적 가치와 권위를 존중하여야 한다. 사회복지조직은 윤리적 가치와 인간존중이 중요시되는 조직이다. 사회복지사에게 적용되는 규칙은 사회복지사의 직무와 관련된 실천으로써 윤리적 결정과 관련 있으며, 사회복지사의 인권감수성은 사회복지 조직의 가치를 실현하는 데 중요한 기준이 된다.

이러한 인권감수성의 특성을 반영하여 사회복지사의 인권감수성으로 범위를 한정하면 타인의 고통과 인권침해로 나타나는 정서적 반응이라고 말할 수 있다. 그 내용을 보면 다음과 같다. 자신을 타인의 입장과 동일시하고, 인권침해에 대한 문제를 공유한다. 인권문제가 관련되어 있는 상황에서 그 상황을 인권과 관련된 상황으로 이해한다. 인권관련 상황에서 나타나는 행동이 다른 당사자들에게 어떠한 영향을 미칠지를 예상하며, 그 상황을 타개하기 위한 책임이 자신에게 있다고 인지하는 심리적 과정을 의미한다. 이는 인권침해 상황에 처한 타인에 대한 공감과 함께 인권침해상황에 대한 자신의 정서를 포함한다.

인권감수성은 사회복지사가 사회복지직무를 수행하는데 이용자와의 관계에서 긍정적 영향을 주는 중요한 요인이다. 지금까지 사회복지사의 인권옹호는 중요하게 강조되어 왔다. 그러나 사회복지사의 인권이 단순히 긍정적인 입장에서 추상적으로 논의가 되어서는 안 된다. 사회복지시설 이용자의 인권보호를 위해서는 사회복지사의 전문성을 향상시켜 궁극적으로는 필요한 인권옹호 행동을 이끌어 내어야 한다. 그렇기 때문에 사회복지사의 인권감수성이 요구된다.

결론적으로 이처럼 사회복지직무에서 사회복지시설 이용자의 인권옹호는 가장 대표적인 권리지향적인 활동이다. 사회복지시설 이용자의 권리 옹호를 위해 사회복지사가 이용자에게 제기되는 인권상황의 제반 문제를 해결하는데 인권감수성은 중요한 판단 기준이 된다.

(2) 서비스 질

서비스란 상대방에게 제공하는 무형적이고, 소유권의 이전이 없는 행위나 효용을 제공하는 행위를 말한다. 또한 질(quality)이라는 것은 추상적인 개념으로 표준화에 어려운 측면이 있다. 따라서, 서비스 질은 서비스를 받는 대상자가 느끼는 만족의 정도로 파악되거나, 수요자의 주관적인 기준에 의해 다양하게 평가될 수 있다는 측면에서 지각된 서비스의 질로 정의되고 있다.

사회복지서비스 질은 클라이언트의 기대와 지각된 서비스의 차이로서 클라이언트에 의해 서비스의 질에 대한 평가가 달라질 수 있고, 객관적인 입장보다는 주관적인 입장에서 지각한 서비스 질이라고 할 수 있다. 또한 사회복지서비스의 질에 대한 수준을 결정하는 요인은 사회복지서비스 기관의 제공자와 운영방식 모두가 해당될 수 있다. 사회복지기관은 서비스가 필요한 지역주민들에게 서비스를 제공함으로써 사회전반의 복지를 제공하는 기능을 가지고 있다. 사회복지기관은 사회복지사들의 가치와 전문성, 기술을 통해 클라이언트의 기대에 부합되는 사회복지서비스를 제공하고 클라이언트의 욕구를 달성할 수 있도록 사회복지서비스를 제공한다. 따라서, 서비스의 질은 사회복지사의 기술과 적절성을 담보로 하고 있다.

우리나라의 사회복지서비스 정의는 매우 다양하나, 사회보험, 공공부조와 함께 사회보장제도를 구성하고 있는 하나의 영역으로 보고 있으며, 이는 비물질적인 사회적 관계상의 욕구에 초점을 두고 있는 것이다. 또한 「사회보장기본법」에서는 사회복지서비스를 국가와 지방자치단체 및 민간부문의 도움이 필요로 하는 모든 국민에게 상담, 재활, 직업의 소개 및 지도, 사회복지시설의 이용 등을 제공하여 정상적인 사회생활이 가능하도록 제도적으로 지원하는 것으로 정의하고 있다(사회보장기본법, 제3조).

사회복지서비스의 목적 달성과 클라이언트의 정상적인 삶의 질 향상을 위해서는 사회복지기관에서 사회복지사가 제공하는 서비스 제공 가치와 양식 그리고 이를 운영하는 방식에 따라서 달라진다. 사회복지기관에서 서비스의 질에 대해 높은 수준을 결정되는 요인은 사회복지사가 될 수도 있다. 즉, 사회복지서비스 질은 클라이언트에게 욕구와 기대를 충족시키고 성취하는 것으로 클라이언트가 사회복지서비스 이용 중 사회복지서비스를 인지하는 정도에 따라 결정되는 무형의 결정체로 클라이언트의 서비스 만족도에 대한 중간 매개물이다.

사회복지서비스 질은 클라이언트의 욕구를 만족 시켜줄 수 있는 것으로 클라이언트에 의해서 사회복지서비스 질의 규정과 가치가 매겨진다. 그러나 사회복지분야에서 사회복지서비스 전달과정이 매우 복잡하고 다양하기 때문에 클라이언트 중심으로만 접근하는 것은 다소 한계가 있는 것으로 보인다. 따라서, 사회복지서비스 질은 클라이언트의 욕구와 사회복지시설을 둘러싸고 있는 환경과 양자 사이에서 대응하는 적절한 관련 체계와 관련성이 깊다. 즉, 사회복지시설에서 서비스 질이란 조직 환경의 요구와 클라이언트의 욕구를 기반으로 하는 요구를 중심으로 사회복지시설의 관리체계를 형성해 나가는 것과 큰 관련성이 있다. 즉, 종사자들이 제공하는 사회복지서비스 질의 제공과정에 있어서 지각된다. 따라서, 사회복지서비스 질은 사회복지시설을 이용하는 클라이언트의 욕구로 사회복지시설의 환경과 함께 사회복지서비스를 이용하는 클라이언트와 사회복지시설과의 상호작용에서 나타나는 지각된 가치이다.

결론적으로 이처럼 사회복지서비스는 다양한 요소들이 혼합 또는 병합되어 있을 뿐만 아니라, 여기에 대한 학자들의 정의도 하나의 공통된 개념으로 정의하는 것은 매우 어려운 일이라 할 수 있다. 따라서, 여러 학자들이 내린 사회복지서비스 질에 대한 개념을 보면 대체로 사회복지조직의 총체적 품질관리의 측면과 서비스를 이용하는 클라이언트의 만족 측면, 욕구 충족 측면, 제도적 지원의 측면, 조직의 상호작용 측면에 관심을 두고 있음을 알 수 있다

(3) 직무스트레스

직무스트레스는 환경이나 직업에서 오는 개인능력 이상의 요구나 압력에 대해 적절하게 대응하지 못함으로서 발생하는 생리적 · 심리적 · 사회적 반응을 뜻한다. 직무스트레스 요인은 직장 내환경에 관련되어 발생되는 스트레스 요인이고, 이는 직무수행과정의 스트레스 유발에 중요한 스트레스 원이 될 수 있다.

스트레스 원의 증상이나 결과는 심리, 생리, 행동적 결과로, 개인의 능력을 초과하는 환경이나 상태로 부담을 요하는 사항일 때 무력감, 체념, 집중력 약화, 회피, 고민, 무관심 등의 심리적인 고통을 받게 된다. 이러한 심리적 고통은 객관적인 지각보다 주관적 지각에 의해 결정된다. 이러한 스트레스가 개인의 한계점을 넘게 되면 좌절, 우울, 불안, 긴장 등의 생리적 결과로 나타나고 식욕감퇴나 체중변화, 음주습관 및 흡연 등의 행동장애로 발전할 수 있기 때문에 직무스트레스는 개인의 건강이나 업무의 성과에 직접적으로 영향을 준다.

직무스트레스는 직무만족에 직접적으로 영향을 주게 되는 요인으로, 직무스트레스요인의 고유 성질에 따라 긍정적 영향 또는 부정적 영향을 주기도 한다. 조직의 요구가 한 개인에게 기회, 혹은 제약이나 요구로 받아들여지느냐에 따라 스트레스가 긍정적, 혹은 부정적으로 작용할 수 있다. 직무스트레스는 직무불만족, 생산성 저하, 조직몰입 방해, 결근과 이직률의 증가 등을 유발하게 되는 부정적인 측면이 많이 나타난다.

직무스트레스를 유발하는 환경에서 심리적 또는 신체적 요구를 직무스트레스라 하는데, 직무 제반 활동 등에서 발생되기 때문에 사람들이 직면하게 되는 환경, 직무, 상황 등과의 관계나 개인의 내적 요구 등이 다양하게 나타난다. 직무스트레스는 환경의 내용의 복잡함과 산업이 고도화될수록 더욱 심화되어 현대사회

조직체계의 심각한 문제로 대두되고 있다. 특히, 직장에서 직무환경과 관련되어 발생되는 다양한 스트레스는 점차 증가하고 있으며, 직무를 담당하고 있는 사람들은 많은 스트레스에 노출되어 있다.

직무스트레스는 정신, 신체 건강과 조직의 효과성에도 부정적 영향을 미치고 있고, 직무만족, 능률, 업무수행, 사기 등을 감소시킴으로써, 결과적으로 직무 질적 저하를 초래할 뿐 아니라, 나아가 조직의 효율성 및 생산성을 저해한다. 한 개인의 역할 변화가 효과적이든 비효과적이든 그 영향은 조직의 나머지 사람들의 기능에 변화를 주게 되고, 한 개인 또는 조직의 스트레스는 결국 조직 전체에 영향을 미치게 된다.

직무스트레스는 개인의 직무성과를 저하시키는 요인으로 심리적 불만족상태와 개인의 건강문제가 나타난다. 이렇듯 지속적인 직무스트레스는 직무수행에 부정적인 영향을 미치고 개인의 심리적 불균형으로 각종 질병을 야기할 수 있다. 직무스트레스로 인한 역기능적 문제의 예방을 위해 개인의 능력개발과 직무스트레스에 대한 적극적인 관리와 관심을 높이기 위해서 효과적인 대처방안이 마련되어야 할 것이다.

(4) 자아탄력성

자아탄력성의 개념에서 탄력성에 대한 사전적 의미를 보면, 다시 돌아오는 경향, 탄성, 회복력을 의미한다. 즉, 역경을 겪으면서 개인이 자신의 힘과 능력을 잃었지만 이전의 적응수준으로 돌아오고 회복할 수 있는 능력이다.

자아탄력성(ego-resiliency)은 최근에 관심을 가지고 있는 개념으로 빈곤이나 가정불화, 정신병력을 가진 부모 등의 위험요소에 노출된 아동 · 청소년을 대상으로 시작된 연구에서 나온 개념이었으나, 사회복지 분야에서도 많이 활용되고 있다.

자아탄력성은 상황에 따른 스트레스로 지각하고, 스트레스로 인해 불안과 우울에 대해 지각되디라도, 무력김에 대한 요소들을 소진시키고 자신을 보살펴 위험에 있는 요인에 대해 미리 잘 다루어 처리할 수 있는 심리적 능력이다. 즉, 자아탄력성이 직무만족도에 가장 강력한 영향을 미치는 변인이 될 수 있다. 자아탄력성이 높으면, 갈등과 위기 상황과 같은 부정적 환경 속에서도 평정심 유지를 위해 노력하고 자신의 원래 심리정서상태로 재빨리 회복하여 직무만족도를 높일 수 있다. 다시 말해서 자아탄력성이 높은 사람은 공격에 민감하지 않으며, 인간관계에서 발생하는 문제나 갈등을 해결하는 능력이 뛰어나다. 자아탄력성이 낮은 경우는 스트레스 상황이나 낯선 상황에서 융통성이 부족하여 적응의 효율성이 떨어진다. 이는 자아탄력성이 가지는 긍정적인 적응요소로서 복잡하고 스트레스적인 일상생활에 잘 적응하기 위해 지녀야 할 개인의 중요한 성격자원이라는 것을 뜻한다. 따라서, 스트레스에 직면해 있는 사회복지사에게 스트레스의 영향을 확인하여 그 영향을 완충시키거나 적응을 도와주는 보호요인으로 자아탄력성의 역할이 중요하다고 할 수 있다. 자아탄력적인 사람들은 어떤 상황을 스트레스로 지각하는 경우가 낮고 스트레스로 지각하더라도 우울이나 예기불안을 경험하는 경향이 낮으며, 자아경직적인 사람들에 비해 우울이나 불안에 덜 취약하였다.

사회복지사의 자아탄력성은 직무스트레스 원이 스트레스 반응을 유발하는 것을 중재하는 변인으로 밝혀져 자아탄력성이 스트레스 원에 대한 부정적 영향을 조절하는 효과를 지니고 있다. 따라서, 자아탄력성은 사람의 생활 속에서 균형적이고 조화로운 관계를 유지하며, 합리적이고 이상적인 적응을 할 수 있는 긍정적인 자원이 되기 때문에, 사회복지사에게는 매우 중요한 변인이라고 할 수 있다. 사회복지사는 직무의 특성상 사회복지사 자신이 서비스의 도구가 되어 이용자와 긴밀한 상호작용에 의해 서비스가 전달되기 때문에, 다른 분야보다도 사회복지사 개인이 가져야 할 개인의 내적특성이 특히 고려되어야 한다.

결론적으로 자아탄력성의 중요성을 인식하여 사회복지사에게도 자아탄력성을 적용하고, 사회복지사의 자아탄력성과 서비스 질에 관한 접근을 통해 사회복지사의 서비스 질에 미치는 경험적 연구가 필요하다.

2. 사회복지사의 자격

1) 사회복지사 등급 자격기준

[1급]

(1) 정의

① 2급 자격기준에 해당하는 자로서 사회복지사 1급 국가시험에 합격한 자

② 고등교육법에 의한 대학에서 전공 · 학과에 관계없이 보건복지부령이 정하는 「사회복지학 전공교과목과 사회복지관련 교과목」(필수 10과목, 선택 7과목 이상)을 이수하고 학사학위를 취득하면 응시가능

(2) 1급 국가시험

① 시험 시행시기 : 국가시험 일정은 시행기관인 한국산업인력공단(www.q-net.or.kr/1644-8000)이 계획하며, 매년 일정이 조금씩 변경될 수 있다. 대략 10, 11월 정도에 시험 공고가 발표되며, 다음 해 1, 2월경 시행한다.

② 시험방법

시험과목 수	문제 수	배점	총점	문제형식
3과목(8영역)	200	1점 / 1문제	200점	개관식 5지 선택형

③ 시험과목 및 시험시간

<table>
<tr><th>구분</th><th colspan="2">시 험 과 목</th><th>입실시간</th><th>시험시간</th></tr>
<tr><td>1교시</td><td>사회복지기초
(50문항)</td><td>○ 인간행동과 사회환경 (25문항)
○ 사회복지조사론 (25문항)</td><td>09:00</td><td>09:00~10:20
(50분)</td></tr>
<tr><td colspan="5">휴식시간 10:20 ~ 10:40 (20분)</td></tr>
<tr><td>2교시</td><td>사회복지실천
(75분항)</td><td>○ 사회복지실천론 (25문항)
○ 사회복지실천기술론 (25문항)
○ 지역사회복지론 (25문항)</td><td>10:40</td><td>10:50~12:05
(75분)</td></tr>
</table>

점심시간 12:05 ~ 12:50 (45분)				
3교시	사회복지정책과 제도 (75문항)	○ 사회복지정책론 (25문항) ○ 사회복지행정론 (25문항) ○ 사회복지법제론 (25문항)	12:50	13:00~14:15 (75분)

[2급]

(1) 정의

① 전공 · 학과에 관계없이 보건복지부령이 정하는 「사회복지학 전공교과목과 사회복지관련 교과목」(필수 10과목, 선택 7과목 이상)을 이수하고 학사(전문 포함)학위를 취득한 자

② 고등교육법에 의한 대학원에서 사회복지학 또는 사회사업학을 전공하고 석사 또는 박사학위를 취득하면 자격 취득

※ 다만, 대학에서 사회복지학 또는 사회사업학을 전공하지 아니하고 동 석사학위를 취득한 자는 보건복지부령이 정하는 「사회복지학 전공교과목과 사회복지관련 교과목」 중 사회복지현장실습을 포함하여(개정된 사항 : 2004. 7.31. 이후 입학생부터 해당) 필수과목 6과목 이상(대학에서 이수한 교과목을 포함하되 대학원에서 4과목 이상을 이수하여야 함)과 선택과목 2과목 이상을 각각 이수하고 학위를 취득하여야 함. 박사학위자는 사회복지 전공자에 한해 교과목 이수 불문, 학위취득 시 자격 획득

(2) 이수교과목(학사 및 전문학사 기준)

구 분	교 과 목	
필수과목	사회복지개론, 인간행동과 사회환경, 사회복지정책론, 사회복지법제와 실천, 사회복지실천론, 사회복지실천기술론, 사회복지조사론, 사회복지행정론, 지역사회복지론, 사회복지현 장실습(10과목)	
선택과목	2020학년도 이전	2020학년도 이후
	가족복지론, 교정복지론, 노인복지론, 사회문제론, 사회보장론, 사회복지발달사, 사회복지윤리와 철학, 사회복지자료분석론, 사회복지지도감독론, 산업복지론, 아동복지론, 여성복지론, 의료사회사업론, 자원봉사론, 장애인복지론, 정신건강론, 정신보건사회복지론, 청소년복지론, 프로그램 개발과 평가, 학교사회사업론 (20과목)	(7과목 추가) 가족상담 및 가족치료 국제사회복지론 복지국가론 빈곤론 사례관리론 사회복지와 문화다양성 사회복지와 인권(27과목)
명칭변경	사회복지발달사	사회복지역사
	의료사회사업론	의료사회복지론
실습시간	실습 120시간	현장실습 160시간 강의 30시간(1회 2시간 15회)
선택과목추가	2020학년도 이전 입학자 4과목(12학점) 이수	2020학년도 이후 7과목(21학점) ※3과목(9학점) 추가

[3급]

※ 「사회복지사업법」 개정(2017.10.24.)에 따라 2019.1.1.부터 사회복지사 3급 자격폐지

2) 자격증 발급

(1) 자격증 발급업무 흐름도

업무내용	담당기관	비 고
○ 자격증 발급신청서 접수 및 수수료 수납	한국사회복지사협회 시·도 지회	수시
○ 구비서류 검토 및 보완 ○ 신원조회	한국사회복지사협회 (자격관리부서)	7일
○ 자격증 발급(우편)	한국사회복지사협회 (자격관리부서)	

[그림 5-1] 자격증 발급업무 FLOW

(2) 자격증 발급 신청방법

① 사회복지사 자격증 발급 신청서에 해당구비서류를 첨부하여 한국사회복지사협회 시 · 도 지회로 우편 또는 방문 접수

② 제출된 발급신청서와 구비서류 내용 검토 후 자격이 인정될 경우 자격증 발급(민원처리기간 : 7일).

(3) 자격증 발급 서류

① 사회복지사 자격증 발급신청서 1부

② 6개월 이내에 촬영한 탈모상반신 반명함판(3×4 센티미터) 사진 2매

③ 기본증명서 1부(읍 · 면 · 동 주민센터에서 발급가능)

④ 별도 구비서류 : 졸업증명서, 성적증명서, 사회복지현장실습확인서사회복지사자격증 박급신청서 각 1부

■ 사회복지사업법 시행규칙 [별지 제1호서식] <개정 2014.1.6>

사회복지사자격증 발급 신청서

(앞쪽)

접수번호	접수일	처리기간 7일

신청인	성명	주민등록번호	
	자택 주소 ※'도로명 주소'로 기입해 주세요.	(전화:) (휴대전화:)	
	직장명	(이메일:) (우편물 수령: 자택 직장 직접수령) ※ 수령방법 중 해당란에 ○ 표시	
	직장 주소 ※'도로명 주소'로 기입해 주세요.	신청등급	급

	구분 ※ 해당란에 ○ 표시	부터	까지	학교명	전공 또는 부전공 학과목
최종학력	( )대학원졸 ( )대졸 ( )전문대졸 ( )고졸 ( )고졸이하				

사회복지관련 교과목 이수학교	사회복지관련 교과목	부터	까지	학교명	전공 또는 부전공 학과목
		. . .	. . .		
	현장실습	부터	까지	실습기관	실습 지도교수 실습기관 지도자
		. . .	. . .		
		. . .	. . .		

	부터	까지	근무 기관명	근무 부서명	담당 업무
실무경험	. . .	. . .			
	. . .	. . .			

	부터	까지	교육훈련 기관	교육훈련 내용(과정)
교육훈련	. . .	. . .		
	. . .	. . .		

「사회복지사업법」 제11조, 같은 법 시행령 제2조 및 같은 법 시행규칙 제4조제1항에 따라 사회복지사 자격증의 발급을 신청합니다.

년 월 일

신청인

한국사회복지사협회장 귀하

첨부서류	1. 「사회복지사업법 시행령」 별표 1의 사회복지사자격기준에 해당함을 증명하는 서류 1부(사회복지사 1급 국가시험에 합격한 사람은 제출하지 않습니다) 2. 6개월 이내에 촬영한 탈모정면 상반신 반명함판(3㎝×4㎝) 사진 2장	수수료 1만원

210㎜×297㎜[백상지 80g/㎡]

3. 사회복지사의 실태분석

한국사회복지사협회의 「사회복지사 자격증 발급현황(2020.11.30)」에 따르면, 1996년 21,244명이었던 사회복지사 자격증 취득자는 2000년에는 42,292명으로 99.0%로 증가했으며, 2005년에는 129,999명으로 207.4% 증가, 2010년에는 412,815명으로 217.6% 증가, 2015년에는 789,071명으로 91.1%의 증가세를 보이고 있다. 또한 2020년(11.30 현재) 1,203,074명으로 52.5% 증가한 것으로 나타났다. 2019년에 비해서는 8.7%의 증가세를 보였다. 이러한 결과로 미루어 볼 때, 초기의 폭발적인 자격증 취득자의 증가는 최근 들어 주춤해지는 경향을 보이고 있다.

〈표 5-1〉 최근 5년간 자격증 교부 누계

(단위: 건, %)

구 분	계	1급		2급		3급	
		소지자	비율	소지자	비율	소지자	비율
2016	864,269	133,205	15.4	717,782	83.1	13,282	1.5
2017	938,040	138,808	14.8	785,787	83.8	13,445	1.4
2018	1,019,647	146,119	14.3	859,964	84.3	13,564	1.3
2019	1,107,119	153,866	13.9	939,688	84.9	16,656	1.5
2020	1,203,074	162,189	13.5	1,027,317	85.4	13,568	1.1

단, 3급은 2019.1.1부터 자격폐지. 2020년도는 11.30까지임.

〈표 5-2〉 당해년도 자격증 발급 추이

(단위: 건, %)

구분	합계	증감률	1급	2급	2급
2016	75,198	-0.9	9,528	65,608	162
2017	73,771	-1.9	5,603	68,005	163
2018	81,607	10.6	7,311	74,117	119
2019	87,472	7.2	7,747	79,724	1
2020	95,955	9.7	8,323	87,629	3

〈표 5-3〉 성별 자격증 교부 현황

(2020.11.30. 현재)

구 분	소계		1급		2급		3급	
	건	%	건	%	건	%	건	%
남성	309,714	25.74	40,937	3.40	264,899	22.02	3,878	0.32
여성	893,360	74.26	121,252	10.08	762,418	63.37	9,690	0.81
소계	1,203,074	100.00	162,189	13.48	1,027,317	85.39	13,568	1.13

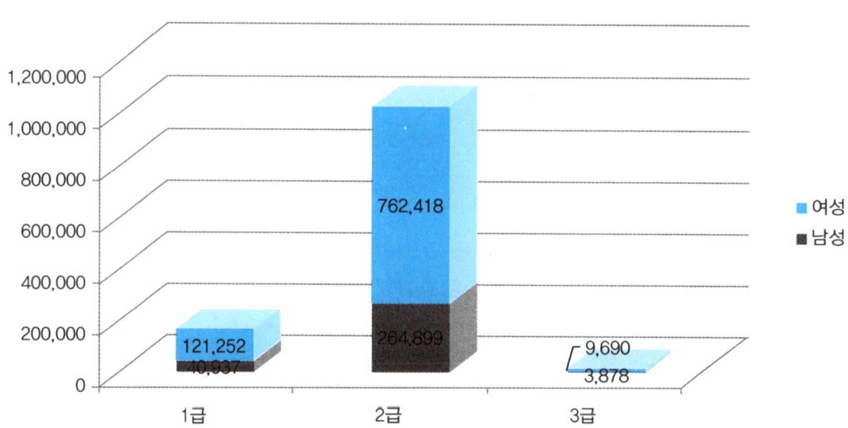

[그림 5-2] 성별 자격증 교부 비교

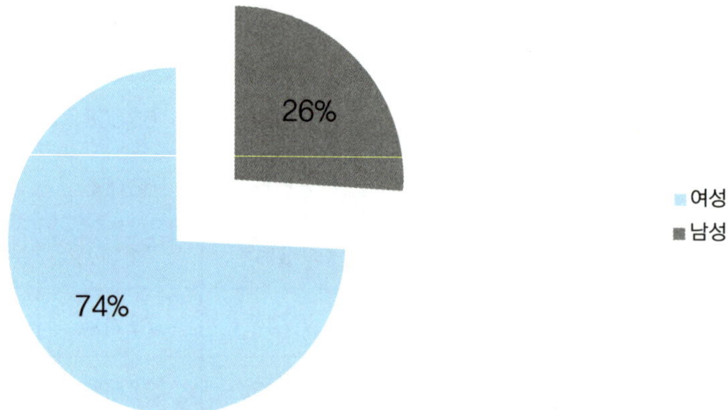

[그림 5-3] 성별 자격증 교부 비율

〈표 5-4〉 연령대별 자격증 현황 (2020.11.30. 현재)

(단위: 건, %)

구 분	합계		1급		2급		3급	
	건수	비율	건수	비율	건수	비율	건수	비율
합계	1,159,449	100.00	183,816	13.27	1,001,773	86.40	3,863	0.33
20대	278,722	24.04	54,905	4.74	223,770	19.30	47	0.00
30대	285,149	24.59	49,541	4.27	234,916	20.26	692	0.06
40대	345,086	29.76	30,335	2.62	313,840	27.07	911	0.08
50대	200,649	17.31	15,343	1.32	183,973	15.87	1,333	0.11
60대	40,566	3.50	3,030	0.26	36,858	3.18	678	0.06
70대이상	9,277	0.80	659	0.06	8,416	0.73	202	0.02

* 발급[건수]와 발급[명수]는 차이날 수 있으며, 연령 특성 상 매년 조회 시 연령별 명수가 변경됨.

Chapter 6

사회복지사의 역할

학습목표

1. 사회복지사와 각 기관 간의 성격 파악
2. 구체적 역할에 대한 이해
3. 실제 적용능력 제고

학습내용

1. 서비스 직접 제공
2. 체계 연결
3. 체계 유지와 강화
4. 체계개발 역할
5. 연구와 조사 활용
6. 기타 중요한 역할

개 요

사회복지사는 기관(단체)의 성격과 담당하는 업무에 따라 한 가지 역할을 주로 수행하기도 하지만, 서로 다른 역할을 동시에 수행해야 하는 경우가 많으므로 상황에 맞는 적절한 소임을 수행해야 한다. 여기에서는 사회복지사의 역할을 학습하고자 한다.

Chapter 06 사회복지사의 역할

사회복지사는 클라이언트의 문제나 욕구를 파악하여 적절한 개입을 할 수 있는 능력이 있어야 한다. 또한 지역 내의 사회자원 및 관계망에 대한 지식을 가지고 클라이언트와 기관 및 단체와 효율적 의사소통을 할 수 있어야 한다. 사회복지사는 기관(단체)의 성격과 담당하는 업무에 따라 한 가지 역할을 주로 수행하기도 하지만, 서로 다른 역할을 동시에 수행해야 하는 경우가 많으므로 상황에 맞는 적절한 소임을 수행해야 한다. 사회복지사의 구체적 역할은 다음과 같다.

1. 서비스 직접 제공

사회복지사는 실천현장에서 변화를 가져오기 위해 클라이언트에게 직접적 서비스를 제공한다. 즉, ① 자존감을 회복시키기 위해 지지와 격려 제공, ② 가치나 태도를 변화시키기 위한 교육, ③ 정보 제공, ④ TV 프로그램이나 영화 등의 매체 활용, ⑤ 집단 프로그램을 계획 · 진행, ⑥ 가족치료나 집단과정에서 참여자들 간 의견 중재 등 다양한 역할을 수행한다.

상담자로서의 역할, 촉진자(facilitator)로서의 역할, 정보제공자로서의 역할, 교육자로서의 역할, 프로그램 진행자로서의 역할 등이 직접서비스 제공자의 역할에 포함될 수 있다. 부모기술훈련, 사회기술훈련, 사회적응훈련 등에서 교육자로서의 역할과 프로그램 진행자로서의 역할이 수행된다. 또한 문제해결을 위한 변화가 얼마나, 어떤 상태로 이루어지고 있는지를 모니터링하는 것도 클라이언트의 변화를 위해 필수적인 기능이다.

사회복지사가 클라이언트와 직접 대면하여 서비스를 제공하는 것을 의미하는 것으로 가능하게 하는 자, 조력자, 교육자 등의 역할을 한다. 그 내용은 다음과 같다.

1) 조성자

조성자(enabler)로서의 사회복지사 역할은 클라이언트 자신의 감정을 더욱더 잘 이해하고, 행동을 수정하며, 문제상황에 대처하도록 도움으로써, 그들의 사회적 기능을 향상시킨다.

2) 조력자

조력자로서의 사회복지사 역할은 클라이언트의 위기상황에서 다양한 스트레스에 대처하도록 돕는다. 조력자의 기술은 희망을 전하고, 저항이나 양가감정을 줄여 주며, 감정을 인식하고 관리하며, 개인의 강점이나 사회적 자원을 발굴하고 지지해 주는 것 등이다.

3) 교육자

교육자로서의 사회복지사 역할은 클라이언트와 다른 체계에 정보를 제공하며, 기술을 가르치는 일을 포함한다. 효과적인 교육자가 되기 위해 사회복지사는 정보를 명확히 전달하고 이해시키기 위한 효율적 의사소통이 필요하다.

2. 체계 연결

사회복지사가 실천현장에서 변화를 가져오기 위해 클라이언트에게 그의 주변 환경과의 관계와 관련하여 서비스를 제공한다. 클라이언트는 종종 기존의 사회복지기관이 제공하지 못하는 자원들을 필요로 한다. 그리고 다른 유용한 자원들에 대한 정보가 부족하거나 그것을 이용할 능력이 부족하다. 사회복지사는 사람들을 다른 자원들과 연결하는 역할을 수행한다. 체계와 연결하는 역할과 관련해 사회복지사는 중개자(연결자, broker), 조정자(사례관리자, case manager, coordinator), 중재자(mediator)/심판자(arbitrator), 옹호자(advocator)로서의 역할을 수행할 수 있다.

1) 중개자

중개자(broker)는 도움을 필요로 하는 클라이언트와 자원 및 서비스를 연결하는 역할이다. 사람을 자원과 연결시키기 위해서는 지역사회의 자원에 대해 잘 파악하고 있어야 적절하게 의뢰할 수 있다. 클라이언트에게 식량이나 주거, 법률적 도움이나 다른 필요한 자원을 얻도록 도와주는 역할이다. 연결 담당자와 좋은 업무관계를 유지하면서 자원체계의 정책을 잘 파악하고 있는 것이 성공적 의뢰의 필수요소이다.

2) 옹호자

옹호는 사회복지 전문직이 생겨난 이래 줄곧 수행해 온 역할이다. 특히, 클라이언트 집단에 대한 옹호는 자원연결의 측면에서 볼 때, 클라이언트를 대신하여 자원과 서비스를 획득하는 활동과정을 의미한다. 옹호자(advocator)는 클라이언트 개인이나 가족의 권리를 옹호하고 정책적 변화를 모색하기 위한 활동을 하며 클라이언트들이 적절한 서비스를 받을 수 있는 권리를 확보하거나 유지하도록 해야 한다. 또한 기관 내 프로그램이나 정책을 변화시키기 위해 적극적인 역할을 수행한다. 따라서, 옹호자의 역할은 클라이언트를 위해 일을 진행하고 대변하는 것이기 때문에, 특히 클라이언트가 필요한 것을 얻을 힘이 거의 없을 때 적절하다.

3) 중재자

중재자(mediator)는 미시체계, 중범위체계, 거시체계 간의 논쟁이나 갈등을 해결하는 역할을 담당한다. 견해가 다른 개인이나 집단 간의 의사소통을 향상하고 타협하도록 돕는 중재자는 중립을 유지하며 논쟁에서 어느 한 쪽 편도 들지 않는다. 중재자는 자신의 위치를 분명히 하고, 의사를 잘못 전달하는지 인식하며, 관련 당사자가 입장을 명확히 밝히도록 도와주는 역할이다 중재자는 중립을 유지하며 서비스 전달과정에 존재하는 장애물을 제거하는 역할을 수행해야 한다.

4) 사례관리자/조정자

사례관리자(case manager)는 클라이언트를 다른 체계에 의뢰할 때 능력, 기술, 지식, 자원 등이 부족하면, 사회복지사가 사례관리자의 역할을 수행해야 한다. 조정자(coordinator)는 클라이언트의 욕구를 평가하고 다른 자원에서 제공된 필수 재화와 서비스 전달을 연결 · 조정하고, 클라이언트가 적절한 방식으로 서비스를 제공받을 수 있도록 개입한다. 따라서, 조정자의 대표적인 역할을 하는 것이 사례관리자이다.

3. 체계 유지와 강화

사회복지사가 실천현장에서 변화를 가져오기 위해 사회복지기관의 직원으로서 서비스 전달의 효율성을 떨어뜨리는 기관 내의 구조, 정책적 · 기능적 관계를 평가할 책임이 있다. 이는 클라이언트에 대한 간접적 서비스를 제공하는 기능이다.

1) 팀구성원

사회복지사는 많은 기관 및 공공기관(예: 정신건강, 건강보호, 사회적응 세팅)에서 클라이언트의 문제와 서비스 전달에 협력하는 임상팀의 일원으로 활동하게 된다. 팀 구성은 내과의사, 심리학자, 정신과의사, 사회복지사, 간호사, 재활상담가, 교사, 작업치료사, 레크리에이션 치료사 등으로 이루어진다.

2) 촉진자

촉진자(facilitator)는 집단의 지도자 역할을 담당한다. 사회복지사는 가족치료

집단이나 과업집단, 교육집단, 자조집단, 감수성 훈련집단, 그 밖의 다른 목적을 가진 집단에 개입한다. 촉진자 역할은 거시적 실천에도 적용할 수 있다. 이때 사회복지사는 사람을 모으고, 의사전달 통로를 만들고, 활동이나 자원을 전달하며, 전문지식이나 기술에 접할 수 있도록 하여 변화 노력을 촉진해야 하는 책임이 있다.

3) 조직분석가

조직분석가(organizational analyst)는 서비스 전달에 부정적 영향을 미치는 기관의 구조와 정책절차 등을 분석하고 지적하는 역할이다. 이 역할을 수행하기 위해서는 조직이론과 행정이론에 대한 지식을 갖추고 있어야 한다.

4) 자문가

사회복지사는 자문가(consultant)로서 자문을 제공하고 받는 역할을 모두 수행할 수 있다. 즉, 사회복지사가 전문지식을 가지고 자문제공자로서 해야 할 역할도 하지만, 때로는 약물남용, 아동학대, 성 문제 등과 같은 전문지식이 필요한 문제에 대해서는 그 분야의 전문가로부터 조언을 받아야 한다. 따라서, 자문은 사회복지사나 서비스 제공자가 전문가로서 클라이언트에 대한 지식 · 기술 · 태도 · 문제를 존중하는 태도를 증가시키고 발전시키며, 수정하고 자유롭게 함으로써 클라이언트에게 더 효과적으로 서비스를 전달할 수 있게 하는 과정이다.

4. 체계개발 역할

사회복지사가 실천현장에서 변화를 가져오기 위해 클라이언트의 욕구 불충족, 예방적인 서비스에 대한 욕구, 서비스 간의 괴리 혹은 현재 활용되고 있는 것과는 다른 개입방법에 의한 연구결과에 근거하여 사회복지기관의 서비스를 확대하거나 개선하는 것과 관련된 역할을 수행할 수도 있다.

1) 기획가

기획가로서의 사회복지사의 역할은 미충족되거나 새롭게 대두되는 욕구를 충족시키기 위한 프로그램을 계획하는 것이다. 특히, 지역사회에 대한 접근성이 떨어지는 작은 지역사회, 시골지역, 신흥도시에서 보통 지역사회 지도자와 함께 기획하는 역할을 하게 된다. 아동보호 프로그램, 건강관리 프로그램, 여가 프로그램 등이 그 예가 될 수 있다.

2) 프로그램 개발자

프로그램 개발자로서 사회복지사의 역할은 클라이언트의 욕구에 대응해서 서비스를 개발해야 하며, 교육적인 프로그램(예: 10대 미혼모 대상), 지지집단(예: 성폭력피해자, 알코올중독자의 자녀), 기술개발 프로그램(예: 스트레스 관리, 양육, 적극적 자기표현 훈련집단) 등이 포함된다.

3) 정책 개발자

정책과 절차 개발과정에서 사회복지사가 참여하는 것은 직접적으로 클라이언트에게 서비스를 제공하는 기관에서 제안된다. 사회복지사는 사회복지실천현장에 있기 때문에 클라이언트의 욕구를 평가하고, 어떤 정책과 절차가 클라이언트의 관심에 부합되는지를 평가하는 전략적 위치에 놓여 있다. 따라서, 사회복지사가 적극적으로 정책과 관련된 의사결정과정에 참여하는 것이 중요하다.

5. 연구와 조사 활용

사회복지사는 평가 가능한 개입방법을 선택하여 그들의 개입효과를 평가해야 한다. 그리고 클라이언트의 변화과정을 체계적으로 점검하기 위해 공적 · 사적 세팅 모두에서 평가할 책임이 있다. 특히, 자신의 실천활동을 평가하여 프로그램 서비스의 장단점을 사정하고, 지역사회를 연구하고 조사하는 역할을 한다. 사회복지실천에서 모든 사회복지사는 연구자 혹은 조사자로서의 역할을 수행한다.

6. 기타 중요한 역할

역할구분에는 포함되지 않지만 사회복지사가 현장에서 수행해야 할 중요한 역할로서 협상자(negotiator)로서의 역할, 능력고취자(empowerer)로서의 역할, 집단촉진자(group facilitator)로서의 역할 등이 있다.

협상자로서의 역할은 중재자와 마찬가지로 갈등상황에 개입해 상호 만족할 만한 합의점에 도달하도록 원조하지만, 중재자는 어느 한 쪽과 편을 이루지 않고 중립을 지키는 반면, 협상자는 대개 어느 한 쪽에 연계된다. 조성자로서의 역할은 클라이언트에게 변화가 일어날 수 있는 조건과 환경을 조성할 수 있도록 원조하는 것을 말한다. 클라이언트가 자신들의 욕구와 문제를 규정하고 해결책을 모색하고 적용하는 과정을 보다 효과적으로 다루도록 원조하고, 환경의 변화를 위해 직 · 간접으로 지원한다. 또한 능력고취자로서 사회복지사는 클라이언트의 개인적, 대인적, 사회경제적 혹은 정치적 능력을 강화하는 역할을 수행한다. 능력고취자는 클라이언트의 개인적 능력은 물론 대인적 능력을 획득하도록 원조한다. 나아가 상호원조집단, 정치적 활동에의 관여 등을 통해 클라이언트의 사회경제적 혹은 정치적 능력을 획득하도록 도와준다. 그리고 사회복지사는 집단에 개입해 집단의 사회적 기능 향상을 원조하게 되는데, 집단촉진자로서 집단성원들의 참여를 촉진하고, 의사소통의 초점을 유지시키고, 성원들 간의 의사소통을 연계하고, 집단 안팎의 갈등을 해결하기 위해 조정, 협상, 중재기술을 사용한다.

Chapter 7

사회복지사의 확장 영역

학습목표

1. 각 사회복지사의 역할과 직무 숙지
2. 자격취득의 구체적 방법 파악
3. 전망에 관한 토의

학습내용

1. 정신건강사회복지사
2. 의료사회복지사
3. 학교사회복지사

개 요

「사회복지사업법」 제11조제2항에 따르면, 사회복지사의 등급은 1급 · 2급으로 하되, 정신건강 · 의료 · 학교 영역에 대해서는 영역별로 정신건강사회복지사 · 의료사회복지사 · 학교사회복지사의 자격을 부여할 수 있게 규정하고 있다. 여기에서는 사회복지사의 확장 영역을 학습하고자 한다.

Chapter 07
사회복지사의 확장 영역

『사회복지사업법』 제11조제2항에 따르면, 사회복지사의 등급은 1급 · 2급으로 하되, 정신건강 · 의료 · 학교 영역에 대해서는 영역별로 정신건강사회복지사 · 의료사회복지사 · 학교사회복지사의 자격을 부여하여 국가자격증을 발급할 수 있게 규정하고 있다.[시행일 2020.12.29.].

『사회복지사업법』 제11조(사회복지사 자격증의 발급 등)

① 보건복지부장관은 사회복지에 관한 전문지식과 기술을 가진 사람에게 사회복지사 자격증을 발급할 수 있다. 다만, 자격증 발급 신청일 기준으로 제11조의2에 따른 결격사유에 해당하는 사람에게 자격증을 발급해서는 아니 된다.
② 제1항에 따른 사회복지사의 등급은 1급 · 2급으로 하되, 정신건강 · 의료 · 학교 영역에 대해서는 영역별로 정신건강사회복지사 · 의료사회복지사 · 학교사회복지사의 자격을 부여할 수 있다.
③ 사회복지사 1급 자격은 국가시험에 합격한 사람에게 부여하고, 정신건강사회복지사 · 의료사회복지사 · 학교사회복지사의 자격은 1급 사회복지사의 자격이 있는 사람 중에서 보건복지부령으로 정하는 수련기관에서 수련을 받은 사람에게 부여한다.

1. 정신건강사회복지사

1) 법적 근거

(1) 국가자격증 취득

정신건강증진 및 정신질환자 복지서비스 지원에 관한 법률(약칭: 정신건강복지법) 제17조제1항과 제2항에 의거하여, 정신건강전문요원 및 정신건강사회복지사 국가자격증을 취득할 수 있다.

제17조(정신건강전문요원의 자격 등)

① 보건복지부장관은 정신건강 분야에 관한 전문지식과 기술을 갖추고 보건복지부령으로 정하는 수련기관에서 수련을 받은 사람에게 정신건강전문요원의 자격을 줄 수 있다.

② 제1항에 따른 정신건강전문요원(이하 "정신건강전문요원"이라 한다)은 그 전문분야에 따라 정신건강임상심리사, 정신건강간호사 및 정신건강사회복지사로 구분한다.

(2) 사회복지사 채용 의무

사회복지사업법 시행령 제6조제2항에서 "정신건강복지법에 따른 정신요양시설과 정신재활시설의 업무, 즉 ① 사회복지프로그램의 개발 및 운영업무, ② 시설거주자의 생활지도업무, ③ 사회복지를 필요로 하는 사람에 대한 상담업무 등의 종사자를 채용하여야 한다."고 규정하고 있다.

2) 정신건강사회복지사 실태분석

(1) 정신건강사회복지사 배출 현황

보건복지부 · 한국사회복지사협회(2019.12.)의 「영역별 사회복지사 자격제도 연구」에 따르면, 2018년까지 배출된 정신건강사회복지사는 정신건강전문요원 전체의 30.3%를 차지하며, 정신건강사회복지사 1급과 2급의 비율은 약 1대 2이다.

〈표 7-1〉 연도별 자격발급 현황

(단위: 명)

정신건강전문요원				정신건강사회복지사		
연도별	계	1급	2급	소계	1급	2급
2016	14,101	4,792	9,309	4,099	1,260	2,839
2017	14,981	4,994	9,897	4,434	1,297	3,137
2018	15,703	6,063	9,640	0	1,800	2,958

단, 2017은 2017년 4월 기준.

(2) 정신건강사회복지사 수련 현황

2018년 12월 말 기준을 살펴보면, 1,357명 수련정원 중 수련 현원은 900명(66%)으로, 사회복지사는 501명 수련정원 중 수련 현원은 291명으로 다양한 시설에서 수련하고 있다.

정신건강전문요원을 배출하는 수련기관은 정신의료기관이 대부분이고, 일부 정신재활시설이 있었으며, 정신건강복지센터는 배출 인력 규모가 미미하다. 사회복지사의 경우, 의료기관에서의 수련은 줄어들고, 정신재활시설, 정신건강복지센터 등 지역사회에서의 수련이 증가하였음을 볼 수 있다. 이는 향후 사회복지사의 수련기관은 정신의료기관으로 진출해야 할 필요성을 보여준다.

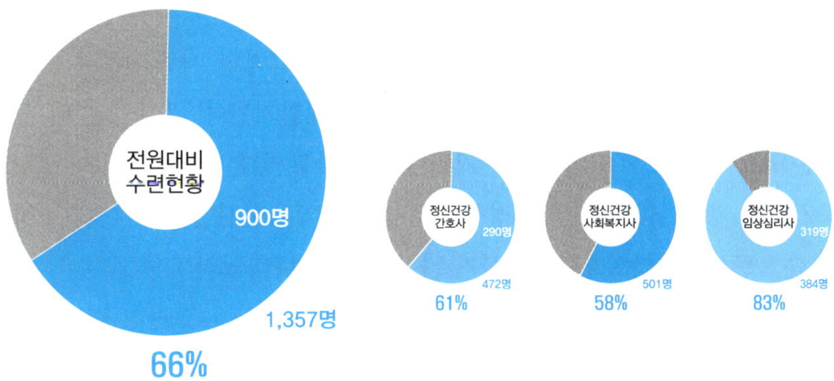

[그림 7-1] 정신건강전문요원 수련 현황(2018.12. 기준)

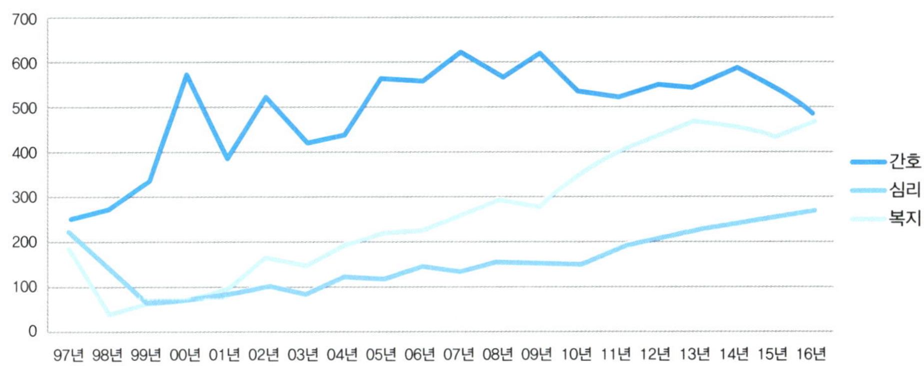

[그림 7-2] 정신건강전문요원 직역별 연도 간 배출현황(2016.12. 기준)

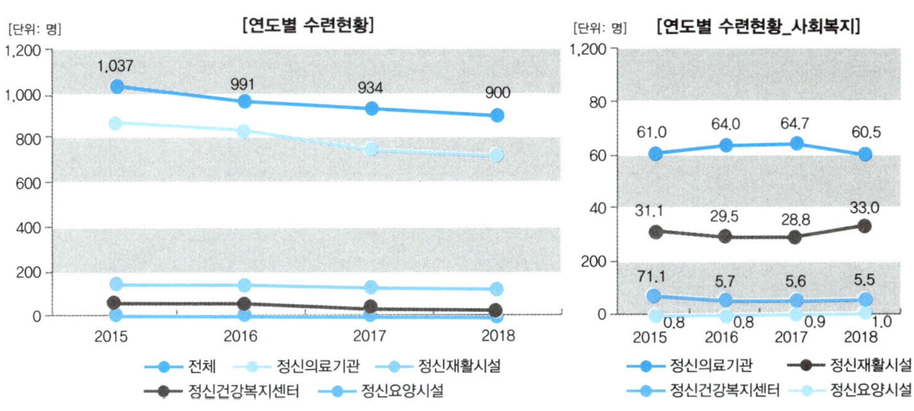

[그림 7-3] 연도별 수련현황, 연도별 수련현황-사회복지(2018.12. 기준)

(3) 정신건강기관 근무자 현황

보건복지부 · 한국사회복지사협회(2019.12.)의 「영역별 사회복지사 자격제도 연구」에 따르면, 정신건강증진시설 및 지역사회재활기관에 근무하고 있는 정신건강전문요원 가운데 2017년 기준 기관에 근무하고 있는 상근 종사자 정신건강사회복지사는 총 2,406명이며, 정신의료기관과 기초정신건강복지센터, 정신재활시설 순으로 근무하는 사회복지사가 많은 것으로 나타났다.

〈표 7-2〉 정신건강사회복지사 상근인력 현황(2017)

(단위: 명)

<table>
<tr><th colspan="3">구분</th><th>정신건강사회복지사</th></tr>
<tr><td colspan="3">총계</td><td>2,406</td></tr>
<tr><td rowspan="9">정신건강
증진시설</td><td rowspan="7">정신의료기관</td><td>소계</td><td>808</td></tr>
<tr><td>국립정신병원</td><td>24</td></tr>
<tr><td>공립정신병원</td><td>33</td></tr>
<tr><td>사립정신병원</td><td>331</td></tr>
<tr><td>종합병원정신과</td><td>99</td></tr>
<tr><td>병원 정신과</td><td>297</td></tr>
<tr><td>정신과 의원</td><td>24</td></tr>
<tr><td colspan="2">정신요양시설</td><td>55</td></tr>
<tr><td colspan="2">정신재활시설</td><td>495</td></tr>
<tr><td colspan="3">광역정신건강복지센터</td><td>141</td></tr>
<tr><td colspan="3">기초정신건강복지센터</td><td>807</td></tr>
<tr><td colspan="3">중독관리통합지원센터</td><td>100</td></tr>
</table>

정신건강사회복지사의 시도별 상근인력 현황을 살펴보면, 서울(509명)과 경기(502명)에서 근무하는 정신건강사회복지사가 가장 많고, 부산(229명), 광주(128명), 전북(128명) 순으로 근무하는 사회복지사가 많은 것으로 나타났다.

(4) 정신건강기관 정신건강전문요원 변화 추이

정신건강기관 정신건강전문요원 변화 추이와 관련하여 정신건강전문요원 직역별 연간 배출인원을 보면, 간호의 감소 추세는 기존보다 가속화 되었으며, 사회복지, 임상심리 모두 감소 추세로 돌아서, 지역사회 정신건강관련인력의 부족이 갈수록 심화될 것으로 예상된다.

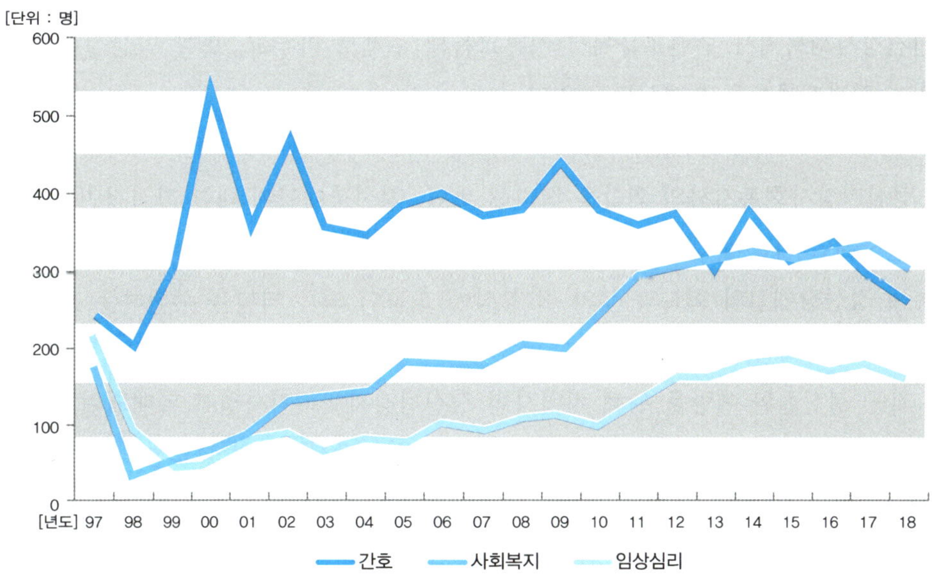

[그림 7-3] 직역별 배출현황(2018.12. 기준)

정신건강기관 정신건강전문요원 변화 추이와 관련하여 정신건강전문요원 직역별 연간 배출인원을 보면, 간호의 감소추세는 기존보다 가속화 되었으며, 사회복지, 임상심리 모두 감소추세로 돌아서, 지역사회 정신건강관련인력의 부족이 갈수록 심화될 것으로 예상된다.

3) 정신건강사회복지사의 역할과 직무

정신건강복지법 시행령 제12조제2항에서 정신건강전문요원의 업무범위를 규정하고 있다. 정신건강사회복지사는 정신건강전문요원으로서 공통 업무와 사회복지 고유의 특성에 맞는 개별 업무를 담당한다. 정신건강사회복지사는 정신질환자 등 클라이언트와 그 가족의 사회복지서비스와 사회서비스에 대한 상담과 안내가 개별업무로 제시되어 있다.

이러한 업무들은 현장에서 심리사회적사정, 퇴원 및 퇴소계획과 사후관리, 집단활동요법, 가족교육, 다양한 재활프로그램운영, 직업재활, 주거지원, 자조모임지원, 지역사회 자원동원 및 조직 등의 직무로 구체화된다. 이러한 직무들은 정신건강사회복지사 수련교육에서 이론교육의 주제로 다루고, 또한 임상실습과정의 수련과제목록으로 제시되고 있다.

정신건강사회복지사의 역할을 정리해 보면, 정신장애인에 대한 직접적인 개입, 정신장애인 가족에 대한 개입, 정신장애인을 둘러싸고 있는 환경에 대한 개입을 통해 정신장애인의 회복과 삶의 질 향상에 도움이 되는 역할을 수행하는 전문가(specialist)이다.

최근 정신질환 예방을 위해 지역사회 정신건강사회복지사업이 확대되며, 정신장애인이 아니더라도 지역사회주민을 위한 정신건강서비스의 중요성도 높아지고 있다. 결국 정신건강사회복지사는 정신장애인과 지역주민 등 정신건강서비스를 제공받는 클라이언트의 삶에 직 · 간접적으로 접촉하게 된다.

결론적으로 정신건강사회복지사의 역할은 일반사회복지사와 완연히 다르다기보다는 근무하는 환경이 달라짐으로써 일반사회복지사가 수행하는 일반가(generalist)로서의 사회복지사의 역할에 더하여 보다 전문가(specialist)로서 사회복지사의 역할을 수행하게 된다.

〈표 7-3〉 **업무범위** (정신건강복지법 시행령 제12조제2항)

구분		업무내용
정신건강 전문요원 개별업무	정신건강 사회복지사	① 정신질환자등에 대한 사회서비스 지원 등에 대한 조사 ② 정신질환자등과 그 가족에 대한 사회복지서비스 지원에 대한 상담 · 안내
	정신건강 임상심리사	① 정신질환자 등에 대한 심리평가 및 심리교육 ② 정신질환자 등과 그 가족에 대한 심리상담 및 심리안정을 위한 서비스 지원
	정신건강 간호사	① 정신질환자 등의 간호 필요성에 대한 관찰, 자료수집, 간호활동 ② 정신질환자 등과 그 가족에 대한 건강증진을 위한 활동의 기획과 수행
정신건강 전문요원 공동업무		① 정신재활시설의 운영 ② 정신질환자등의 재활훈련, 생활훈련 및 작업훈련의 실시 및 지도 ③ 정신질환자등과 그 가족의 권익보장을 위한 활동 지원 ④ 법 제44조제1항에 따른 진단 및 보호의 신청 ⑤ 정신질환자등에 대한 개인별 지원계획의 수립 및 지원 ⑥ 정신질환 예방 및 정신건강복지에 관한 조사 · 연구 ⑦ 정신질환자등의 사회적응 및 재활을 위한 활동 ⑧ 정신건강증진사업 등의 사업 수행 및 교육 ⑨ 제1호부터 제8호까지의 규정에 준하는 사항으로 보건복지부장관이 정하는 정신건강증진 활동

4) 정신건강사회복지사 자격제도

정신건강복지법 제17조제1항과 제2항에 의거하여, 정신건강사회복지사 1급, 2급을 취득할 수 있다.

[1급]

① 사회복지학 또는 사회사업학에 대한 석사학위 이상을 소지한 사람으로서 보건복지부 장관이 지정한 수련기관에서 3년(2급 자격취득을 위한 기간은 포함

하지 아니한다.) 이상 수련을 마친 사람

② 2급 정신건강사회복지사 자격을 취득한 후 정신건강증진시설, 보건소 또는 국가나 지방자치단체로부터 정신건강증진사업 등을 위탁받은 기관이나 단체에서 5년 이상 근무한 경력(단순 행정업무 등 보건복지부 장관이 정하는 업무는 제외한다.)이 있는 사람

[2급]

사회복지사 1급 자격을 소지한 사람으로서 수련기관에서 1년 이상 수련을 마친 사람

자격증 취득 과정

사회복지(사회사업)학과 석사 + 3년 이상 수련 ⇒ 정신건강사회복지사 1급
정신건강사회복지사 2급 + 5년 이상 근무 ⇒ 정신건강사회복지사 1급
사회복지사 2급 → 사회복지사 1급 + 1년 이상 수련 ⇒ 정신건강사회복지사 2급

〈표 7-4〉 정신건강전문요원의 자격기준 (정신건강복지법 시행령 제12조제1항)

구분	1급	2급
정신건강 사회복지사	① 사회복지학 또는 사회사업학에 대한 석사학위 이상을 소지한 사람으로서 보건복지부장관이 지정한 수련기관에서 3년(2급 자격 취득을 위한 기간은 포함하지 아니한다) 이상 수련을 마친 사람 ② 2급 정신건강사회복지사 자격을 취득한 후 정신건강증진시설, 보건소 또는 국가나 지방자치단체로부터 정신건강증진사업등을 위탁받은 기관이나 단체에서 5년 이상 근무한 경력(단순 행정업무 등 보건복지부장관이 정하는 업무는 제외한다)이 있는 사람	「사회복지사업법」 제11조제2항에 따른 사회복지사 1급 자격을 소지한 사람으로서 수련기관에서 1년(1급 자격취득을 위한 기간을 포함한다) 이상 수련을 마친 사람

정신건강 임상심리사	① 심리학에 대한 석사학위 이상을 소지한 사람(석사 이상 학위 취득 과정에서 보건복지부장관이 정하는 임상심리관련 과목을 이수한 경우로 한정한다)으로서 법 제17조제1항에 따른 정신건강전문요원 수련기관(이하 이 표에서 "수련기관"이라 한다)에서 3년(2급 자격취득을 위한 기간은 포함하지 아니한다) 이상 수련을 마친 사람 ② 2급 정신건강임상심리사 자격을 취득한 후 정신건강증진시설, 보건소 또는 국가나 지방자치단체로부터 정신건강증진사업 등을 위탁받은 기관이나 단체에서 5년 이상 근무한 경력(단순 행정업무 등 보건복지부장관이 정하는 업무는 제외한다)이 있는 사람 ③ 「국가기술자격법 시행령」 제12조의2제1항에 따른 임상심리사 1급 자격을 소지한 사람으로서 보건복지부장관이 지정한 수련기관에서 3년(2급 자격취득을 위한 기간은 포함하지 아니한다) 이상 수련을 마친 사람	① 심리학에 대한 학사학위 이상을 소지한 사람(학위 취득 과정에서 보건복지부장관이 정하는 임상심리관련 과목을 이수한 경우로 한정한다)으로서 수련기관에서 1년(1급 자격취득을 위한 기간을 포함한다) 이상 수련을 마친 사람 ② 「국가기술자격법 시행령」 제12조의2제1항에 따른 임상심리사 2급 자격을 소지한 사람으로서 수련기관에서 1년(1급 자격취득을 위한 기간을 포함한다) 이상 수련을 마친 사람
정신건강 간호사	① 「의료법」에 따른 간호사 면허를 취득하고, 간호학에 대한 석사학위 이상을 소지한 사람으로서 보건복지부장관이 지정한 수련기관에서 3년(2급 자격 취득을 위한 기간은 포함하지 아니한다) 이상 수련을 마친 사람 ② 2급 정신건강간호사 자격을 취득한 후 정신건강증진시설, 보건소 또는 국가나 지방자치단체로부터 지역사회 정신건강증진사업 등을 위탁받은 기관이나 단체에서 5년 이상 근무한 경력(단순 행정업무 등 보건복지부장관이 정하는 업무는 제외한다)이 있는 사람 ③ 2급 정신건강간호사 자격을 소지한 사람으로서 간호대학에서 5년 이상 정신간호분야의 조교수 이상의 직에 있거나 있었던 사람	① 「의료법」에 따른 간호사 면허를 가진 자로서 수련기관에서 1년(1급 자격 취득을 위한 기간을 포함한다) 이상 수련을 마친 사람 ② 「의료법」에 따른 정신전문간호사 자격이 있는 사람

5) 정신건강사회복지사 전망

정신건강사회복지사의 실천현장은 매우 다양해지고 있다. 현재 정신건강사회복지사의 실천현장인 병원, 지역정신건강복지센터, 정신재활시설, 요양시설 등에 머무는 것이 아니라, 사람을 대상으로 하는 모든 현장이 정신건강의 접근을 요구하고 있기 때문이다. 이것은 정신건강사회복지사의 업무가 만성 정신장애인에 대한 서비스로 제한되는 것이 아니라, 폭넓은 정신건강의 개입으로 확대되어야 함을 의미한다.

지역사회복지관은 일반 주민과 취약계층 주민들을 대상으로 서비스를 실시한다. 이러한 경우 각종 정신건강의 취약성은 삶의 질을 떨어뜨릴 수 있는 것이다. 특히, 우울과 알코올 문제에 대한 개입이 통합적으로 제공되지 않는다면 자칫 사회복지서비스의 효과성이 잘 나타나지 않을 수 있다. 물론 지역사회의 다양한 전문기관과 연계하여 정신건강문제에 접근할수 있지만, 서로 다른 기관이 유기적인 접근을 함께 유지한다는 것은 쉬운 일이 아닌 것이다. 그렇기 때문에 지역사회 주민을 대상으로 하는 서비스에 정신건강사회복지사의 요구도는 높아지고 있다. 예를 들어, 법무부 보호관찰소는 대표적인 교정기관이라 할 수 있다. 특히, 청소년들의 범죄 재범을 예방하고, 적극적 개입을 통해 사회복귀를 촉진하는 데 정신건강에 대한 접근이 필수적일 수밖에 없다. 법무부는 2010년부터 교정직 공무원에 대해서 정신건강사회복지사를 특채로 채용하는 사례를 보이고 있다. 이러한 변화는 앞으로 정신건강사회복지사의 업무영역에 새로운 방향으로 제시하는 것이라 할 수 있다. 또한 기업의 근로자지원프로그램(Employee Assistance Program, EAP)도 새로운 영역이라 할 수 있다. 기업의 근로자지원프로그램은 직원들의 업무효율을 증진하기 위한 다양한 시도를 하게 되는데, 그중 많은 부분은 스트레스관리, 경증의 정신질환에 대한 개입을 필요로 하게 된다. 많은 경우 적절한 정신건강의 정보와 단기 사례관리로 효과를 볼 수 있기에 정신건강사회복지사의 요구도는 크다고 볼 수 있다.

군사회복지의 영역에서도 정신건강사회복지사의 요구도는 높다. 군대 내에서 지속되는 자살과 부적응의 문제는 군내부에서 상담이 이루어지고, 지속적인 관리가 이루어져야 한다. 그러기에 정신건강사회복지사의 역할은 매우 중요하다고 판단된다.

학교 또한 매우 중요한 정신건강증진 영역이다. 많은 실습생들이 정신건강의 어려움을 호소하나, 적극적인 개입을 받지 못하고 있다. 특히, 정신질환에 대한 편견으로 인해 보호자를 통한 외부상담은 접근성이 많이 떨어져 중요한 아동청소년 시기에 정신건강의 문제가 방치되기 때문이다. 정신건강사회복지사는 아동·청소년에 대한 적극적인 접근을 통해 새로운 모델을 개발할 필요가 있다.

대상자를 만나는 어느 곳이든 정신건강의 문제를 배제하고 서비스를 할 수 있는 곳은 없다. 정신건강사회복지사는 정신건강에 대한 전문성을 증진하고 앞으로 다양한 서비스기관으로 확대되어 나가야 할 필요성을 가지는 것이다. 최근에는 정신건강사회복지사의 독자적인 개업실천에 관해서도 조심스럽게 이야기되기 시작하였다. 지금까지 정신건강사회복지사는 임상수련과정과 자격시험을 통하여 배출되는 전문가로서 주로 정신의료기관이나 지역사회의 공공정신건강기관에서 개입활동을 하였다. 그러나 앞으로 다양한 형태의 정신건강사회복지서비스를 제공하는 개업실천 분야에 대한 개입영역의 확대가 요구될 것으로 보인다.

정신건강사회복지사의 개업실천이 활성화되면, 보다 다양한 문제와 욕구를 가진 대상자에게 양질의 서비스를 제공함으로써, 정신건강사회복지서비스의 다양화와 전문성 제고에 기여함은 물론, 정신건강사회복지사의 처우개선과 위상정립에도 도움이 될 것이다. 현재 우리나라에서도 전문적 기술과 경험을 갖춘 사회복지사들이 일부 개업실천을 하고 있다. 외국의 경우는 1980년대부터 사회복지사들이 개업실천을 하는 경우가 지속적으로 증가하였다. 우리나라도 사회복지의 시장화 개념이 도입되고 있고, 정신건강사회복지의 영역에서도 사회서비스의 도입이 점차 늘 것으로 예상해 볼 수 있다. 이러한 변화는 대상자의 서비스 선택권 확대와 공급자 간의 경쟁을 통한 서비스 질 개선노력으로 나타나게 될 것이다. 이러한 상황에서 정신건강사회복지사들의 개업이 이루어진다면 정신건강 사회복지실천에 있어서 다양한 발전을 기대할 수 있을 것이다.

2. 의료사회복지사

1) 법적 근거

우리나라 의료사회복지는 『사회복지사업법』, 『의료법』, 『장기 등 이식에 관한 법률』, 『정신건강증진 및 정신질환자 복지서비스 지원에 관한 법』 등의 근거, 국민건강보험 요양급여기준 및 진료수가 산정기준 등의 제도적 · 법적 근거에 기초하고 있다. 의료법 시행령이 제정되면서 제도화의 기틀을 마련하였고, 1977년 의료보험제도의 도입과 함께 정신건강의학과에 이어 재활의학과, 장기이식 등에서 법적 기준이 마련되어 의료사회복지사 활동의 활동영역이 확대되었다.

(1) 의료법 시행규칙

의료사회복지의 활동은 1973년 9월 20일 대통령령 제6863호(의료법 시행령 제24조 제2항 제5호)에 규정됨으로서 법적인 활동 근거를 갖게 되었다. 이에 병원에서는 의료사회복지사의 역할을 인정하면서, 의료사회복지를 하나의 부서로 두기 시작했고, 종합병원 중심으로 의료사회복지사를 고용하면서 의료사회복지 사업이 점차 확산되는 계기가 되었다.

의료법 내 의료사회복지 자격의 근거

의료법 시행령 제24조 제2항 제5호(현 의료법 시행규칙 제38조 제2항 5호) 종합병원에는 「사회복지사업법」의 규정이 의한 사회복지사 자격을 가진 자 중에서 환자의 갱생, 재활과 사회복귀를 위한 상담 및 지도 업무를 담당하는 요원을 1인 이상 둔다.

(2) 건강보험수가로서 인정

1977년 의료사회사업의 확산과 건강보험제도의 확대 실시로 의료사회복지사의 활동이 건강보험수가로 산정되어 일부 의료사회복지사 활동에 대한 보험수가를 청구할 수 있는 근거가 마련되었다. 1977년 정신의학적 사회사업 부문, 1994년 재활의료사회사업에서 의료사회복지사의 사회사업 활동에 대한 보험수가를 청구할 수 있는 근거가 마련되었다. 최근에는 재활의료기관 시범사업으로 지정된 병원의 지역사회연계 수가, 호스피스 병원의 호스피스 수가 등이 사회복지사가 수행한 역할에 대해 건강보험 수가로 청구할 수 있도록 되어 있다.

(3) 정신보건법의 제정에 따른 정신건강전문요원제도 도입

1995년 제정되어 1997년부터 시행된 『정신보건법』에 따라 정신건강사회복지사는 정신건강간호사와 정신건강임상심리사와 함께 정신보건 전문요원(법 제7조 시행령 제2조 제1,2,4항)으로 법적 자격을 부여받게 되었다. 이에 따라, 정신건강전문요원제도가 도입되었고, 정신건강전문요원 수련제도가 시행되었다. 이러한 수련제도에 따라 정신건강사회복지사가 배출되고 있으며, 정신의료 및 정신보건영역에서의 사회복지활동의 법적근거가 되었다.

(4) 장기이식 의료기관 사회복지사 배치 지정

1992년 4월 제정된 골수이식 실시기관 인정 등 기준-인력 · 시설 및 장비 준제3항 제3호 기준에 의하면, 골수이식병원으로 지정받기 위해서는 훈련된 사회복지사를 상근하도록 규정하고 있다. 또한 장기이식에 대한 업무를 국가가 관장하면서, 1999년 2월 8일 제정되어 2000년 2월 9일 시행한 장기 등 이식에 관한 법률 시행령 제17조(장기이식 의료기관의 요건)에서 장기이식 의료기관으로 지정을 받고자 하는 의료기관이 갖추어야 할 시설, 장비, 인력 등에 사회복지사를 두도록 규정하고 있다. 이 두 가지 기준에 의거, 골수이식과 장기이식을 담당하는 사회복지사의 활동 근거가 마련되었다.

(5) 사회복지사업법

우리나라 『사회복지사업법』에서는 의료복지를 사회복지사업의 한 분야로 다음과 같이 구체적으로 명시하고 있으며, 사회복지사업에 있어서 의료사회복지분야에 활동의 근거를 명확히 하고 있다.

제2조(정의)의 1항에서 "사회복지사업"이란 다음 각 목의 법률에 따른 보호·선도 또는 복지에 관한 사업과 사회복지상담, 직업지원, 무료 숙박, 지역사회복지, 의료복지, 재가복지, 사회복지관 운영, 정신질환자 및 한센병력자의 사회복귀에 관한 사업 등 각종 복지사업과 이와 관련된 자원봉사활동 및 복지시설의 운영 또는 지원을 목적으로 하는 사업을 말한다.

2) 의료사회복지사 실태분석

우리나라의 의료사회복지사는 1958년에 최초로 한노병원에서 사회복지사를 고용하면서부터 본격적인 활동을 시작하게 되었다. 1973년 의료사회복지사들의 권익향상과 친목도모, 새로운 지식과 기술의 개발 및 보급 등을 목적으로 대한의료사회복지사협회(The Korean Association of Medical Social Workers, KAMSW)가 32명의 회원으로 발족되었다. 이후 협회원이 지속적으로 증가하여 2017년 7월 기준 전국 약 1,200명의 회원과 308개 의료기관이 협회에 소속되어 활동하고 있다.

대한의료사회복지사협회는 사회복지사 자격관리의 일환으로 2007년 제 28차 정기총회를 통해 의료사회복지사 자격제도 운영을 의결, 2008년 9월 제1회 의료사회복지사 자격시험을 시작으로 2019년 현재까지 총 970명의 의료사회복지사 유자격자를 배출하였다. 시행초기인 2008년~2009년에는 기존에 의료 분야에서 일정 자격을 갖추고 활동해왔던 대다수의 사회복지사들이 의료사회복지사 자격을 취득하였으며, 이후 매년 한 차례 시험을 통해 의료사회복지사 자격자를 배출하고 있다. 최근 병원의 수련제도 운영의 어려움 등으로 수련생의 수가 감소하여 배출되는 의료사회복지사의 숫자도 다소 감소하였다.

보건복지부·한국사회복지사협회(2019.12.)의 「영역별 사회복지사 자격제도 연구」에 따르면, 최초 2008년 의료사회복지사는 257명이었으며, 매년 60~70

명의 증원이 이루어졌으나, 2017년부터는 감소를 보이고 있다.

〈표 7-5〉 연도별 의료사회복지사 배출 현황

(단위: 명)

2008	2009	2010	2011	2012	2013	2014	2015	2016	2017	2018	2019	합계
257	76	87	70	64	78	73	63	68	45	49	40	970

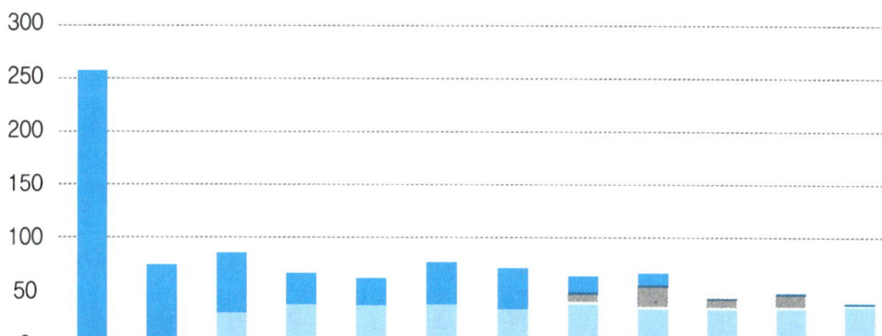

	2008	2009	2010	2011	2012	2013	2014	2015	2016	2017	2018	2019
당연응시자	257	76	55	30	25	38	38	14	13	1	1	1
준회원 자격승급	0	0	0	0	0	0	0	9	20	9	13	2
수련	0	0	32	40	39	40	35	40	35	35	35	37

[그림 7-4] 연도별 의료사회복지사 배출 규모

3) 의료복지사 직무

(1) 의료복지사의 표준 직무

대한의료사회복지사협회에 따르면, 의료사회복지란 "병원에서 사회복지사가 치료팀의 일원이 되어 환자 및 가족의 전인적 치료에 걸림돌이 되는 사회적, 경제적, 심리적 문제를 해결할 수 있도록 개입하여 대상자의 안정적인 치료환경을 조성하고 나아가 삶의 질을 높이기 위한 총체적 활동"으로 정의한다. 건강에 대한 시회적 개념과 의료 환경의 변화, 의료기술의 발전으로 인해 의료서비스는 심신의 기능회복뿐만 아니라, 사회복귀를 위한 원조활동까지 포함하게 되었고, 그

대상에 있어서도 환자, 가족, 지역사회까지 포괄하는 통합적 관점으로 전환되었다. 이에 의료사회복지사는 병원이나 의료기관에 소속되어 의료인 등 타 분야 전문가들과 협업하며 사회복지서비스를 제공하는 전문가를 말한다.

〈표 7-6〉 사회복지사 직무차원

직무차원	하위차원	직무내용	
사회사업임상	심리 · 사회 · 정신적 문제해결	1	심리 사회적 문제의 원인조사 및 사정
		2	치료계획에 의한 환자의 개별치료
		3	내원객의 요구에 의한 환자의 개별상담
		4	치료계획에 의한 환자의 가족치료
		5	내원객의 요구에 의한 환자의 가족상담
		6	집단치료
		7	집단활동지도
		8	환자와 가족의 교육
		9	환자와 환자가족에게 질병에 관한 정보제공
	경제적 문제 해결	10	사회보장 및 법적 제도에 대한 정보제공과 지원
		11	병원의 자원을 이용한 진료비 지원
		12	후원자, 후원단체 연결을 통한 병원 외적 자원과의 연결
	지역사회 자원 연결	13	지역사회의 새로운 자원 개발 및 정보망 조성
		14	수집된 기존 지역사회의 자원체계에 대한 정보제공
		15	지역사회자원과 연결

사회사업 임상	사회복귀 및 재활 문제 해결	16	퇴원계획 상담
		17	추가치료 및 자가치료 지원(가정방문, 외래상담 등)
		18	직업재활 상담지도
		19	회복상태 및 사회적응도 평가
		20	사회생활 훈련지도
	팀 접근	21	회진참여
		22	타 부서와의 사례회의
		23	병원경영에 어려움을 줄 수 있는 고위험 환자의 조기발견
		24	질병에 의한 고위험 환자의 조기발견
		25	사례분석 평가
행정	사회사업 부서의 순수행정	26	보고서 및 업무일지의 기록
		27	사회사업 부서의 운영에 관한 회의
		28	부서 직원의 지휘 및 감독
		29	병원의 행정 및 경영에 관계된 회의
교육 및 연구조사	교육 및 연구조사	30	실습생 지도
		31	신규직원 교육
		32	전문성 제고를 위한 교육참여(임상연구 회의, 저널클럽)
		33	의료사회사업 연구 및 조사활동

4) 의료사회복지사 자격제도

한국사회복지사협회와 그 산하단체인 대한의료사회복지사협회는 의료현장에서의 사회복지실천의 전문성을 강화하고, 보다 차별화된 의료사회복지 서비스를 제공하며, 의료사회복지 실천의 질 관리를 위해, 2008년부터 연 1회 "의료사회복지사 자격시험"을 공동 시행하고 있으며, 2019년 제12회 자격시험을 시행하였다.

대한의료사회복지사협회는 회칙 제24조 (특별위원회 등)의 규정에 의거, 자격시험관리위원회를 소집하여 의료사회복지사 자격시험 전반에 대한 업무를 수행한다. 의료사회복지사 자격시험의 응시자격 기준은 당연 응시 대상자와 경력직 응시 대상자로 나뉘며, 세부 기준은 하단의 표에 제시하였다. '당연 응시 대상'과 '경력직 응시 대상' 중 하나에 해당하는 자가 자격시험을 응시할 수 있다.

〈표 7-7〉 자격시험 응시대상자

구 분	내 용
당연 응시 대상자	의료사회복지사 수련과정 이수예정자로 다음 각 호를 만족하는 자
	① 전년도 연수평점 20점 이상 취득(중앙보수교육과 지회 또는 연구회 교육을 각각 1회 이상 이수하여야함)하고, 수련과정 이수평가에 통과한 자 ② 협회 인정 의료사회복지사 수련과정 이수 후 자격시험 미응시자 및 재시 대상자로, 전년도 연수평점 20점 이상 취득(중앙보수교육과 지회 또는 연구회교육 각각 1회 이상 이수하여야 함)한 자
경력직 응시 대상자	2012년 12월 31일 이전에 가입한 협회 회원으로서, 다음 각 호를 모두 만족하는 자
	① 사회복지사 1급 자격증 소지자 ② 응시원서 마감일까지 의료기관에서 의료사회복지 실무경력 1년 이상인 자 ③ 응시원서 마감일까지 3년간 연회비 납부 의무를 이행한 자 ④ 응시원서 마감일까지 3년간 협회 인증 연수평점 각 20점 이상 취득한 자

5) 의료사회복지사의 전망

2018년 말 『사회복지사업법』 개정으로 정신건강, 의료, 학교 등 특정영역에서 활동하고 있는 사회복지사의 전문성을 인정하는 정신건강사회복지사, 의료사회복지사, 학교사회복지사 국가자격이 신설되었다. 의료사회복지사는 그동안 대한의료사회복지사협회 차원에서 민간자격으로 운영해오던 노력이 마침내 국가자격으로 인정받게 되는 큰 결실을 거두게 된 것이다. 의료사회복지사의 경우, 1991년 서울아산병원에서 1년 과정의 수련과정을 도입한 이래, 소수의 대학병원 및 대형병원 위주로 수련과정이 운영되었으며, 2008년과 2009년 의료사회복지사 자격시험을 시행하여 366명이 의료사회복지사 자격을 취득하였다. 2009년부터는 의료사회복지사 수련제도를 확대하기 위한 시범사업을 추진하여 의료사회복지사 수련제도를 통한 의료사회복지사 양성을 시작한지 10년 만에 마침내 국가자격으로 인정받게 된 것이다.

의료사회복지사가 공식적인 활동을 시작한지 40여 년이 지난 현재 의료 및 복지에 대한 전문성을 갖춘 전문인력으로서 의료사회복지사에 대한 직무 요구와 역할에 대한 기대는 갈수록 높아지고 있다. 의료사회복지사의 직무는 크게 심리 · 사회 · 정신적 문제해결, 경제적 문제해결, 지역사회 자원연결, 사회복귀 및 재활, 팀접근, 사회사업 행정, 교육 및 연구조사의 7개 하위차원으로 나뉜다. 의료사회복지사의 직무는 보건의료환경의 변화에 탄력적으로 대응하기 위해 그 우선순위가 변화되기도 하였다. 1990년대까지는 '심리 · 사회 · 정신적 문제해결' 차원의 직무가 의료사회복지사들이 가장 많은 시간을 투여하는 것으로 보고되었으나, 2000년대 이후에는 '심리 · 사회 · 정신적 문제해결'의 직무 순위가 다소 낮아진 반면, '경제적 문제해결'과 '지역사회자원 연결' 직무 순위가 높아졌다. 미국에서는 1990년대부터 퇴원계획 직무가 의료사회복지사의 핵심적 역할이 되었으며, 2000년대 이후에는 통합적인 건강관리체계 안에서 환자 및 가족 옹호, 단기 치료직 개입, 타 전문가와의 협력 등이 핵심적인 직무가 되었다.

해외 의료사회복지사 자격제도를 검토한 결과, 미국의 경우, 전문사회복지사와 관련하여 임상사회복지사 자격은 각 주에서 발급하는 법적 자격이며, 교육과 임상경력 시간 등에 관한 엄격하고 까다로운 자격규정을 갖추고 있다. 의료사회복지와 관련한 NASW의 의료사회복지사 공인자격제도(C-SWHC)는 석사학위 이상의 교육, 2년 이상의 전일제 고용형태의 실천경력 및 슈퍼비전 등의 조건을 충족해야 하며 2년 마다 자격을 보수교육 규정에 따라 갱신하도록 되어 있다. 일본의 경우, 사회복지사 자격 취득 후 의료사회복지분야의 5년 이상 경력자를 대상으로 인정연수 교육 수료 시 후생노동성에서 인정의료사회복지사 자격을 수여하고 있다. 대만에서도 2007년 전문사회복지사제도를 마련하였고, 전문사회복지사의 5개 유형 중 하나로 의료사회복지사가 포함되어 있다. 급성일반병원의 경우, 100병상 당 1명 이상 의료사회복지사를 배치하도록 하는 대만의 배치 기준은 한국에서 의료사회복지사 제도 정착을 위해 고려해볼 수 있다.

국내 보건의료계열 자격제도에서 간호사, 임상병리사, 방사선사, 물리치료사, 작업치료사, 영양사, 보건의료정보관리사는 전문자격제도를 운영하고 있으며, 그중 전문간호사, 전문임상병리사, 임상영양사는 국가자격으로 인정된 자격이다. 보수교육은 보건의료계열자격 모두 연간 8시간 이상이며, 직업윤리, 전문성 향상 및 업무개선에 관한 사항, 의료 관계 법령에 관한 내용이 포함되도록 규정되어 있다.

이상과 같이 의료사회복지사의 전문성 향상을 위해 10년 이상 의료사회복지사 자격제도 운영해 온 노력과 해외 및 관련 분야의 자격제도를 충분히 검토하여, 국가자격에 부합하는 전문성을 확보하고 변화하는 보건의료현장에 선제적으로 대응하는 의료사회복지사 자격제도가 마련되어야 할 것이다.

3. 학교사회복지사

1) 법적 근거

학교사회복지가 지난 20여 년간 우리나라에서 실시되면서 실습생과 학부모 및 교사들에 의해 끊임없이 필요성이 제기되었지만, 2018년 정춘숙 국회의원이 대표 발의한 「사회복지사업법」 개정안에 학교사회복지가 특정영역으로 명시되기 전까지는 법적인 근거가 미약하였다. 그동안의 제도화를 위한 동향을 살펴보면, 2009년 '성남시 학교사회복지활성화 및 지원에 관한 조례'의 제정이 이루어지면서 제도화를 위한 초석이 세워지게 되었다. 이후 2011년에 '용인시 학교사회복지활성화 및 지원에 관한 조례'가 제정되는 등 성과를 거두었다. 군포시와 의왕시, 서울 은평구는 조례안이 없는 가운데에도 지속적으로 관내 학교에 사회복지사가 배치되어 활동하는 등 다양한 현장에서 사업이 확대되었다.

광역지방자치단체 수준에서는 2011년 '경상남도 교육지원 및 교육복지 활성화에 관한 조례'가 제정되어 교육복지 차원에서 사회복지사 등의 전문인력이 배치되어 활동할 수 있는 근거가 마련되었다. 이후 교육복지에 관한 조례는 서울, 대전, 경북, 광주, 전남, 제주, 충남, 충북 등으로 확대되었다. 한편, 학교사회복지의 제도화를 위한 법안 마련을 위해 17대, 18대, 19대 국회에서 학교사회복지법안과 교육복지법안 등이 상정되었지만, 결국은 제정되지는 못하였다.

교육복지우선지원사업은 교육부 훈령 106호에 의거하여 사업이 운영되었다. 이 훈령에 근거하여 광역지방자치단체에서도 교육복지우선지원사업을 위한 조례를 재정하는 지역이 점차 확대되고 있다. 이 조례에 따라 교육복지우선지원사업 전담인력으로 교육복지사에 대한 근거가 마련되었다.

무엇보다 2018년 11월 23일 드디어 「사회복지사업법」의 개정으로 인하여 학교사회복지사가 법정자격으로 인정되어 향후 전문성증진 및 학교사회복지사 법제화 추진에 근기가 될 수 있는 기틀이 마련되었다.

2) 학교사회복지사 실태분석

보건복지부 · 한국사회복지사협회(2019.12.)의 「영역별 사회복지사 자격제도 연구」에 따르면, 2019년 6월 30일 현재 학교사회복지사 자격증을 발급받은 인원은 총 1,452명으로, 연평균 100여 명에 이르고 있다. 그러나 합격자 수에 있어서 변동이 심한 점은 향후 고려해야 할 사항으로 보인다.

〈표 7-8〉 학교사회복지사 자격증 취득 현황

(단위: 명)

시행	회차	합격자	누적	시행	회차	합격자	누적
2005	1	91	91	2013	9	129	960
2006	2	182	273	2014	10	108	1,068
2007	3	119	392	2015	11	68	1,136
2008	4	143	535	2016	12	81	1,217
2009	5	63	598	2017	13	59	1,276
2010	6	73	671	2018	14	48	1,324
2011	7	100	771	2019	15	128	1,452
2012	8	60	831				

3) 학교사회복지사 역할

학교 현장 사회복지사가 그동안 수행해 왔던 주요 업무들은 정책의 변화와 확장에 따라 현장 상황을 반영하면서 변화해왔다. 지역사회를 기반으로 학교에 일부 진입을 시도하면서 활동했던 1990년대에는 사회복지실천 프로세스에 따라 학교 환경을 조사하고, 필요한 서비스를 계획하고 실행하기 위해서 학교와 협력하였다. 2000년대에 들면서 학교에서 발생하는 주요 문제해결을 위해 사회복지사를 일부 활용하였다. “학교폭력예방을 위한 사회복지사 활용 연구학교”가 그러한 활동의 예이다. 교육 불평등 해소를 위해 도입된 교육복지투자우선지역 지원사업이 시작되면서, 사회복지사는 빈곤지역 속의 학교를 지원하기 위해 지역과 다양하게 네트워크 할 수 있는 전문인력으로 인식되기도 하였다.

〈표 7-9〉 학교사회복지사의 역할

역 할	내 용
임상전문가	실습생을 위한 개별, 집단 상담 및 치료적 개입
교육자	학습, 진로를 위한 정보의 제공 사회성기술, 학습전략, 의사소통훈련, 각종 예방을 위한 교육
연계자	실습생과 가족에게 필요한 자원의 발굴, 연계
조정자/중재자	실습생과 환경 사이에서 양자 모두의 문제해결 과정을 조정, 중재
옹호자	실습생과 가족의 인권을 보장하기 위한 옹호활동
자원개발자	실습생과 가족, 학교에 필요한 지역사회자원의 발굴 및 개발촉진
협력자	교사를 비롯하여 다양한 전문가, 관련기관과의 협력, 공조
조사연구자	태조사 및 효과성 연구를 통한 효과적 복지서비스 제공
정책제언가	실습생복지 증진을 위해 다양한 수준에서의 정책감시, 제언에 참여

2010년대에 들면서 확대된 교육복지정책은 학교 내에 많은 복지서비스를 도입하게 되었고, 각 단위 서비스 실행을 위한 다양한 비정규직(공무직) 활동가를 채용하게 되었다. 사회복지사들은 교육복지우선지원사업 담당자로, 위클래스의 상담사로 여전히 학교 내에 존재하지만, 어떠한 정체성을 유지하며 기능해야 하는지에 대한 혼란을 겪게 되었다. 또한 수많은 학교 밖 아동 · 청소년 대상 사회복지서비스들과 학교 안 교육복지서비스들이 유기적으로 연계 · 협력해야 한다는 우려의 목소리도 높아졌다.

최근 보건복지부에서는 읍 · 면 · 동에 사례관리 전담 사회복지직 공무원을 채용하였고, 앞으로 좀 더 세분화되고 전문성을 갖춘 사례관리자를 채용할 방침도 갖고 있다. 아동 · 청소년의 생활이 집중되어 있는 학교는 사례관리가 필요한 실습생을 발굴하기에 가장 유리한 시스템이다. 학교 현장 사회복지사가 각종 복지 서비스의 누락과 중복을 점검하고, 적절하게 조정하는 코디네이터로서의 역할을 해야 한다는 주장은 이러한 측면에서 타당성이 있다.

학교 현장 사회복지사에게 요구되는 주요한 역할은 학교 교육이 추구하는 궁극적인 목적을 달성하기 위하여 생태체계적 관점에서 사회복지실천의 프로세스를 적용하는 것이다. 학교 환경을 충분히 사정하고, 복지서비스에 대한 수요를 조사하며, 집중지원실습생을 발굴 · 지원하며, 지속적으로 삶에 동행할 수 있어야 한다. 가정-학교-지역을 연계하여 개인과 집단, 가족, 사회와 끊임없이 만나고 소통해야 한다. 이러한 실천은 반드시 사회복지사로서의 윤리강령이 바탕으로 되어야 한다.

제주지역의 교사를 대상으로 한 조사에서 나타난 학교에 사회복지사가 상주함으로써 '실습생과 가족의 인권 옹호', '타 전문직과의 협력', '실습생문제 예방과 해결을 위한 외부전문기관과의 협력', '지역의 청소년 유해환경 개선' 등에 긍정적 차이가 있음에 주목해야 한다.

더 이상 학교와 교육시스템 만으로는 실습생과 학교구성원의 삶의 질 개선과 보장을 이룰 수 없다. 지역과 협력해야하고, 다양한 전문가들이 학교 교육에 참여하며, 학교의 환경이 되어주어야 한다. '학교사회복지사'라는 자격제도와 훈련된 '학교사회복지사'는 이러한 활동의 중심 전문인력으로서 교육의 궁극적인 목적 달성을 위한 협력자가 될 것이다.

4) 학교사회복지 자격제도

(1) 자격제도 도입배경

1990년대 후반 연구학교사업에서 시작한 학교사회사업은 효과성을 인정받아 2003년 사회복지공동모금회 기획사업, 교육부의 교육복지투자우선 지역지원사업으로 확대되어 사업을 실시하는 학교의 수가 늘어났다.

이와 같이 학교사회복지 관련사업이 확대됨에 따라 교육현장에서는 교육의 전문가인 교사와 함께 일하는 학교사회복지사가 전문가인가에 관한 의구심을 제기하였다. 이에 학교사회복지사의 민간 자격증에 관한 요구가 증가하였으나, 당시 「사회복지사업법」상 학교는 사회복지실천 현장으로 명시되지 않았기에 학교사회복지사 자격을 별도로 인정하기 어려운 상황이었다. 그럼에도 학교사회복지사의 자격을 요구하는 교육현장의 목소리는 점점 커져갔고, 한국사회복지사협회와 한국학교사회복지학회, 한국학교사회복지사협회는 '학교사회복지사' 자격증의 필요성을 공감하기에 이르렀다. 학교사회복지사 자격제도는 학교사회복지 실천현장의 확산과 제도화에 대비하기 위하여 2005년부터 시작되었다.

학교사회복지사 자격시험은 2019년 기준, 15회에 걸쳐 실시되었으며, 자격시험과 자격연수를 통해 총 1,452명이 학교사회복지사 자격증을 취득하였다. 현재 시행 중인 교육복지우선지원사업의 경우, 전담인력의 자격을 사회복지사 자격 소지자로 제시하고 있고, 지방자치단체에서 운영 중인 학교사회복지사업의 경우 학교사회복지사 자격을 필수로 제시하고 있다.

(2) 학교사회복지사 자격제도 운영주체(자격관리위원회)

학교사회복지사 자격제도와 관련한 사항은 한국사회복지사협회장의 위임을 받아 한국학교사회복지사협회와 한국학교사회복지학회가 공동 주관하여 '학교사회복지사 자격관리위원회'에서 관련 업무를 관장하고 있다. 학교사회복지사 자격관리위원회는 별도의 운영규정에 따라서 한국사회복지사협회와 한국학교사회복지학회, 한국학교사회복지사협회가 추천하는 학교사회복지 관련 인사 10명 내외로 구성되어 있다. 또한 학교사회복지사의 자격유지 관리와 운영 등의 업무는 한국학교사회복지사협회에 위임하여 실행하고 있다.

(3) 학교사회복지사 자격시험

학교사회복지사 자격시험은 1차 서류전형, 2차 필기시험과 면접시험으로 구성되어 있다.

① 서류전형(응시자격요건)

학교사회복지사 자격시험은 1차 서류전형은 시험 응시자격 요건을 심사하는 과정으로 자격시험에 응시하기 위한 필수요건과 선택요건을 충족하는지를 심사한다.

〈표 7-10〉 학교사회복지사 자격시험 응시 요건

구 분	내 용
필수요건	① 사회복지사 1급 자격증 소지자 ② 학교사회복지론을 이수한 자 ③ 아동복지론 또는 교육학 관련 교과목 중 1과목 이상을 이수한 자
선택요건 (택 1)	① 240시간 이상의 학교사회복지 관련 실습을 이수한 자 ② 초 · 중 · 고등학교에서 실습생복지 업무를 전담하는 사회복지사로 6개월 이상 근무한 자 ③ 사회복지기관에서 학교사회복지 관련 실무를 1년 이상 담당한 경력이 있는 자

② 자격시험 : 필기시험 및 면접

1차 서류전형 합격자에 한해 2차 필기시험과 면접시험에 응시할 수 있다. 필기시험은 학교사회복지론과 아동 · 청소년복지론 관련 지식에 관한 점검으로, 과목별 50점 이상, 평균 70점 이상을 취득해야 한다.

필기시험 이후 학교사회복지에 관한 적성과 지식 점검을 위해 면접시험을 실시하며, 면접은 학교사회복지 관련 교수위원과 실무위원이 함께 실시한다. 면접시험은 70점 이상을 획득해야 한다. 최종합격자는 필기시험과 면접시험을 모두 합격해야 한다.

〈표 7-11〉 학교사회복지사 자격시험 과목

구 분	교과목	문제 수	배점	총점	문제형식
필기시험	학교사회복지론	25문제	4점/1문제	100점	객관식 5지 선다형
	아동 · 청소년복지론	25문제	4점1문제	100점	
면접시험	학교사회복지에 관한 적성과 지식	–	–	100점	–

5) 학교사회복지사의 전망

최근 아동 · 청소년과 관련하여 빈곤, 아동학대, 방과 후 돌봄 방치 등 다양한 위기상황이 보고되고 있다. 이에 따른 아동 · 청소년들의 삶의 만족도와 관련한 지표들도 이에 대한 적극적인 예방 및 해결을 통한 적극적인 사회서비스강화와 실습생복지의 보편성과 공공성이 확대되고 있는 추세이다. 따라서, 일선 학교 현장의 교육복지성책 실현에 사회복시사의 존재암이 중요하고, 현장에 배치된 사회복지사의 전문적 역할과 기능이 요구되고 있음을 인식하게 된다. 특히, 문재인 정부는 서로가 서로에게 힘이 되는 혁신적 포용국가정책을 추진하고 있으며, 아동 · 청소년복지정책에서도 한 명의 아이도 포기하지 않는 포용적 복지국가를 지향하고 있다. 학교는 아동 · 청소년들이 가장 오랜 시간 생활하는 공간으로 교육의 장이면서도 아동 · 청소년복지의 최일선 현장이라 할 수 있다. 이러한 이유 때문에 실습생인권보호와 아동 · 청소년복지증진을 위해 학교 내 사회복지사를 배치하고 아동 · 청소년복지안전망을 구축할 필요가 있다.

교육현장에서 다양한 교육복지정책이 이루어지고 학교사회복지사의 필요성에 대한 현장의 욕구가 증가하고 있다. 이에 따라, 교육복지기본법과 교육복지사의 역할정립과 정착, 배치 확대에 대한 내용들이 교육복지와 관련된 중요한 정책연구에 자주 등장하고 있다. 교육복지사 또는 학교사회복지사의 법제화에 대한 논의가 논의를 넘어 법적 · 제도적으로 정착된다면 학교사회복지사의 수요는 매우 높아질 것이다.

학교사회복지사 배치에 대한 방안에 대해서는 한 학교에 한 명의 학교사회복지사를 배치하는 경우, 한 학교에 2명이상을 배치하는 경우, 3~4개 학교에 1명의 사회복지사를 배치하는 경우 등 다양한 의견이 존재하고 있다. 우선, 우리나라에 앞서 학교사회복지사 법제화를 완성한 몽골이나 대만의 사례를 보면, 1교 1인의 사회복지사 배치를 기준으로 하고 있다. 학교사회복지사를 학교에 배치하고 있는 대부분의 나라에서는 1교 1인의 학교사회복지사 배치의 형태를 보이고 있다.

보다 적극적으로 학교사회복지사를 배치하는 경우도 많은데, 미국은 학교에 3~4명의 학교사회복지사와 상담사가 팀으로 활동하는 경우가 많다. 최근 홍콩의 경우, 기존에 모든 초 · 중 · 고등학교에 학교사회복지사를 배치한 이후, 2019년에는 청소년자살문제에 대응하기 위하여 모든 중 · 고등학교에 한 명 씩의 학교사회복지사를 추가 배치하였다. 또한 아동학대와 방임 문제에 대응하기 위하여 유아학교, 즉 유치원에 학교사회복지사 배치 시범사업을 실시하고 있다.

다수의 학교를 순회하는 형태를 띠고 있는 나라도 많이 있는데, 독일, 일본 등이 해당한다. 일본은 중학교 1개교와 초등학교 2~4개교가 묶여진 '중학교군'이라는 행정단위가 있다. 일본에는 전국에 총 10,000개의 중학교군이 있다. 일본 문부과학성에서는 2017년부터 2019년까지 팀학교 운영계획을 세우고 10,000개 중학교군에 한 명씩 학교사회복지사를 배치할 것을 정책사업으로 추진하였으며, 2019년 현재 10,000명의 학교사회복지사가 거의 배치가 완료되었다. 하지만 일본이라 하더라도 지방자치단체에 따라서 학교마다 1명씩 학교사회복지사 배치를 추진하는 지역이 있기 때문에 일본의 학교사회복지사는 10,000명 이상이 배치되어 있다.

이렇듯 학교사회복지사 배치에 대한 법제화 방안에는 다양한 의견이 많이 있으며, 한국에서도 다양한 방안이 논의되고 있다. 그동안 한국에서 학교사회복지 법제화의 기본 방향은 모든 학교에 1명의 학교사회복지사를 배치한다는 지향을 가지고 있었다. 첫 번째 수용분석에서는 이러한 관점에서 학교사회복지사의 향후

수요를 살펴보고자 한다.

2019년 현재 전국 초 · 중 · 고등학교와 특수학교는 총 11,811개교이다. 학교사회복지사 또는 교육복지사가 배치된 학교는 전체 학교대비 약 14.5%에 불과하다. 1교 1인의 학교사회복지사를 배치한다는 기준으로 살펴보면, 교육복지우선지원사업에서 교육복지사가 배치된 학교 1,576개교와 지방자치단체 학교사회복지사업학교 134개교, 민간재단지원 학교사회복지사업학교 6개교를 제외하고 나면 향후 10,000명 이상의 학교사회복지사 배치가 필요한 상황이다.

향후 학교사회복지사의 역할이 필요한 교육청 및 교육복지센터, Wee Center 등에도 학교사회복지사가 배치되어 있거나 앞으로 배치될 수 있어 학교사회복지사의 수요는 더 높아질 것이다.

PART Ⅲ 사회복지 실천현장과 실습기관

- Chapter 8. 사회복지실천현장
- Chapter 9. 사회복지현장실습의 실습기관

Chapter 8

사회복지실천현장

학습목표

1. 현장에 대한 이해
2. 현장과 각 기관 간의 협조적 관계
3. 각 현장의 분류기준 숙지

학습내용

1. 사회복지실천현장의 개념
2. 사회복지실천현장의 분류
3. 사회복지실천현장의 개척

개 요

사회복지실천현장은 단순히 물리적인 공간이나 장소만을 뜻하는 것이 아니라, 사회복지실천이 이루어지고 있는 실천 분야, 사회복지서비스를 제공하기 위해 직 · 간접적으로 관련되는 모든 분야를 말한다. 여기에서는 사회복지실천현장을 학습하고자 한다.

Chapter 08
사회복지실천현장

1. 사회복지실천현장의 개념

1) 실천현장의 정의

「사회복지사업법」 제2조에서 사회복지사업은 「국민기초생활보장법」을 포함한 27개 법률에 의한 복지사업과 이와 관련된 자원봉사활동 및 복지시설의 운영 또는 지원을 목적으로 하는 사업이라고 명시하였다. 이러한 법적 근거에 의해 아동복지, 청소년복지, 노인복지, 장애인복지, 여성복지, 가족복지, 지역복지, 의료사회복지, 정신보건사회복지 등 다양한 사회복지실천현장에서 사회복지사들이 활동하고 있다.

사회복지실천현장은 클라이언트에게 사회복지 서비스를 직접적 또는 간접적으로 제공하는 장(place)으로서 사회복지실천과정에 중요한 영향을 미치는 요소이다. 사회복지사에게 사회복지실천현장은 실천대상이자, 실천을 적합하게 하는 독특한 현장이며, 특정 인구집단 또는 사회문제의 영역을 의미하기도 하고, 사회복지서비스를 제공하기 위해 고안된 또는 사회복지서비스를 필요로 하는 사람과 이를 제공하는 사회 간의 차이를 조정하거나, 공식적인 연결고리 역할을 하는 사회복지조직, 사회복지시설 내지 사회복지기관이다.

사회복지실천현장의 개념을 좁은 의미와 넓은 의미로 구분하여 살펴보면, 좁은 의미에서는 사회복지실천이 이루어지는 구체적인 장소 혹은 사회복지서비스를 직접 또는 간접적으로 클라이언트에게 제공하는 사회복지기관을 뜻한다. 예를 들어, 종합사회복지관, 장애인복지관 등이 있다. 넓은 의미에서는 사회복지실천이 이루어지는 분야(field) 혹은 서비스의 초점이 되는 문제, 대상집단(client) 등을 모두 포함하는 개념이다. 즉, 넓은 의미의 실천현장은 단순히 물리적인 공간이나 장소만을 뜻하는 것이 아니라, 사회복지실천이 이루어지고 있는 실천 분야, 사회복지서비스를 제공하기 위해 직 · 간접적으로 관련되는 모든 분야를 말한다.

사회복지실천현장은 기관의 주된 기능과 목적에 따라 1차 현장(primary setting)과 2차 현장(secondary setting)으로 구분된다. 1차 현장은 기관의 우선적인 목적과 기능이 사회복지서비스 제공인 곳으로서 사회복지사가 중심이 되어 활동하는 실천현장을 말한다. 예를 들어, 종합사회복지관, 사회복지이용시설 및 생활시설, 사회복지재단 등이 포함된다. 2차 현장은 기관 본래의 일차적인 기능은 별도로 있지만, 필요에 따라 부분적 · 보조적으로 사회복지서비스를 제공하는 실천현장을 말한다. 기관 운영과 일차적인 기관 기능의 효과에 도움을 주기 때문에 사회복지서비스를 제공하는 실천현장이다. 예를 들어, 학교, 병원, 군부대, 기업체, 교정시설 등이 포함된다.

실천현장은 아동 · 노인 · 장애인 · 여성 복지시설처럼 대상 중심의 사회복지시설이 주를 이루었다. 그러나 IMF 외환위기 이후, 노숙자를 위한 기관 설립이나 노인인구 증가 및 노인성 질환 증가에 따른 치매상담센터 설치, 성폭력과 같은 사회적 문제 인식 강화로 인한 성폭력피해상담소 확대 등 특정 사회적 욕구나 문제를 대응하기 위해 사회복지시설이 신설되면서, 사회복지실천현장이 점차 다양해지고 있다.

실천 분야를 기준으로 대상별, 영역별, 장소별 등으로 구분하면 다음과 같다.

① 대상별 분류 : 아동, 청소년, 노인, 여성, 장애인 등

② 영역별 분류 : 약물남용, 의료보건, 정신보건 등

③ 장소별 분류 : 병원, 학교, 교도소 등

2) 실천현장의 중요성

사회복지실천현장에서는 사회복지실천의 주체가 서로 작용하는 가운데 사회복지실천이 펼쳐진다. 사회복지실천현장은 사회복지사가 클라이언트의 문제해결을 위해 돕는 활동이 일어나고 있는 곳이다. 사회복지실천현장에 관한 이해는 사회복지사의 가장 기본적인 과업으로서 사회복지실천을 효과적으로 수행하기 위한 필수과정이다. 따라서, 사회복지사가 사회복지실천현장을 이해함으로써, 자신에게 어떠한 도움이 있을 수 있는가를 살펴보면 다음과 같다.

(1) 클라이언트에 관한 이해에 도움

사회복지실천현장은 매우 다양하기 때문에 이들 현장을 이용하는 클라이언트들의 유형별 · 개인별 특성은 서로 다르다. 사회복지사는 이렇게 서로 다른 특성을 지닌 클라이언트들에게 합당한 서비스를 제공하기 위해 먼저 클라이언트에 관한 정확한 이해가 필요한데, 이 이해는 사회복지실천현장의 이해를 통해 가능하다. 그 이유는 클라이언트들의 유형별 특성은 역시 자신들이 처해 있는 환경으로부터 영향을 크게 받기 때문이다.

(2) 개입계획에 도움

사회복지사는 클라이언트에게 도움을 주기 위해 개입해야 하고, 이 개입을 성공적으로 진행하기 위해서는 개입계획을 철저히 세워야 한다. 사회복지실천현장과 관련하고 있는 정보를 토대로 체계적으로 계획되어야 한다. 개입을 위한 프로그램의 실천은 전적으로 현장의 환경적 요인으로부터 영향을 받기 때문이다. 예컨대, 이용기관을 찾는 어르신들을 위한 프로그램을 계획한다고 할 때, 우선적으로 사회복지사는 프로그램이 진행될 시설의 규모, 기구, 교통 따위와 같은 현장에 관한 상세한 정보를 파악하고 있어야 한다. 이런 노력을 통해서 이론과 실제가 다르지 않고 같다는 것을 나타낼 수 있다.

(3) 현장 간의 교류와 연계에 도움

사회복지사가 사회복지실천현장을 두루 알고 있으면, 다른 관련 현장과 교류하는 데 크게 도움이 된다. 특히, 사회복지실천현장 간의 연계 프로그램이 강조되고 있는 상황에서 사회복지사가 현장을 폭넓게 이해하고 있다면, 자신의 활동 범위를 확대할 수 있는 강점을 갖는 것이다.

(4) 삶의 현장으로서 교훈

사회복지실천현장은 삶의 장으로서 매우 열악한 곳이다. 그래서 이들 현장은 이를 접하는 사람들에게 항상 교훈적이다. 이런 교훈의 현장에서 일하는 사회복지사는 현장이 주는 의미를 순수하게 받아들이고, 이를 생활의 교훈으로 삼을 수 있는 기회를 갖는다. 사회복지사가 종종 어려운 환경에 처해 있는 클라이언트들과 함께하는 것을 일이라기보다는 참다운 인간의 길을 위한 수행으로 받아들일 수도 있다. 예를 들어, 보호관찰당국이 사회봉사명령 대상자를 공공기관에서보다 사회복지기관에서 집행하는 것이 효과가 더 높게 나타났다.

2. 사회복지실천현장의 분류

사회복지실천현장의 분류를 살펴보면, 기관의 기능 혹은 목적에 따른 분류, 기관 설립주체 및 재원 조달방식, 서비스 제공방식, 주거서비스 제공 여부 등으로 분류할 수 있다. 그 내용은 다음과 같다.

1) 기관의 기능 혹은 목적에 따른 분류

(1) 1차 현장

기관의 주된 기능과 목적은 사회복지서비스를 제공하는 것이다. 일반적으로 사회복지사들이 중심이 되어 활동한다. 예를 들어, 지역사회의 종합사회복지관, 장애인복지관, 노인복지관, 사회복귀시설 등이 있다.

(2) 2차 현장

기관의 일차적인 기능은 따로 있으며, 필요에 의해 사회복지서비스를 제공한다. 사회복지서비스가 기관의 목표 달성과 서비스의 효과성에 미치는 긍정적 영향이 인정되어 사회복지실천이 부분적으로 수행되는 실천현장을 말한다. 예를 들어, 학교, 병원, 교정시설기관, 보육시설, 기업, 의료기관, 동행정복지센터, 보건소, 모자보건센터, 노인요양시설 등이 있다.

2) 기관 설립주체 및 재원 조달방식에 따른 분류

설립주체에 따라 공적부분과 민간부분으로 구분되는데, 공적부분은 국가와 지방자치단체가 주체가 되고, 민간부분은 재단법인, 사단법인, 종교단체, 사회단체에서 운영하는 비영리기관으로서 기부금이나 후원금, 재단전입금, 기타 서비스 이용료 등을 재원으로 하여 운영된다.

(1) 공공기관

공공기관은 정부의 지원에 의해 운영되며, 중앙부처인 보건복지부가 국가예산을 광역자치단체인 서울특별시 · 광역시 · 도로 전달하면, 이들 기관은 다시 배정된 예산을 기초자치단체인 시 · 군 · 구로 하달한다. 다시 시 · 군 · 구는 배정된 예산에 따라 보다 구체적인 집행을 위하여 최일선 기관인 읍 · 면 · 동과 사회복지기관에 하달하여, 사회복지 전문요원이나 사회복지기관의 직원들에 의해 이어지는 사회복지 전달체계를 형성하고 있으며, 사회복지서비스의 지원기관으로서 간접서비스를 제공하고 있다.

사회복지 전담공무원이 맡고 있는 업무를 살펴보면, 국민기초생활보장수급자 등 사회복지사업의 신청을 접수한다. 최저생계비, 신청자의 재산, 소득, 부양가족 등의 자료와 신청자와의 상담을 토대로 수급자를 선정한다. 수급자에게 생계, 주거, 교육, 장례, 출산 등의 급여를 지급한다. 장애인 차량지원, 경로당지원, 노인교통비지급, 소년소녀가장지원, 급식아동지원, 보육지원 사업을 기획하고 실행한다. 자활이 가능한 대상자를 선정하고, 지역사회 사업장이나 관련 기관에 의뢰하여 근로할 수 있도록 지원하고 급료를 지급한다. 자원봉사자를 발굴하고 교육하며 배치한다. 지역 내 사회복지기관과 연계하고 자원봉사자를 연결한다.

(2) 민간기관

민간기관은 사회복지 관련사업을 목적으로 하는 기관으로서, 사회복지법인이나 재단, 종교단체, 시민사회단체 등이 운영하는 비영리기관을 말한다. 민간기관은 서비스를 직접 제공하는 사회서비스기관과 간접 서비스나 행정지원을 위해 조직된 협의체로 구분할 수 있다.

① 한국사회복지협의회

한국사회복지협의회는 「사회복지사업법」 제33조와 동법 시행령 제12조에 의거, 설립된 사회복지 공익법인으로서, 민간 사회복지증진을 위한 협의조정, 정책개발, 조사연구 교육훈련, 자원봉사활동의 진흥, 정보화 사업, 사회적 취약계층을 위한 사업 수행을 통해 우리나라의 사회복지증진과 발전에 기여하고 있다. 설립 목적은 사회복지에 관한 조사 · 연구와 각종 복지사업을 조성하고, 각종 사회복지 사업과 활동을 조직적으로 협의 · 조정하며, 사회복지에 대한 국민의 참여를 촉진시킴으로써 우리나라의 사회복지증진과 발전에 기여하고 있다. 조직으로는 전국 단위의 한국사회복지협의회와 전국 17개 시 · 도 사회복지협의회를 두며, 기초단체에 시 · 군 · 구 사회복지협의회가 있다.

② 사회복지공동모금회

사회복지공동모금회는 「사회복지공동모금회법」 제2조는 사회복지공동모금을 사회복지사업, 기타 사회복지활동의 지원에 필요한 재원을 조성하기 위하여 기부금품을 모집하는 것으로 규정하고 있다. 사회복지공동모금하는 공동모금을 통하여 사회복지에 대한 국민의식을 개선하고, 국민의 자발적인 성금으로 조성된 재원을 효율적이고 공정하게 관리 · 운용함으로써, 사회복지 증진에 이바지함을 목적으로 한다. 조직으로는 중앙회 산하에 전국 17개 지회가 있다.

③ 직능단체사회복지관협회, 노인복지시설협회, 장애인복지관협회, 자활후견기관협회, 재가노인복지협회, 아동복지협회 등이 있다. 이러한 단체들은 서비스대상자들에게 직접적인 서비스를 제공하기보다는, 민간사회복지 행정조직체로서 사회복지기관의 운영을 지원하고, 이를 통해 사회복지 서비스대상자들을 간접적으로 지원하는 역할을 담당하고 있다.

3) 서비스 영역에 따른 분류

(1) 생활시설

생활시설은 아동 · 노인 · 장애인 · 한부모가정 · 윤락여성 · 부랑인 등에게 의 · 식 · 주 등 제반 사회복지서비스를 24시간 제공하는 실천현장이다.

① 아동양육시설 : 보호를 필요로 하는 아동을 입소시켜 보호, 양육하는 것

② 아동보호치료시설 : 불량행위를 하거나 불량행위를 할 우려가 있는 아동으로서 보호자가 없거나, 친권자나 후견인이 입소를 신청한 아동, 가정법원, 지방법원 소년부지원에서 보호 위탁된 아동을 입소시켜 그들을 선도하여 건전한 사회인으로 육성하는 것을 목적으로 하는 시설

③ 아동직업보도시설 : 아동복지시설에 입소되어 있는 만 15세 이상의 아동과 생활이 어려운 가정의 아동에 대하여 자활에 필요한 지식과 기능을 습득시키는 것을 목적으로 하는 시설

④ 노인주거복지시설 : 양로시설, 노인공동생활가정 및 노인복지주택에 노인을 입소시키거나 가정과 같은 주거여건, 급식, 주거시설을 분양 또는 임대하여 주거의 편의 · 생활지도 · 상담 및 안전관리 등 일상생활에 필요한 편의 제공을 목적으로 하는 시설

⑤ 노인의료복지시설 : 노인요양시설, 노인요양공동생활가정 및 노인전문 병원에 치매 · 중풍 등 노인성 질환 등으로 심신에 상당한 장애가 발생하여 도움을 필요로 하는 노인을 입소시켜 가정과 같은 주거여건과 급식 · 요양, 의료, 그 밖에 일상생활에 필요한 편의를 제공함을 목적으로 하는 시설

⑥ 장애인생활시설 : 장애인이 필요한 기간 동안 생활하면서 재활에 필요한 상담 · 치료 · 훈련 등의 서비스를 받아 사회복귀를 준비하거나 장애로 인하여 장기간 요양하는 시설이며, 구체적으로 장애유형별 생활시설, 중증장애인 요양시설, 장애 영유아생활시설이 포함된다.

⑦ 한부모가족복지시설 : 모자보호시설, 모자자립 시설, 부자보호시설, 부자자립시설, 미혼모자시설, 미혼모자 공동생활가정, 모자 공동생활가정, 부자 공동생활가정, 미혼모 공동생활가정에 생활이 어려운 모부자가족을 일시적으로 또는 일정 기간 보호하여 생계를 지원하고, 퇴소 후 자립 기반을 조성하도록 지원하는 것을 목적으로 하는 시설

⑧ 선도보호시설 : 소년부판사가 윤락행위를 한 19세 미만의 자에게 내린 보호처분에 의하여 위탁된 자를 대상으로 선도보호를 행하는 시설과 여성복지상담원의 상담에 의한 선도보호조치에 의하여 입소한 자를 대상으로 선도보호를 행하는 시설

⑨ 정신요양시설 : 정신의료기관에서 의뢰된 정신질환자와 만성정신질환자를 입소시켜 요양과 사회복귀 촉진을 위한 훈련을 행하는 시설

⑩ 부랑인복지시설 : 부랑인의 보호 및 재활을 목적으로 설치된 사회복지시설

생활시설의 분류는 다음과 같다.

〈표 8-1〉 생활시설의 분류

대 상	생 활 시 설
아동	아동양육시설, 아동일시보호시설, 아동보호치료시설, 공동생활가정, 자립지원시설
청소년	청소년쉼터, 청소년자립지원관, 청소년치료재활센터
여성가족	모 · 부자가족시설, 미혼모자가족복지시설, 일시지원복지시설, 성매매피해자지원시설, 성폭력피해자지원시설, 가정폭력피해자보호시설
장애인	장애유형별거주시설, 중증장애인거주시설, 장애영유아거주시설, 장애인단기거주시설, 장애인공동생활가정
노인	양로시설, 소인공동생활가정, 노인요양시설, 노인요양공동생활가정

(2) 이용시설

이용시설은 재가 또는 생활시설 생활인 또는 지역주민들을 동원하여 사회복지서비스를 제공하는 실천현장으로서, 설치목적에 따라 다음과 같은 사회복지시설들이 있다.

① 아동 · 한부모가정 · 여성복지 · 가정폭력 · 성폭력피해상담소 : 아동과 그 가족의 문제, 한부모가정, 여성, 가정폭력 및 성폭력 피해 등에 관한 상담, 치료, 예방 및 연구 등을 목적으로 하는 시설

② 아동전용시설 : 어린이공원, 어린이놀이터, 아동회관, 체육, 연극, 영화, 과학실험전시시설, 아동휴게숙박시설, 야영장 등 아동에게 건전한 놀이 · 오락 기타 각종 편의를 제공하여 심신의 건강 유지와 복지증진에 필요한 서비스를 제공하는 것을 목적으로 하는 시설

③ 아동복지관 : 지역사회 아동의 건전육성을 위하여 심신의 건강 유지와 복지증진에 필요한 서비스를 제공하는 것을 목적으로 하는 시설

④ 아동보호전문기관 : 학대아동의 발견, 보호, 치료에 대한 신속한 처리 및 아동학대예방을 전담하는 시설

⑤ 노인여가복지시설 : 노인복지관, 경로당, 노인교실, 노인휴양소에서 무료 또는 저렴한 요금으로 노인에 대하여 각종 상담에 응하고, 건강의 증진 · 교양 · 오락 · 사회활동 · 자원봉사 등의 노인복지증진에 필요한 편의를 제공함을 목적으로 하는 시설

⑥ 여성복지관 지역여성의 능력개발 기회제공과 기술 · 기능 교육으로 경제적 자립기반을 조성하고, 여성의 사회참여 기회를 확대하여 지역여성의 복지증진과 건전 가정 육성, 지역사회복지를 위한 편의를 종합적으로 제공하는 것을 목적으로 하는 시설

⑦ 보육시설 : 국공립보육시설, 법인보육시설, 직장보육시설, 가정보육시설, 부모협동보육시설 및 민간보육시설에서 보호자가 근로 또는 질병 등의 사정으로 영유아를 보호하기 어려운 경우에 보호자의 위탁을 받아 영유아를 보육하는 시설

⑧ 장애인복지관 : 장애인에 대한 각종 상담 및 사회심리재활시설 · 교육 · 직업 · 의료재활 등 장애인의 지역사회생활에 필요한 종합적인 재활서비스를 제공하고 장애에 대한 사회적 인식개선사업을 수행하는 시설

⑨ 정신의료기관 : 의료법에 의한 정신병원 · 정신과의원 및 병원급 이상의 의료기관에 설치된 정신과 및 보건소에서 정신질환의 예방, 정신질환자의 발견, 상담 · 진료 및 사회복귀훈련 등 지역사회정신보건사업을 수행을 위한 시설

⑩ 입양기관 : 보호자가 없거나 보호자로부터 이탈된 아동, 또는 보호자가 아동을 학대하는 경우 등 그 보호자가 아동을 양육하기에 부적당하거나 양육할 능력이 없는 경우의 아동에게 건전하게 양육될 수 있는 다른 가정을 제공하기 위하여 필요한 조치와 지원을 하기 위해 설치된 시설

⑪ 사회복지관 : 지역사회 내에서 일정한 시설과 전문인력을 갖추고 지역사회의 인적 · 물적 자원을 동원하여 지역사회 문제를 해결하고 주민의 복지욕구를 충족시키기 위한 종합적인 사회복지사업을 수행하는 사회복지시설

⑫ 보호관찰소 : 보호관찰, 사회봉사, 수강명령, 갱생보호 및 범죄예방활동 등에 관한 사무를 관장하기 위하여 법무부장관 소속하에 두며, 보호관찰사로서의 업무를 수행하는 시설

이용시설의 분류는 다음과 같다.

〈표 8-2〉 이용시설 분류

대 상	이 용 시 설
아동	아동상담소, 아동전용시설, 지역아동센터, 아동보호전문기관, 가정위탁지원센터, 어린이집
청소년	청소년상담복지센터, 청소년방과후아카데미
여성가족	한부모가족피해자보호시설, 다문화가족지원센터, 건강가정지원센터, 성폭력피해상담소, 가정폭력피해상담소, 여성긴급전화1366
장애인	장애인직업재활시설, 장애인지역사회재활시설
노인	재가노인복지시설, 노인복지관, 경로당, 노인교실, 노인보호전문기관

(3) 중간시설

중간시설은 생활시설 · 병원 · 교도소에서 가정이나 사회로 복귀하기까지 이용하는 중간의 시설 또는 의료 · 재활과 복지가 통합된 시설로 설치목적에 따라 다음과 같은 사회복지시설들이 있다.

① 일시보호시설 : 보호를 필요로 하는 아동 · 가정폭력 · 성폭력 피해자를 일시보호, 신체적 · 정신적 안정 회복과 가정 · 사회복귀 원조 등을 위해 설치된 시설

② 자립지원시설 : 아동복지시설에서 퇴소한 자에게 취업준비기간 또는 취업 후 일정 기간 보호함으로써 자립을 지원하는 것을 목적으로 하는 시설

③ 아동단기보호시설 : 일반가정에 아동을 보호하기 곤란한 일시적 사정이 있는 경우, 아동을 단기간 보호하며, 가정복지에 필요한 지원조치를 하는 것을 목적으로 하는 시설

④ 재가노인복지시설 : 가정 봉사원파견시설, 주간보호시설 및 단기 보호시설에서 신체적 · 정신적 장애로 일상생활을 영위하기 곤란한 노인이 있는 가정에 가정봉사원을 파견하거나, 부득이한 사유로 가족의 보호를 받을 수 없는 심신이 허약한 노인과 장애노인을 낮 동안 또는 단기간 시설에 필요한 보호 및 각종 편의를 제공하여 노인 및 노인가정의 복지증진을 도모하기 위한 시설

⑤ 장애인재활시설 : 장애인에게 전문적인상담 · 치료 · 훈련 등을 제공하거나, 여가 및 사회참여 활동 등에 필요한 편의를 제공하기 위한 것으로 장애인 의료재활시설, 장애인주간보호시설, 장애인 단기 보호시설, 장애인공동생활가정 등과 직업재활을 위한 장애인작업합동시설, 장애인보호작업시설, 장애인근로작업시설, 장애인직업훈련시설 및 장애인생산품판매시설이 이에 포함된다.

⑥ 미혼모시설 : 미혼여성이 임신을 하였거나 출산을 하였을 경우 안전하게 분만하게 하고 심신의 건강을 회복할 때까지 일정 기간 보호함을 목적으로 하는 시설

⑦ 자립자활시설 : 윤락행위 등 방지법에 의한 요보호자 또는 선도보호시설에서

퇴소한 자 중 사회적응이 곤란하거나 거주할 곳이 없는 자로서 본인이 희망하는 경우 6개월의 범위 내에서 숙식 · 직업알선 등을 제공하여 사회적응을 용이하게 하는 시설

⑧ 정신장애인 사회복귀시설 : 정신장애인을 정신 의료기관에 입원시키거나, 정신요양시설에 입소시키지 아니하고, 사회복귀촉진을 위한 훈련을 행하는 시설이며, 생활훈련, 작업훈련시설, 주거시설 및 종합훈련시설 등

(4) 지원시설

지원시설은 생활시설, 이용시설 또는 중간시설 본래의 설립목적을 보다 원활하게 수행하도록 지원하는 사회복지기관 · 법인, 중간단체 및 직능단체로 다음과 같은 사회복지시설들이 있다.

① 자활후견기관 : 국민기초생활보장법에 의해 수급권자 및 이와 생활수준이 유사한 자를 대상으로 자활의욕 고취를 위한 교육, 자활을 위한 정보제공 · 상담 · 직업교육 및 취업 알선, 생업자금의 융자 알선, 자영창업지원 및 기술 · 경영지도, 자활공동체의 설립 · 운영지원 및 기타 자활을 위한 각종 사업 전개하기 위한 목적으로 하는 시설

② 장애인지역사회재활시설 중에서 수화통역센터, 점자도서관, 점서 및 녹음서 출판시설 등

이외에도 사회복지공동모금회, 사회복지협의회, 직능단체 등이 있다.

3. 사회복지실천현장의 개척

2차 현장 중에서 제도의 미비로 사회복지사가 영역을 넓히지 못하고 있는 현장이지만, 사회복지사들이 앞으로 찾아야 할 현장이고, 사회복지사들의 전문적인 분야이며, 발전 가능성이 매우 높은 현장을 살펴보고자 한다.

1) 교정복지실천현장

교정복지는 범죄인이나 비행청소년 등 재소자, 출소자를 망라하여 범법행위를 한 사람과 그 가족을 대상으로 사회복지의 철학과 가치를 근간으로 사회복지 정책과 실천기술을 활용하여 그들의 삶의 질을 높이는 제반 활동이며, 우리 사회의 범죄예방에 대한 새로운 대안이며, 사회복지의 중요한 한 영역이다.

2) 산업복지실천현장

산업복지는 전문적 사회복지의 지식과 기술을 적용하여 산업이라는 장에서 발생하는 심리적 · 제도적 문제에 효과적으로 대처함으로써 근로자와 그 가족의 복지를 추구하는 노력이다. 최근 산업현장에서 노동자 재해사고 등이 빈발함에 따라 사회적 이슈로 부상하고 있다.

3) 군사회복지실천현장

군사회복지사는 군대 내의 의무직에 속하여 클라이언트의 상담과 복귀를 위한 복지업무를 담당하는 사회복지사이다.

우리나라는 2005년 시범운영으로 군사회복지사 채용을 시작으로, 현재 군사회복지사는 군경력자, 상담경력을 가진 상담사와 사회복지사 등이 포함되어 있기 때문에 다양한 전문가들로 구성되어 있다.

Chapter 9

사회복지현장실습의 실습기관

학습목표

1. 실습기관의 성격 파악
2. 각 시설별 하위 시설에 대한 숙지
3. 시설에서의 사회복지사의 역할

학습내용

1. 아동복지시설
2. 노인복지시설
3. 한부모가족복지시설
4. 장애인복지시설
5. 정신보건시설
6. 노숙인복지시설
7. 사회복지관

개 요

사회복지실습기관은 기관의 목적, 기관을 설립한 주체 및 재원조달방식, 서비스제공방식, 서비스 내용에 따라 다양하게 분류될 수 있는데, 사회복지현장실습의 대상이 되는 기관의 법적 기준은 관련 법률에 따른 '사회복지사업과 관련된 법인 · 시설 · 기관 및 단체'를 말한다. 여기에서는 사회복지실습기관을 학습하고자 한다.

Chapter 09
사회복지현장실습의 실습기관

사회복지현장실습이 이루어지는 사회복지실습기관은 대상이 되는 클라이언트에게 사회복지서비스를 제공하는데 직접적으로 혹은 간접적으로 관련되는 모든 장(setting)으로서, 단순히 물리적인 장소의 개념을 넘어서, 문제, 클라이언트 등을 모두 포괄하는 개념이다. 따라서, 사회복지현장실습에서는 이러한 사회복지실습기관의 특성을 이해하고, 각 현장에서 사회복지사의 역할을 습득하는 것이 매우 중요하다.

사회복지실습기관은 기관의 목적, 기관을 설립한 주체 및 재원조달방식, 서비스제공방식, 서비스 내용에 따라 다양하게 분류될 수 있는데, 사회복지현장실습의 대상이 되는 기관의 법적 기준은 관련 법률에 따른 '사회복지사업과 관련된 법인 · 시설 · 기관 및 단체'를 말한다.

본 장에서는 이러한 법적 기준에 의한 실습기관들 가운데 사회복지사가 주로 활동하며 현장실습이 이루어지고 있는 관련 법률에 의한 주요 사회복지 시설들을 중심으로 각 시설의 종류와 실습생이 습득해야 할 사회복지사의 주요 역할을 살펴보고자 한다.

1. 아동복지시설

1) 아동복지시설의 종류

아동복지는 모든 아동이 건강하게 출생하여 행복하고 안전하게 성장 · 발달하도록 그 복지를 보장하는 데 목적을 둔 시설이다. 여기에는 아동의 적절한 보호, 건강, 주거, 교육, 소득 등 다양한 영역과 관련된 시설이 포함될 수 있다.

「아동복지법」 제52조에는 11종류의 아동복지시설이 명시되어 있다. 아동복지시설의 종류는 다음과 같다.

「아동복지법」 제52조(아동복지시설의 종류)

① 아동복지시설의 종류는 다음과 같다.

1. 아동양육시설 : 보호대상아동을 입소시켜 보호, 양육 및 취업훈련, 자립지원 서비스 등을 제공하는 것을 목적으로 하는 시설
2. 아동일시보호시설 : 보호대상아동을 일시보호하고 아동에 대한 향후의 양육대책수립 및 보호조치를 행하는 것을 목적으로 하는 시설
3. 아동보호치료시설 : 아동에게 보호 및 치료 서비스를 제공하는 다음 각 목의 시설
   가. 불량행위를 하거나 불량행위를 할 우려가 있는 아동으로서 보호자가 없거나 친권자나 후견인이 입소를 신청한 아동 또는 가정법원, 지방법원소년부 지원에서 보호위탁된 19세 미만인 사람을 입소시켜 치료와 선도를 통하여 건전한 사회인으로 육성하는 것을 목적으로 하는 시설
   나. 정서적 · 행동적 장애로 인하여 어려움을 겪고 있는 아동 또는 학대로 인하여 부모로부터 일시 격리되어 치료받을 필요가 있는 아동을 보호 · 치료하는 시설
4. 공동생활가정 : 보호대상아동에게 가정과 같은 주거여건과 보호, 양육, 자립지원 서비스를 제공하는 것을 목적으로 하는 시설
5. 자립지원시설 : 아동복지시설에서 퇴소한 사람에게 취업준비기간 또는 취업 후 일정 기간 동안 보호함으로써 자립을 지원하는 것을 목적으로 하는 시설
6. 아동상담소 : 아동과 그 가족의 문제에 관한 상담, 치료, 예방 및 연구 등을 목적으로 하는 시설

7. 아동전용시설 : 어린이공원, 어린이놀이터, 아동회관, 체육 · 연극 · 영화 · 과학실험전시 시설, 아동휴게숙박시설, 야영장 등 아동에게 건전한 놀이 · 오락, 그 밖의 각종 편의를 제공하여 심신의 건강유지와 복지증진에 필요한 서비스를 제공하는 것을 목적으로 하는 시설
8. 지역아동센터 : 지역사회 아동의 보호 · 교육, 건전한 놀이와 오락의 제공, 보호자와 지역사회의 연계 등 아동의 건전육성을 위하여 종합적인 아동복지서비스를 제공하는 시설
10. 제48조에 따른 가정위탁지원센터
11. 제10조의2에 따른 보장원

② 제1항에 따른 아동복지시설은 통합하여 설치할 수 있다.

③ 제1항에 따른 아동복지시설은 각 시설 고유의 목적 사업을 해치지 아니하고 각 시설별 설치기준 및 운영기준을 충족하는 경우 다음 각 호의 사업을 추가로 실시할 수 있다.

1. 아동가정지원사업 : 지역사회아동의 건전한 발달을 위하여 아동, 가정, 지역주민에게 상담, 조언 및 정보를 제공하여 주는 사업
2. 아동주간보호사업 : 부득이한 사유로 가정에서 낮 동안 보호를 받을 수 없는 아동을 대상으로 개별적인 보호와 교육을 통하여 아동의 건전한 성장을 도모하는 사업
3. 아동전문상담사업 : 학교부적응아동 등을 대상으로 올바른 인격형성을 위한 상담, 치료 및 학교폭력예방을 실시하는 사업
4. 학대아동보호사업 : 학대아동의 발견, 보호, 치료 및 아동학대의 예방 등을 전문적으로 실시하는 사업
5. 공동생활가정사업 : 보호대상아동에게 가정과 같은 주거여건과 보호를 제공하는 것을 목적으로 하는 사업
6. 방과 후 아동지도사업 : 저소득층 아동을 대상으로 방과 후 개별적인 보호와 교육을 통하여 건전한 인격형성을 목적으로 하는 사업

구체적으로 아동복지시설은 다음과 같다.

(1) 아동양육시설

아동양육시설은 보호를 필요로 하는 아동을 입소시켜 보호, 양육하는 것을 목적으로 하는 시설이다. 아동양육시설의 입소대상자는 보호자가 없거나, 보호자로 부터 이탈된 아동, 보호자로부터 학대받은 아동, 보호자의 학대로 아동학대예방 센터에 신고되어 동 센터가 시 · 도지사에게 보호조치를 의뢰한 아동, 기초생활 보장수급자로서 보호자의 질병 및 가출 등으로 가정 내에서 보호하기 어려운 아동 등이다.

(2) 아동일시보호시설

보호를 필요로 하는 아동을 일시보호하고 아동에 대한 향후의 양육대책수립 및 보호조치를 행하는 것을 목적으로 하는 시설이다. 본 시설에서는 보호자가 없거나, 보호자로부터 이탈된 아동, 보호자로부터 학대받은 아동, 보호자의 학대로 아동학대예방센터에 신고되어 동 센터가 시 · 도지사에게 보호조치를 의뢰한 아동, 기초생활보장수급자로서 보호자의 질병 및 가출 등으로 가정 내에서 보호하기 어려운 아동, 시 · 도지사 또는 시장 · 군수 · 구청장이 특별히 보호가 필요하다고 인정하는 아동 등을 입소대상으로 하고 있다.

(3) 아동보호치료시설

불량행위를 하거나 불량행위를 할 우려가 있는 아동으로서 보호자가 없거나, 친권자나 후견인이 입소를 신청한 아동 또는 가정법원, 지방법원소년부지원에서 보호위탁된 아동을 입소시켜 그들을 선도하여 건전한 사회인으로 육성하는 것을 목적으로 하는 시설이다.

아동보호치료시설에서는 대상자들이 안정된 생활을 할 수 있도록 환경개선 및 프로그램을 개발하고, 공동체 생활을 통해 기본적인 예의와 규칙적인 생활을 익힐 수 있는 생활관리서비스와 심리적 안정을 찾도록 하여 자발적 학습을 유도하고, 기초학습능력 향상과 검정고시준비 등을 지원하는 학교서비스 등을 실시하는 한편, 상담 및 심리치료서비스, 사회정서활동서비스, 자립준비지원서비스 등을 시행한다.

(4) 아동직업훈련시설

아동복지시설에 입소되어 있는 만 15세 이상의 아동과 생활이 어려운 가정의 아동에 대하여 자활에 필요한 지식과 기능을 습득시키는 것을 목적으로 하는 시설로서, 직업훈련, 학습지원, 정서지원 등의 지원활동을 수행한다.

(5) 자립지원시설

아동복지시설에서 퇴소한 자에게 취업준비기간 또는 취업 후 일정 기간 보호함으로써 자립을 지원하는 것을 목적으로 하는 시설이다.

(6) 아동상담소

아동상담소는 아동과 그 가족의 문제에 관한 상담, 치료, 예방 및 연구 등을 목적으로 하는 시설로서, 부모와 아동이 자기 가정 내에서 바람직한 관계를 가지며 행복할 수 있도록 지지, 강화해 주는 사업 등을 실시하게 된다.

(7) 아동전용시설

어린이공원, 어린이놀이터, 아동회관, 체육, 연극, 영화, 과학실험전시시설, 아동휴게숙박시설, 야영장 등 아동에게 건전한 놀이 · 오락 기타 각종 편의를 제공하여 심신의 건강유지와 복지증진에 필요한 서비스를 제공하는 것을 목적으로 하는 시설이다.

(8) 아동복지관

지역사회 아동의 건전육성을 위하여 심신의 건강유지와 복지증진에 필요한 서비스를 제공하는 것을 목적으로 하는 시설이다.

(9) 공동생활가정(그룹홈)

아동 · 청소년 공동생활가정은 보호를 필요로 하는 아동청소년에게 가정과 같은 주거여건과 보호를 제공하여 건전한 사회인으로 성장하도록 지원하는 시설이다. 대규모 집단시설 위주의 보호에서 소규모 가정형태 보호로의 전환 강조 및 지역사회 중심의 아동보호를 위한 새로운 보호형태로 논의하다가, 1997년부터 시범사업을 실시하고, 2004년 1월에 아동복지법상 아동복지시설 종류로 추가되었다.

(10) 지역아동센터(공부방)

지역사회아동의 보호 · 교육, 건전한 놀이와 오락의 제공, 보호자와 지역사회의 연계 등 아동의 건전육성을 위하여 종합적인 아동복지서비스를 제공하는 시설이다. 곧 가정에서 부모에 의한 보호와 양육이 적절히 이루어지기 어려운 상황에 있거나, 가정의 경제적 어려움이나 가족기능의 취약 등 지역에서 보호를 필요로 하는 아동 및 청소년에게 지역사회 안에서 사회복지통합서비스를 제공하여 건강하고 안전한 보호를 목적으로 하는 시설로서, 보호 프로그램, 교육 프로그램, 문화 프로그램, 복지 프로그램, 지역사회연계 등의 서비스가 제공된다.

이외에도 아동단기보호시설은 일반 가정에 아동을 보호하기 곤란한 일시적 사정이 있는 경우 아동을 단기간 보호하며, 가정의 복지에 필요한 지원조치를 하는 것을 목적으로 하는 시설이다.

2) 사회복지사의 역할

아동복지시설에서 일하는 사회복지사는 효과적인 조력자의 역할을 수행하기 위해 아동의 욕구에 적합한 태도와 기술이 요구된다. 아동발달단계에 적합한 언어와 행동을 이해하고, 아동에게 효과적인 면접기술과 놀이를 통한 의사소통방법을 개발하고 필요한 도구를 준비해야 하며, 아동기에 꼭 필요한 안정감을 줄 수 있는 지지자로서의 역할이 중요하다. 또한 아동복지시설의 사회복지사는 가족, 학교 등 아동을 둘러싼 다양한 체계를 활용하게 되므로 중개자의 역할도 매우 중요하다. 아울러 아동양육시설, 아동일시보호시설 등 보호시설에서는 아동의 성장 · 변화를 전체적으로 관리하기 위한 사례관리자, 정서적 지원자, 바람직한 행동을 학습하도록 돕는 교사의 역할수행이 요구된다.

2. 노인복지시설

1) 노인복지시설의 종류

노인복지는 모든 노인이 건강과 생활안정을 유지하도록 하는 데 필요한 자원을 제공하는 것과 관련된 공적 · 사적 차원에서의 조직적 활동이며, 이를 지원하는 노인복지시설의 종류는 노인복지법 제31조에 노인주거복지시설, 노인의료복지시설, 노인여가복지시설, 재가노인복지시설, 노인보호전문기관 등으로 분류하여 명시하고 있다.

노인복지법 제31조(노인복지시설의 종류)

노인복지시설의 종류는 다음 각호와 같다.

1. 노인주거복지시설
2. 노인의료복지시설
3. 노인여가복지시설
4. 재가노인복지시설
5. 노인보호전문기관
6. 제23조의2제1항제2호의 노인일자리지원기관
7. 제39조의19에 따른 학대피해노인 전용쉼터

구체적으로 노인복지시설은 다음과 같다.

(1) 노인주거시설

노인주거시설은 가정에서 생활할 능력이 없거나 부양할 가족이 없는 경우, 혹은 건강상태가 좋지 않은 경우 이를 지원하는 시설로서, 양로시설, 노인복지주택, 노인공동생활가정이 해당된다.

양로시설은 노인을 입소시켜 급식과 그 밖에 일상생활에 필요한 편의를 제공함을 목적으로 하는 시설로서, 생활보호대상자와 실비보호대상자 및 부양자로부터 적절한 부양을 받지 못하는 65세 이상의 자를 대상으로 하며, 단 입소자로부터 비용의 전부를 수납하여 운영하는 시설은 60세 이상도 입소 가능하다. 노인복지주택은 노인에게 주거시설을 분양 또는 임대하여 주거의 편의 · 생활지도 · 상담 및 안전관리 등 일상생활에 필요한 편의를 제공함을 목적으로 하는 시설로서, 단독취사 등 독립된 주거생활을 하는 데 지장이 없는 60세 이상의 자를 대상으로 하며, 입소대상자의 배우자는 65세 미만인 경우에도 입소대상자와 함께 입소 할 수 있다. 2010년부터 신설된 노인공동생활가정은 노인들에게 가정과 같은 주거여건과 급식, 그 밖의 일상생활에 필요한 편의를 제공함을 목적으로 하는 시설로서 대상자는 양로시설과 동일하다.

(2) 노인의료복지시설

노인의료복지시설은 치료를 목적으로 한 노인복지시설로서, 노인요양시설, 노인요양공동생활가정, 노인전문병원이 해당된다. 노인요양시설은 치매 · 중풍 등 노인성질환 등으로 심신에 상당한 장애가 발생하여 도움을 필요로 하는 노인을 입소시켜 급식 · 요양과 그 밖에 일상생활에 필요한 편의를 제공함을 목적으로 하는 시설로서, 장기요양급여수급자, 기초수급권자로서 65세 이상의 자, 부양의무자로부터 적절한 부양을 받지 못하는 65세 이상의 자를 대상으로 하며, 입소자로부터 입소비용의 전부를 수납하여 운영히는 경우에는 60세 이상의 자를 포함하고 있다.

노인요양공동생활가정은 2010년부터 신설된 시설로서, 치매 · 중풍 등 노인성 질환 등으로 심신에 상당한 장애가 발생하여 도움을 필요로 하는 노인에게 가정과 같은 주거여건과 급식 · 요양, 그 밖에 일상생활에 필요한 편의를 제공함을 목적으로 하는 시설이며, 그 대상은 노인요양시설과 동일하다.

노인전문병원은 주로 노인을 대상으로 의료를 행하는 시설로서, 노인성질환으로 치료 및 요양을 필요로 하는 자를 대상으로 한다.

(3) 노인여가복지시설

노인의 여가활동과 사회참여를 지원하기 위한 시설로서, 노인복지회관, 경로당, 노인교실, 노인휴양소 등이 해당된다.

노인복지회관은 노인의 교양 · 취미생활 및 사회참여활동 등에 대한 각종 정보와 서비스를 제공하고, 건강증진 및 질병예방과 소득보장 · 재가복지, 그 밖에 노인의 복지증진에 필요한 서비스를 제공함을 목적으로 하는 시설이다. 경로당은 지역노인들이 자율적으로 친목도모 · 취미활동 · 공동작업장 운영 및 각종 정보교환과 기타 여가활동을 할 수 있도록 하는 장소를 제공함을 목적으로 하는 시설이다. 노인교실은 노인들에 대하여 사회활동 참여욕구를 충족시키기 위하여 건전한 취미생활 · 노인건강유지 · 소득보장 기타 일상생활과 관련한 학습 프로그램을 제공함을 목적으로 하는 시설이다. 노인휴양소는 노인들에 대하여 심신의 휴양과 관련한 위생시설 · 여가시설 기타 편의시설을 단기간 제공함을 목적으로 하는 시설이다.

(4) 재가노인복지시설

재가노인복지시설은 경제적 · 정신적 · 신체적인 이유로 독립적인 일상생활을 영위하기 어려운 노인과 복지사각지대 노인들에게 방문요양 일상생활지원을 비롯한 각종 필요서비스를 제공함으로써, 지역사회 내에서 건강한 생활을 영위하는 데에 어려움이 없도록 예방적 복지 실현 및 사회 안전망 구축을 목적으로 한다. 구체적으로 방문요양서비스, 주 · 야간보호서비스, 단기보호서비스, 방문목욕서비스 중 한 가지 이상의 서비스를 제공하는 시설을 의미한다.

여기서 방문요양서비스는 가정에서 일상생활을 영위하고 있는 노인, 즉 재가노인으로서 신체적 · 정신적 장애로 어려움을 겪고 있는 노인에게 필요한 각종 편의를 제공하여 지역사회 안에서 건전하고 안정된 노후를 영위하도록 하는 서비스이다. 주 · 야간보호서비스는 부득이한 사유로 가족의 보호를 받을 수 없는 심신이 허약한 노인과 장애노인을 주간 또는 야간 동안 보호시설에 입소시켜 필요한 각종 편의를 제공하여 이들의 생활안정과 심신기능의 유지 · 향상을 도모하고, 그 가족의 신체적 · 정신적 부담을 덜어주기 위한 서비스를 의미한다. 단기보호서비스는 부득이한 사유로 가족의 보호를 받을 수 없어 일시적으로 보호가 필요한 심신이 허약한 노인과 장애노인을 보호시설에 단기간 입소시켜 보호함으로써, 노인 및 노인가정의 복지증진을 도모하기 위한 서비스이다. 방문목욕서비스는 목욕장비를 갖추고 재가노인을 방문하여 목욕을 제공하는 서비스를 의미한다. 이외에도 재가노인에게 제공하는 서비스로서 보건복지부령으로 정하는 서비스는 재가노인복지시설의 서비스로 포함될 수 있다.

(5) 노인보호전문기관

노인보호전문기관은 급속한 인구 노령화와 핵가족화 등에 따라 가족 간 갈등 및 노인부양부담 증대 등으로 노인학대사례가 계속 증가하여 이를 전문적이고 체계적으로 대처하여 노인권익을 보호하는 한편, 노인학대 예방 및 노인인식개선 등을 통한 노인의 삶의 질을 향상 · 도모하는 데 목적을 둔 시설로서, 시 · 도지사가 노인보호전문기관을 지정 · 운영하게 된다. 여기서 노인학대라 함은 노인에 대하여 신체적 · 정신적 · 정서적 · 성적 폭력 및 경제적 착취 또는 가혹행위를 하거나 유기 또는 방임을 하는 것을 의미한다.

노인보호전문기관의 주요 업무는 「노인복지법」 제39조의5에서 규정한 노인학대 예방사업으로 하되, 노인인식개선교육(경로효친교육 등 포함), 노인자살 예방교육, 사업시설 내 노인권리 보호 및 기타 노인의 권익보호를 위한 사업 등을 실시할 수 있다.

2) 사회복지사의 역할

노인복지서비스 현장에서 사회복지사는 다양한 문제를 가진 노인들을 접하게 되는데, 기존의 노인에 대한 부정적인 이미지를 반영하는 연령차별주의를 극복하고 노인들이 성공적인 노화과정을 경험하도록 도와주어야 한다. 또한 노인복지분야에서 일하는 사회복지사들의 역할을 조력자, 교육자, 중개자, 중재자, 전문가 등의 역할로 설명하고 있다. 우선, 노년기의 정체성 상실 및 역할상실에서 오는 무력감에 공감하며 정서적으로 안정되게 꾸려갈 수 있도록 돕는 조력자로서 역할, 취업교육, 사회교육, 여가활동지도, 치매노인 가족교육 프로그램 등 다양한 교육 프로그램을 개발하고 지도하는 교사로서의 역할이 강조된다. 또한 특수노인집단에게 필요한 프로그램과 서비스를 개발하며, 고령자취업알선센터, 의료시설과의 연계를 이루고, 무의탁노인이나 불우노인을 위한 후원자를 개발하는 미시적 차원에서의 중개자 역할이나 기관차원에서의 중재자 역할이 필요하다. 이외에도 지역에서의 재가봉사 프로그램이 활성화되면서, 방문상담 및 재가서비스를 위한 현장개입과 사례관리 등을 위한 전문가 역할도 요구된다.

3. 한부모가족복지시설

1) 한부모가족복지설의 종류

한부모가족복지시설은 무주택 저소득 한부모가족을 일정 기간 보호하면서, 정신적 · 신체적 안정과 함께 자립의 기반을 마련할 수 있도록 지원하는 곳으로, 「한부모가족지원법」 제19조에 근거하여 모 · 부자보호시설, 모자자립시설, 미혼모자 시설, 미혼모자공동생활가정, 미혼모공동생활가정, 모 · 부자공동생활가정, 일시지원복지시설, 한부모가족복지상담소 등이 포함된다.

「한부모가족지원법」 제19조(한부모가족복지시설)

① 한부모가족복지시설은 다음 각 호의 시설로 한다.

1. 모자가족복지시설 : 모자가족에게 다음 각 목의 어느 하나 이상의 편의를 제공하는 시설
   가. 기본생활지원 : 생계가 어려운 모자가족에게 일정 기간 동안 주거와 생계를 지원
   나. 공동생활지원 : 독립적인 생활이 어려운 모자가족에게 일정 기간 동안 공동생활을 통하여 자립을 준비할 수 있도록 주거 등을 지원
   다. 자립생활지원 : 자립욕구가 강한 모자가족에게 일정 기간 동안 주거를 지원
2. 부자가족복지시설 : 부자가족에게 다음 각 목의 어느 하나 이상의 편의를 제공하는 시설
   가. 기본생활지원 : 생계가 어려운 부자가족에게 일정 기간 동안 주거와 생계를 지원
   나. 공동생활지원 : 독립적인 생활이 어려운 부자가족에게 일정 기간 동안 공생활을 통하여 자립을 준비할 수 있도록 주거 등을 지원
   다. 자립생활지원 : 자립욕구가 강한 부자가족에게 일정 기간 동안 주거를 지원
3. 미혼모자가족복지시설 : 미혼모자가족과 출산 미혼모 등에게 다음 각 목의 어느 하나 이상의 편의를 제공하는 시설
   가. 기본생활지원 : 미혼 여성의 임신 · 출산 시 안전 분만 및 심신의 건강 회복과 출산 후의 아동의 양육 지원을 위하여 일정 기간 동안 주거와 생계를 지원
   나. 공동생활지원 : 출산 후 해당 아동을 양육하지 아니하는 미혼모 또는 미혼모와 그 출산 아동으로 구성된 미혼모자가족에게 일정 기간 동안 공동생활을 통하여 자립을 준비할 수 있도록 주거 등을 지원
4. 일시지원복지시설 : 배우자(사실혼 관계에 있는 사람을 포함한다)가 있으나 배우자의 물리적 · 정신적 학대로 아동의 건전한 양육이나 모의 건강에 지장을 초래할 우려가 있을 경우 일시적 또는 일정 기간 동안 모와 아동 또는 모

에게 주거와 생계를 지원하는 시설
5. 한부모가족복지상담소 : 한부모가족에 대한 위기 · 자립 상담 또는 문제해결 지원 등을 목적으로 하는 시설
② 제1항제1호부터 제4호까지의 규정에 따른 복지시설의 입소기간 및 그 기간의 연장 등에 필요한 사항은 여성가족부령으로 정한다.

구체적으로 한부모가족지원시설은 다음과 같다.

(1) 모 · 부자보호시설

모자보호시설은 한부모가족지원법 제4조에 따른 어머니로서, 만 18세 미만(취학시 만 22세 미만)의 아동을 양육하는 무주택 저소득 모자가족을 대상으로 하며, 미혼모자시설(또는 미혼모자 공동생활가정) 퇴소자 중 스스로 아동을 양육하는 미혼모는 모자가족으로 시설입소대상자에 포함하고 있다.

부자보호시설은 「한부모가족지원법」 제4조에 따른 부로서 만 18세 미만(취학시 만 22세 미만)의 아동을 양육하는 무주택 저소득 부자가족을 대상으로 하며, 세대주가 알코올, 마약 등으로 시설의 공동체 생활에 상당한 불편이 초래될 수 있다고 판단되는 경우에는 입소를 제한할 수 있다. 본 시설 입소대상은 아동 양육비 및 고등학교 학비 지원, 방과후 아동지도, 아동식비 지급, 복지자금융자, 보육시설 보육료 감면 등의 지원을 제공받게 된다.

(2) 모자자립시설

모자자립시설은 부자보호시설에서 퇴소한 모자세대로서, 자립준비가 미흡한 세대를 우선 입소대상으로 하며, 「한부모가족지원법」 제4조에 따른 모로서 만 18세 미만(취학 시 만 22세 미만)의 아동을 양육하는 저소득 무주택 모자가족이 입소 대상이다.

본 시설 입소대상은 모 · 부자보호시설 입소대상과 동일한 지원을 제공받게 된다.

(3) 미혼모자시설

미혼모자시설은 미혼의 임산부 및 출산 후(6월 미만) 일정 기간 아동의 양육지원이 요구되는 여성으로서, 분만혜택과 숙식보호를 필요로 하는 자를 대상으로 하며, 숙식 무료 제공과 함께 분만의료 혜택과 직업교육, 인성교육, 상담지도 등 자립지원을 제공한다.

(4) 미혼모자공동생활가정, 미혼모공동생활가정, 모 · 부자공동생활가정

미혼모자공동생활가정은 2세 미만의 영유아를 양육하는 미혼모로서, 일정 기간 숙식보호와 자립지원을 필요로 하는 자를 대상으로 한다. 미혼모공동생활가정은 출산 후 아이를 양육하지 아니하는 미혼모로서 일정 기간 숙식보호와 자립 지원을 필요로 하는 자를 대상으로 한다. 부자공동생활가정은 독립적인 가정생활이 어려운 부자가족으로서 일정 기간 공동으로 가정을 이루어 생활하면서 자립을 준비하는 자를, 모자공동생활가정은 독립적인 가정생활이 어려운 모자가족으로서 일정 기간 공동으로 가정을 이루어 생활하변서 자립을 준비하는 자를 대상으로 한다.

각 시설 모두 숙식 무료 제공과 직업교육, 인성교육, 상담지도 등 자립지원을 제공하게 되며, 시설에 따라 아동 양육비와 만 4세 이하 자녀를 법정 저소득층 아동으로 포함시켜 보육료를 지원한다.

(5) 일시지원복지시설, 한부모가족복지상담소

일시지원복지시설은 배우자(사실혼 관계에 있는 사람을 포함)가 있으나 배우자의 물리적 · 정신적 학대로 아동의 건전한 양육이나 모의 건강에 지장을 초래할 우려가 있을 경우 일시적 또는 일정 기간 동안 모와 아동 또는 모에게 주거와 생계를 지원하는 시설이며, 한부모가족복지상담소는 한부모가족에 대한 위기 · 자립 상담 또는 문제해결 지원 등을 목적으로 하는 시설이다.

2) 사회복지사의 역할

한부모가족지원시설에서 활동하는 사회복지사는 위기상황에 처한 가족에 개입하여 상담, 가족관계 개선 등의 서비스를 제공하는 한편, 입소자 및 시설의 특성에 따라 인성교육 및 직업교육 및 자활지도, 출산지원, 아동양육지원 등 시설을 이용하는 가족이 보다 안정되고 자립적인 생활이 가능하도록 전반적인 지원을 하게 된다. 또한 한부모가족이나 미혼부모에 대해 사후적 조치뿐만 아니라, 성교육 프로그램, 가족관계 개선 프로그램 등 지역사회 내에서 예방적 교육 프로그램을 개발, 운영하는 역할을 담당할 수 있다.

4. 장애인복지시설

1) 장애인복지시설의 종류

장애인복지는 장애인의 인간다운 삶과 권리보장을 위해 장애발생 예방과 장애인의 의료 · 교육 · 직업재활 · 생활환경개선 등의 노력과 장애인복지대책을 종합적으로 추진함으로써, 생활안정에 기여하는 등 장애인의 복지와 사회활동 참여증진을 통하여 사회통합에 이바지하는 것을 목적으로 하며, 이를 지원하기 위한 복지시설로서 장애인복지법 및 시행규칙에 장애인거주시설, 장애인 지역사회재활 시설, 장애인직업재활시설, 장애인유료시설 등으로 구분되어 명시되어 있다.

「장애인복지법」 제58조(장애인복지시설)

① 장애인복지시설의 종류는 다음 각 호와 같다. 〈개정 2011. 3. 30.〉

1. 장애인 거주시설 : 거주공간을 활용하여 일반가정에서 생활하기 어려운 장애인에게 일정 기간 동안 거주 · 요양 · 지원 등의 서비스를 제공하는 동시에 지역사회생활을 지원하는 시설
2. 장애인 지역사회재활시설 : 장애인을 전문적으로 상담 · 치료 · 훈련하거나 장애인의 일상생활, 여가활동 및 사회참여활동 등을 지원하는 시설
3. 장애인 직업재활시설 : 일반 작업환경에서는 일하기 어려운 장애인이 특별히 준비된 작업환경에서 직업훈련을 받거나 직업 생활을 할 수 있도록 하는 시설
4. 장애인 의료재활시설 : 장애인을 입원 또는 통원하게 하여 상담, 진단 · 판정, 치료 등 의료재활서비스를 제공하는 시설
5. 그 밖에 대통령령으로 정하는 시설

② 제1항 각 호에 따른 장애인복지시설의 구체적인 종류와 사업 등에 관한 사항은 보건복지부령으로 정한다.

구체적으로 장애인복지시설은 다음과 같다.

(1) 장애인거주시설

장애인거주시설은 거주공간을 활용하여 일반가정에서 생활하기 어려운 장애인에게 일정 기간 동안 거주 · 요양 · 지원 등의 서비스를 제공하는 동시에 지역 사회생활을 지원하는 시설이다.

① 장애유형별 생활시설 : 장애유형이 같거나 유사한 장애를 가진 사람들을 입소 또는 통원하게 하여 그들의 장애유형에 적합한 의료 · 교육 · 직업 · 심리 · 사회 등 재활서비스와 주거서비스를 제공하는 시설

② 중증장애인 요양시설 : 장애의 정도가 심하여 항상 도움이 필요한 사람을

입소하게 하여 상담 · 치료 또는 요양 서비스를 제공하는 시설

③ 장애영유아 생활시설 : 6세 미만의 장애영유아를 입소 또는 통원하게 하여 보호함과 동시에 그 재활에 필요한 의료 · 교육 · 심리 · 사회 등 재활서비스를 제공하는 시설 등으로 구분된다.

(2) 장애인 지역사회재활시설

장애인 지역사회재활시설은 장애인을 전문적으로 상담 · 치료 · 훈련하거나 장애인의 일상생활, 여가활동 및 사회참여활동 등을 지원하는 시설로서 아래와 같이 구분된다.

① 장애인복지관 : 장애인에 대한 각종 상담 및 사회심리 · 교육 · 직업 · 의료재활 등 장애인의 지역사회생활에 필요한 종합적인 재활서비스를 제공하고 장애에 대한 사회적 인식개선사업을 수행하는 시설

② 장애인 의료재활시설 : 장애인을 입원 또는 통원하게 하여 상담, 진단 · 판정, 치료 등 의료재활서비스를 제공하는 시설

③ 장애인 주간보호시설 : 장애인을 주간에 일시보호하여 장애인에게 필요한 재활서비스를 제공하는 시설

④ 장애인 단기보호시설 : 장애인을 일정 기간 보호하여 장애인에게 필요한 재활 서비스를 제공하는 시설

⑤ 장애인 공동생활가정 : 스스로 사회에 적응하기 곤란한 장애인들이 장애인복지 전문인력에 의한 지도와 보호를 받으며 공동으로 생활하는 지역사회 내의 소규모 주거시설

⑥ 장애인 체육시설 : 장애인의 체력증진 또는 신체기능 회복활동을 지원하고 이와 관련된 편의를 제공하는 시설

⑦ 장애인 수련시설 : 장애인의 문화 · 취미 · 오락활동 등을 통한 심신수련을 조장 · 지원하고 이와 관련된 편의를 제공하는 시설

⑧ 장애인 심부름센터 : 이동에 상당한 제약이 있는 장애인에게 차량운행을 통한 직장 출 · 퇴근 및 외출보조나 그밖의 이동서비스를 제공하는 시설

⑨ 수화통역센터 : 의사소통에 지장이 있는 청각 · 언어장애인에게 수화통역 및 상담서비스를 제공하는 시설

⑩ 점자도서관 : 시각장애인에게 점자간행물 및 녹음서를 열람하게 하는 시설

⑪ 점자도서 및 녹음서 출판시설 : 시각장애인을 위한 점자간행물 및 녹음서를 출판하는 시설

(3) 장애인 직업재활시설

장애인 직업재활시설은 일반 작업환경에서는 일하기 어려운 장애인이 특별히 준비된 작업환경에서 직업훈련을 받거나, 직업생활을 할 수 있도록 하는 시설로서, 장애인 보호작업장과 장애인 근로사업장이 있다.

장애인 보호작업장은 직업능력이 낮은 장애인에게 직업적응능력 및 직무기능 향상훈련 등 직업재활훈련 프로그램을 제공하고, 보호가 가능한 조건에서 근로의 기회를 제공한다. 또한 이에 상응하는 노동의 대가로 임금을 지급하며, 장애인 근로사업장이나 그 밖의 경쟁적인 고용시장으로 옮겨갈 수 있도록 돕는 역할을 하는 시설이다.

장애인 근로사업장은 직업능력은 있으나, 이동 및 접근성이나 사회적 제약 등으로 취업이 어려운 장애인에게 근로의 기회를 제공하고, 최저임금 이상의 임금을 지급하며, 경쟁적인 고용시장으로 옮겨갈 수 있도록 돕는 역할을 하는 시설이다.

(4) 장애인 유료복지시설

장애인 유료복지시설은 장애인 생활시설로서 장애인에게 필요한 치료, 상담, 훈련 등 편의를 제공하고 모든 비용을 입소한 자로부터 수납하여 운영하는 시설이다.

(5) 장애인 생산품 판매시설

장애인 생산품의 판매활동 및 유통을 대행하고, 장애인 생산품이나 서비스 · 용

역에 관한 상담, 홍보, 판로개척 및 정보제공 등 마케팅을 지원하는 시설이다.

2) 사회복지사의 역할

장애인복지시설에서 일하는 사회복지사는 장애인과 가족에 대한 상담 및 자원과의 연계, 사례관리 등을 담당하게 된다. 특히, 장애인의 복합적 욕구를 충족시키기 위해 사례관리자로서 의료 · 교육 · 고용 · 주거 등의 서비스에 대한 욕구를 사정하고, 적절한 자원과 서비스를 연결시키며, 서비스 과정을 조정, 모니터, 평가하는 재활상담가의 역할이 중시되며, 다른 전문 인력들과의 협동이 강조된다. 또한 장애인의 인권보장과 사회통합을 위한 사회행동, 정책 및 프로그램 개발 등 보다 거시적인 차원에도 관여하게 된다.

5. 정신보건시설

1) 정신보건시설의 종류

정신보건사회복지는 정신질환의 치료라는 공동의 목표를 위하여 정신적 · 정서적 장애로 고통을 받는 클라이언트의 건강회복으로 사회적응에 기여하여, 정신건강을 촉진하는 지역사회 내에서 활동하고 봉사함으로써 사회기능을 향상시키는 데 목적을 둔다. 이러한 정신보건사회복지가 실천되는 현장인 정신보건시설은 정신질환의 예방과 정신질환자의 의료 및 사회복귀를 도모함으로써 국민의 정신건강증진에 기여하기 위한 시설로서, 정신보건센터 · 정신의료기관 · 정신질환자사회복귀시설 · 정신요양시설 등이 해당된다.

「정신보건법」 제3조(정의)

2. "정신보건시설"이라 함은 이 법에 의한 정신의료기관 · 정신질환자사회복귀시설 및 정신요양시설을 말한다.
3. "정신의료기관"이라 함은 의료법에 의한 의료기관 중 주로 정신질환자의 진료를 행할 목적으로 제12조제1항의 시설기준 등에 적합하게 설치된 병원(이하 "정신병원"이라 한다)과 의원 및 병원급 이상의 의료기관에 설치된 정신건강의학과를 말한다.
4. "정신질환자사회복귀시설"(이하 "社會復歸施設"이라 한다)이라 함은 이 법에 의하여 설치된 시설로서 정신질환자를 정신의료기관에 입원시키거나 정신요양시설에 입소시키지 아니하고 사회복귀촉진을 위한 훈련을 행하는 시설을 말한다.
5. "정신요양시설"이라 함은 이 법에 의하여 설치된 시설로서 정신의료기관에서 의뢰된 정신질환자와 만성정신질환자를 입소시켜 요양과 사회복귀촉진을 위한 훈련을 행하는 시설을 말한다.

구체적으로 정신보건시설은 다음과 같다.

(1) 정신보건센터

정신보건센터는 지역사회 내에서 정신질환자의 조기발견, 상담, 치료, 재활서비스 제공 및 사회복귀 촉진과 같은 지역사회중심의 치료 · 재활체계 구축에 있어서 무엇보다도 중추적인 역할을 담당하는 기관이다. 각 시 · 군 · 구에 설치된 정신보건센터에서는 지역사회 내 정신보건사업의 기획 및 자원조정뿐만 아니라, 정신질환자 발견, 등록, 진료의뢰, 정신질환 예방교육 등의 사업을 수행하고 있다. 또한 지역사회 내 아동 · 청소년 정신보건서비스 제공체계를 구축하기 위해 아동 · 청소년 정신건강서비스 요구도 조사, 부모 및 교사교육, 치료 · 재활 프로그램 운영 등을 실시하고 있다.

(2) 정신의료기관

정신의료기관은 의료법에 의한 의료기관 중 주로 정신질환자의 진료를 행할 목적으로 정신보건법의 시설기준 등에 적합하게 설치된 병원과 의원 및 병원급 이상의 의료기관에 설치된 정신건강의학과를 말하며, 급성정신질환자를 정신의료기관에 입원 또는 외래치료함으로써 재활 및 사회복귀를 도모하는 데 목적을 두게 된다.

(3) 정신질환자사회복귀시설

정신질환자사회복귀시설은 정신보건법에 의하여 설치된 시설로서, 정신질환자를 정신의료기관에 입원시키거나 정신요양시설에 입소시키지 아니하고 사회적응훈련, 작업훈련 등 사회복귀촉진을 위한 훈련을 행하는 시설을 말한다.

(4) 정신요양시설

정신요양시설은 정신보건법에 의하여 설치된 시설로서, 정신의료기관에서 의뢰된 정신질환자와 만성정신질환자를 입소시켜 요양과 사회복귀촉진을 위한 훈련을 행함으로써 이들의 삶의 질 향상 및 사회복귀를 도모하는 데 목적을 둔 시설이다.

2) 사회복지사의 역할

정신보건사회복지사는 치료팀의 일원으로 협동하여 클라이언트가 깊숙이 갖고 있는 갈등과 감정을 표현하도록 직·간접적으로 치료하는 동시에 클라이언트의 가족과 상면하여 신뢰할 수 있는 밀접한 인간관계를 통하여 그 가족이 질병에 대한 성질을 납득 또는 이해하여 클라이언트의 치료에 원만히 협력하도록 지도하며, 클라이언트의 질환과 관련이 있는 불건전한 상태에 있는 그 가족을 치료 하여 주위환경을 개선 · 유지시키는 역할을 담당하게 된다.

구체적으로 각 시설별로 정신보건사회복지사의 주요 역할을 살펴보면, 정신보건센터에서는 전통적 정신병원의 입원치료에서 다루지 못한 예방, 홍보, 사례관리, 재활서비스를 다루면서 집단이나 개인에게 직접적 서비스를 제공할 뿐만 아니라, 자문 · 지도 · 계획가로서 지역사회기관 간의 관계를 향상시키고 지역사회 자원의 활성화를 통해 주민의 정신건강 향상에 기여 하게 된다. 정신 병 · 의원, 낮 병원 등 정신의료기관에서 활동하는 정신보건사회복지사는 클라이언트의 입원 전 단계에서는 입원 시의 사정 및 평가, 심리사회적 사정 및 가정환경조사 및 평가 등의 업무를 담당하고, 입원 중에는 치료과정으로 개별상담, 가족치료상담, 가족교육, 집단치료상담, 재활서비스, 사회기술훈련, 지역사회 자원 동원과 자원조직, 자원봉사자 교육 및 자원동원 등의 원조활동을 한다. 또한 퇴원과정에서는 퇴원계획 및 재활계획 상담지도, 퇴원환자의 욕구사정과 사회적응상태 평가, 지역사회기관과의 의뢰와 연결, 퇴원환자의 사후지도를 위한 가정방문 등의 업무를 담당하게 된다.

한편, 정신질환자사회복귀시설에서는 재활상담, 사회기술훈련과 적응훈련, 일상생활과 대인관계훈련, 가족상담, 가정 방문 등의 업무를 담당한다. 정신요양시설에서는 심리 · 사회적 상담, 집단 프로그램의 개발 및 활용, 대인관계기술훈련, 일상생활교육과 훈련, 가족상담과 가정 방문지도, 지역사회자원동원과 후원자 결성, 직업훈련과 취업보도, 정신요양시설의 개방화 추진 및 지역주민의 참여기회 확충 등의 역할을 담당하게 된다.

6. 노숙인복지시설

1) 노숙인복지시설의 종류

노숙인복지시설은 노숙인 발생 예방 및 노숙인의 심신장애를 극복하여 정상적인 사회생활로 복귀할 수 있도록 신체적 · 심리적 치료와 재활기능을 담당하며,

실직 노숙인들에게 숙식서비스를 제공하여 생활안정 도모, 입소자들의 생활을 도와 취업의 기회를 제공하는 시설이다. 2011년 6월 「노숙인 등의 복지 및 자립지원에 관한 법률」(이하 노숙인복지법)이 공표됨에 따라 그동안 '부랑인 및 노숙인'으로 사용되던 용어를 '노숙인 등'으로 통일하고, 관련시설을 크게 노숙인복지시설과 노숙인종합지원센터로 구분하였다.

「노숙인복지법」 제16조(노숙인복지시설의 종류)

① 노숙인복지시설의 종류는 다음 각 호와 같다. 〈개정 2018. 12. 11.〉

1. 노숙인일시보호시설 : 노숙인 등에게 일시보호 및 복지서비스 연계 등을 제공하는 시설
2. 노숙인자활시설 : 노숙인 등의 자립을 지원하기 위하여 전문적인 직업상담·훈련 등의 복지서비스를 제공하는 시설
3. 노숙인재활시설 : 신체 및 정신장애 등으로 자립이 어려운 노숙인 등에게 치료 및 재활서비스를 제공하는 시설
4. 노숙인요양시설 : 건강상의 문제 등으로 단기간 내 가정 및 사회복귀가 어려운 노숙인 등에게 요양서비스를 제공하는 시설
5. 노숙인급식시설 : 제11조에 따른 급식시설
6. 노숙인진료시설 : 제12조에 따른 진료시설
7. 쪽방상담소 : 쪽방 밀집지역에서 쪽방거주자에 대한 상담·취업지원·생계지원, 그 밖의 행정지원 서비스를 제공하는 시설
8. 그 밖에 보건복지부령으로 정하는 시설

② 제1항에 따른 노숙인복지시설의 구체적인 사업내용 및 기준에 관하여 필요한 사항은 보건복지부령으로 정한다.

구체적으로 노숙인복지시설은 다음과 같다

『노숙인복지법』에 의하면, 노숙인복지시설로 일시보호시설, 자활시설, 재활시설, 요양시설, 급식시설, 진료시설 등을 설치할 수 있도록 하였다. 이 가운데 노숙인 쉼터에서 개편된 노숙인자활시설은 근로능력 및 의지가 있는 노숙인 등에 대한 자립지원(직업상담 · 훈련)을 담당하는 시설로 특성화되어 있으며, 기존의 부랑인시설은 치료 · 재활기능을 담당하는 노숙인재활시설로 특성화되었다.

2) 사회복지사의 역할

노숙인시설에서 일하는 사회복지사는 일차적으로 노숙인 발견 시 개인 초기상담에 기초하여 필요한 정보 제공 및 야간잠자리, 무료급식 제공과 같은 기초생활지원과 위기 노숙인에 거리상담 및 의료지원 등의 응급구호활동을 실시한다. 그리고 근본적으로 노숙인이 정상적이고 안정된 사회생활로 복귀할 수 있도록 심층상담 등을 통해 신체적 · 심리적 치료 서비스를 제공하며, 다양한 일자리 알선과 직업훈련 연계 등의 서비스를 제공하게 된다. 또한 노숙인의 상태나 요구를 파악하여 필요한 경우 병원이나 요양원, 쉼터 등의 생활보호시설이나 임대주택 등 적절한 사회복지시설이나 주거환경서비스와 연계시켜야 한다.

7. 사회복지관

1) 사회복지관의 개요

(1) 사회복지관의 정의

사회복지관은 지역사회를 기반으로 일정한 시설과 전문인력을 갖추고 지역주민의 참여와 협력을 통하여 지역사회복지문제를 예방하고 해결하기 위하여 종합적인 복지서비스를 제공하는 시설을 말한다. 여기서 지역사회복지란 주민의 복지증진과 삶의 질 향상을 위하여 지역사회 차원에서 전개하는 사회복지를 말한다.

「사회복지사업법」 34조의5(사회복지관의 설치 등)

① 제34조제1항과 제2항에 따른 시설 중 사회복지관은 지역사회의 특성과 지역주민의 복지욕구를 고려하여 서비스 제공 등 지역복지증진을 위한 사업을 실시할 수 있다.

② 사회복지관은 모든 지역주민을 대상으로 사회복지서비스를 실시하되, 다음 각 호의 지역주민에게 우선 제공하여야 한다.

1. 「국민기초생활 보장법」에 따른 수급자 및 차상위계층
2. 장애인, 노인, 한부모가족 및 다문화가족
3. 직업 및 취업 알선이 필요한 사람
4. 보호와 교육이 필요한 유아 · 아동 및 청소년
5. 그 밖에 사회복지관의 사회복지서비스를 우선 제공할 필요가 있다고 인정되는 사람

③ 그 밖에 사회복지관의 설치 · 운영 · 사업 등에 필요한 사항은 보건복지부령으로 정한다.

(2) 사회복지관의 목표

사회복지관은 사회복지서비스 욕구를 가지고 있는 모든 지역사회주민을 대상으로 보호서비스, 재가복지서비스, 자립능력 배양을 위한 교육훈련 등 그들이 필요로 하는 복지서비스를 제공하고, 가족기능 강화 및 주민상호 간 연대감 조성을 통한 각종 지역사회문제를 예방 · 치료하는 종합적인 복지서비스 전달기구로서 지역사회 주민의 복지증진을 위한 중심적 역할을 수행하여야 한다.

(3) 기본 원칙

사회복지관이 행하는 사회복지사업은 인도주의와 서비스를 필요로 하는 자의 존엄유지를 전제로, 다음 각 호의 기본 원칙에 따라 수행되어야 한다.

① 지역성의 원칙

사회복지관은 지역사회의 특성과 지역주민의 문제나 욕구를 신속하게 파악하여 사업계획 수립시 반영하여 지역사회의 문제를 해결하고, 이에 따른 서비스를 제공하여야 하며, 지역주민의 적극적 참여를 유도하여 주민의 능동적 역할과 책임의식을 조장하여야 한다.

② 전문성의 원칙

사회복지관은 다양한 지역사회문제에 대처하기 위해 일반적 프로그램과 특정한 문제를 해결할 수 있는 전문적 프로그램이 병행될 수 있도록 지식과 기술을 보유한 전문인력이 사업을 수행하도록 하고, 이들 인력에 대한 지속적인 재교육 등을 통해 전문성을 증진토록 하여야 한다.

③ 책임성의 원칙

사회복지관은 서비스 이용자의 욕구를 충족하고 지역사회문제를 해결함에 있어서 효과성을 극대화하기 위하여 최선의 노력을 기울여야 한다.

④ 자율성의 원칙

사회복지관은 다양한 복지서비스를 효율적으로 제공하기 위하여 사회복지관의 능력과 전문성이 최대한 발휘될 수 있도록 자율적으로 운영하여야 한다.

⑤ 통합성의 원칙

사회복지관은 사업을 수행함에 있어 지역 내 공공 및 민간복지기관간에 연계성과 통합성을 강화시켜 지역사회복지 체계를 효율적이고 효과적으로 운영되도록 하여야 한다.

⑥ 자원활용의 원칙

사회복지관은 주민욕구의 다양성에 따라 다양한 기능인력과 재원을 필요로 하므로, 지역사회내의 복지자원을 최대한 동원 · 활용하여야 한다.

⑦ 중립성의 원칙

사회복지관은 정치활동, 영리활동, 특정 종교활동 등에 이용되지 않게 중립성이 유지되어야 한다.

⑧ 투명성의 원칙

사회복지관은 자원을 효율적으로 이용하고 운영과정의 투명성을 유지하여야 한다.

(4) 사회복지관 사업내용

사회복지관은 지역사회의 특성과 지역주민의 복지욕구에 대한 조사결과를 바탕으로 사업내용을 자율적으로 결정하되, 아래 분야별 단위사업 중에서 해당 사회복지관의 실정에 적합한 프로그램을 선정하여 수행한다. 다만, 우선사업대상자들을 위해 8개 이상의 프로그램을 선정하여 수행하되, 우선사업으로 지정된 프로그램 중에서 분야별로 각 1개 이상을 포함하여야 한다. 이 경우 관할 시장 · 군수 · 구청장이 지역적 특성을 감안하여 특히 필요하다고 인정한 때에는 사업분야 및 단위사업을 조정하거나 별도의 사업을 개발 · 추진할 수 있다.

2) 사회복지사의 역할

지역사회복지관에서 일하는 사회복지사는 지역사회의 통합적 개인을 위해 개인, 집단, 지역사회, 전문가 집단까지 개입수준을 확대하며 다음과 같이 다양한 역할수행을 하게 된다.

(1) 조력자, 중개자의 역할

자원과 의사결정과정에 참여하는 기술이 부족한 취약계층을 옹호하는 가치를 가지고, 저소득층과 소외된 사람들의 삶의 질을 향상시키기 위한 기술을 개발하고, 자원을 재조직화 하는 전술을 습득하여 다른 조직체와 연대하는 방안들을 생각해야 한다. 지역사회 내 개인이나 가족을 대상으로 직접적인 서비스 제공, 혹은 연결 및 교육하는 역할을 하게 된다.

구체적으로 국민기초생활보장 대상자의 상담 및 사후관리, 청소년 문제 예방 및 치료를 위한 청소년 상담 및 집단 프로그램, 방과 후 지역아동센터, 노인무료 급식 및 목욕서비스, 재가장애인서비스, 저소득층 필요물품이나 후원금 전달, 지역 내 타 기관과의 연계를 통해 서비스 지원 등이 해당된다.

(2) 촉진자, 중재자, 훈련가의 역할

프로그램의 효율적 운영과 관리를 위한 방안이나 운영구조 개선 등을 통해 조직의 기능을 활성화시키는 촉진자의 역할과 지역 내 기관들 간의 연계와 공동사업을 통해 지역복지네트워크를 발전시키는 중재자의 역할을 수행할 수 있다. 또한 서비스의 질을 향상시키기 위한 직원교육과 슈퍼비전, 자원봉사자 교육과 같은 기관 내 인적 자원의 개발과 관리를 위한 훈련가로서의 역할을 수행한다.

(3) 지역사회 차원에서의 역할

지역사회개발이나 지역문제 해결을 위한 주민참여와 공동체 의식을 증대시키기 위한 계획가와 현장개입가로서의 역할과 지역 내 특정 또는 소수집단의 이익을 대변하고, 이들이 당하는 불이익과 불합리한 제도의 문제점을 개선하기 위한 사회행동과 지역사회 인식을 개선하기 위한 역할을 수행한다.

(4) 전문가 차원에서의 역할

복지관협회, 사회복지사협회와 같은 전문가 조직의 활동을 통해 정보 공유, 전문직 발전을 위한 다양한 활동에 참여하며, 지역 내 다른 복지기관들과의 협력을 통해 지역복지의 방향 설정, 효과적인 전달체계로의 변화를 위한 촉매자로서의 역할을 수행한다.

지역사회욕구조사, 단일사례연구 등 다양한 조사방법의 활용과 지역사회 프로그램의 개발과 평가를 위한 연구를 실시하여, 전문가로서 자기개발과 사회복지 실무에 대한 지식과 기술을 발전시키기 위한 연구자, 조사자의 역할을 수행한다.

PART

IV

사회복지현장실습의 실제

Chapter 10. 사회복지현장실습의 과정

Chapter 11. 사회복지현장실습의 평가

Chapter 10

사회복지현장실습의 과정

학습목표

1. 실습에 대한 주의점 숙지
2. 실습과정의 이해
3. 제출서류 작성법

학습내용

1. 실습교육의 목표
2. 사회복지현장실습의 체계
3. 사회복지현장실습의 단계
4. 사회복지현장실습의 양식
5. 실습생의 주의사항

개 요

사회복지현장실습은 사회복지의 교육과 훈련에 적합한 사회복지 실무 현장에 실습생을 배치하여 실제 사회복지실천현장에서 교육 훈련받는 방법을 취하게 된다. 실습생은 사회복지실천현장에서 이루어지고 있는 사회복지서비스의 계획과 실행을 경험하게 되고, 아울러 실습기관의 실습지도와 학교실습지도교수의 실습지도를 받게 된다. 여기에서는 실습과정을 학습하고자 한다.

Chapter 10
사회복지현장실습의 과정

사회복지현장실습은 사회복지, 사회복지 관련 전공 및 부전공 실습생을 위한 사회복지 2급 자격증과정 필수교과목의 하나이며, 전공자에게는 전공필수에 속한다. 또한 실습생들이 사회복지기관 현장에서 실제로 실습교육을 받는 것이다.

사회복지현장실습은 사회복지의 교육과 훈련에 적합한 사회복지 실무현장에 실습생을 배치하여 실제 사회복지실천현장에서 교육 훈련받는 방법을 취하게 된다. 실습생은 사회복지실천현장에서 이루어지고 있는 사회복지서비스의 계획과 실행을 경험하게 되고, 아울러 실습기관의 실습지도와 학교실습지도교수의 실습지도를 받게 된다.

교육기관(학교) 주관의 사회복지현장실습은 학교에서 현장실습과목(social work practicum)으로 인정하여 3학점으로 규정한바, 현장실습 160시간과 강의 1회 2시간 15회를 병행하도록 하고 있다(사회복지법 시행규칙 제3조, 시행일 2019.10.1.). 따라서, '사회복지현장실습' 과목은 실습과 더불어 학교실습세미나 역시 15회 30시간을 반드시 이수하여야 한다. 현장실습만을 이수할 경우, 추후 강의부족을 이유로 자격증 신청 시 불이익을 받을 수 있다.

1. 실습교육의 목표

사회복지 실습교육의 목적은 사회사업에 대한 이해와 지식을 함양시켜 전문직으로서의 사회복지사에 대한 정체성(identity)과 자아인식을 갖게 하며, 실무경험을 터득하게 함으로써 경험적 학습을 시켜 사회복지의 지식과 태도, 기술을 통합시킨다는 것이다. 다시 말해서 사회복지전문직으로서 갖추어야 할 지식, 기술, 그리고 가치관은 사회복지 전문성의 공통기반이며, 실습을 통한 실천과정 속에서 전문가로서 이들을 통합하는 것이 실습의 목적이다.

그러므로 실습교육은 실습을 통해 사회복지 실천현장에서 요구되는 실천적 지식을 습득하고, 사회복지사로서 올바른 태도와 전문적인 기술을 개발하는 데 그 목표가 있다. 이러한 실습교육의 목표를 기반으로 실습생이 실습을 통하여 습득해야 할 것을 지식, 기술, 가치의 3대 축으로 나누어 학습 목표를 정리하면 다음과 같다.

1) 지식의 목표

① 인간과 환경 간의 공식, 비공식 체계 간의 상호관련성을 이해한다.
② 클라이언트에 대한 보다 포괄적이고 실제적인 이해를 갖는다.
③ 클라이언트체계와 다양한 변수들(즉 생물, 심리, 사회적 특성, 문화 차이 등)과의 상호관련성을 이해한다.
④ 클라이언트체계에 양향을 미치는 요소들에 대해 이해한다. 예를 들어, 빈곤, 차별, 연령, 생활방식, 장애, 성 등을 이해한다.
⑤ 생태학적 체계의 영향, 기존의 전달체계의 기능과 역기능들, 보다 효과적인 원조를 위해 현재의 클라이언트체계와 전달체계를 어떻게 변화, 개선할 수 있을지에 대해 이야기한다.
⑥ 이러한 체계에 대한 서비스를 제공하는 기관의 기능과 구조에 대해 이해하고, 효과적으로 개입할 수 있는 직접적인 실천방법으로 원조과정의 기본적인 원칙을 이해한다.
⑦ 사회복지실천을 평가하는 방법을 이해한다. 즉, 문제해결 과정, 특정 전문 실천분야에서 활용하는 개입방법과 결과에 대해 평가하는 방법을 이해한다.
⑧ 체계적인 관점에서 사회복지사의 역할, 지역사회 내에서의 사회복지기관과

의 관계를 이해한다.

⑨ 다양한 사회복지 실천분야에 대한 사회복지정책 · 행정과의 관계, 역동성을 이해한다.

⑩ 전문사회복지사로서의 철학, 가치, 목적, 윤리와 실습생 자신의 개인적인 가치와의 관계를 이해한다.

⑪ 인접 학문과 상호관련성을 이해한다.

2) 전문적 기술개발의 목표

① 체계적인 관점으로 핵심문제를 구성할 수 있어야 한다. 또한 그 문제에 영향을 받거나 포함될 수 있는 관련 문제 혹은 하위 문제들을 확인하고, 문제에 대한 초기 사정에 필요한 정보를 획득하는 기술이 필요하다.

② 획득한 정보와 자료를 조직화하고, 환경요인의 영향을 평가하고, 문제와 관련된 사회정책 및 프로그램들을 평가하는 기술을 개발한다.

③ 문제 상황에서 클라이언트의 내적 요인과 대인관계 요인들이 미치는 영향에 대해 인식하고 이를 명확히 할 수 있는 기술을 개발한다.

④ 클라이언트가 자신의 문제와 욕구를 인식할 수 있도록 돕는다.

⑤ 클라이언트의 능력과 동기를 파악하고 문제와 관련된 기관 정책, 그 외 다른 자원들을 이해하고, 이와 연관하여 현실적인 개입목표와 문제 해결방법을 설정할 수 있도록 한다.

⑥ 문제해결을 위해 타 전문직과 기관의 자원을 활용할 수 있도록 한다. 이때 이들이 클라이언트 문제해결에 적절히 도움을 줄 수 있도록 이들을 동기화하는 기술이 필요하다.

⑦ 문제해결 과정에서 요구되는 다양한 의사소통기법들을 활용할 수 있어야 한다.

⑧ 지역사회에서 이용 가능한 자원들을 개발하고, 클라이언트의 욕구와 능력에 따라서, 이들 자원과 연결할 수 있는 연결자, 중재자로서의 기술을 습득해야

한다. 또한 필요시 클라이언트를 공식, 비공식으로 타 기관에 의뢰할 수 있어야 한다.

⑨ 종결과정에 포함되는 사회복지사, 클라이언트, 기관의 과업과 역할을 실행할 수 있어야 한다.

⑩ 업무량을 적절히 관리하고, 사회사업 기록(전문적인 기록)을 유지 · 보관하며, 전문적인 의견이 반영된 보고서를 작성, 다른 전문직들과 협조하는 기술을 갖추어야 한다.

⑪ 클라이언트와 원조관계를 맺음에 있어서 의도적으로 실습생 자신을 활용하여 개입의 효과성을 평가할 수 있어야 한다.

⑫ 기관의 구조를 이해하고 적절히 기능하며, 이용 가능한 기관 서비스의 장 · 단점을 인지하여 필요시 서비스 개선방안을 모색할 수 있어야 한다.

⑬ 거시적인 관점에서 문제를 해결하기 위해 정부의 정책과 서비스를 알아야 한다. 또한 전문직의 가치 기준에 근거하여 이들 정책과 프로그램의 효과를 판단하는 지식을 갖추어야 한다.

⑭ 클라이언트의 가치를 침해하지 않으면서 효과적으로 서비스를 제공하는 기술을 개발한다.

⑮ 여러 가지 이유들로 인해 도움을 요청하지 못하는 잠재적인 클라이언트에게 전문적으로 접근할 수 있는 방안을 개발할 필요가 있다.

3) 전문직으로서의 가치적 목표

① 클라이언트의 최선의 이익을 위해 원조하는 태도를 기른다. 이는 실습생 자신의 능력에 적합하면서 클라이언트의 문제해결에 필요한 모든 방법을 동원함을 의미한다.

② 클라이언트에 대한 실습생 자신의 감정과 태도를 인식하고 전문직으로서 책임성 있는 태도를 기른다. 이는 특히 실습생과는 다른 삶의 방식과 배경, 가치를 갖고 있는 클라이언트를 원조하는 데 더 크게 요구된다.

③ 거시적인 관점에서 문제를 파악하는 태도가 요구된다. 이러한 태도는 보다 큰 사회체계 수준에서 발생하는 쟁점과 문제들을 평가할 수 있는 태도를 의미한다.

④ 사회복지실천의 과학적인 방법을 인식한다.

⑤ 직접 서비스를 제공하는 데 요구되는 지식을 습득하는 책임성 있는 태도를 기른다.

⑥ 동료(타 학교 실습생, 기관 실무자, 슈퍼바이저 등)의 제안에 경청하고, 이에 적절히 반응하여 책임 있게 수행하는 태도를 기른다.

⑦ 끊임없이 학습할 수 있는 태도가 요구된다. 이는 전문가로서 성장하는 책임 있는 자세다.

2. 사회복지현장실습의 체계

현장실습과정은 다음과 같다.

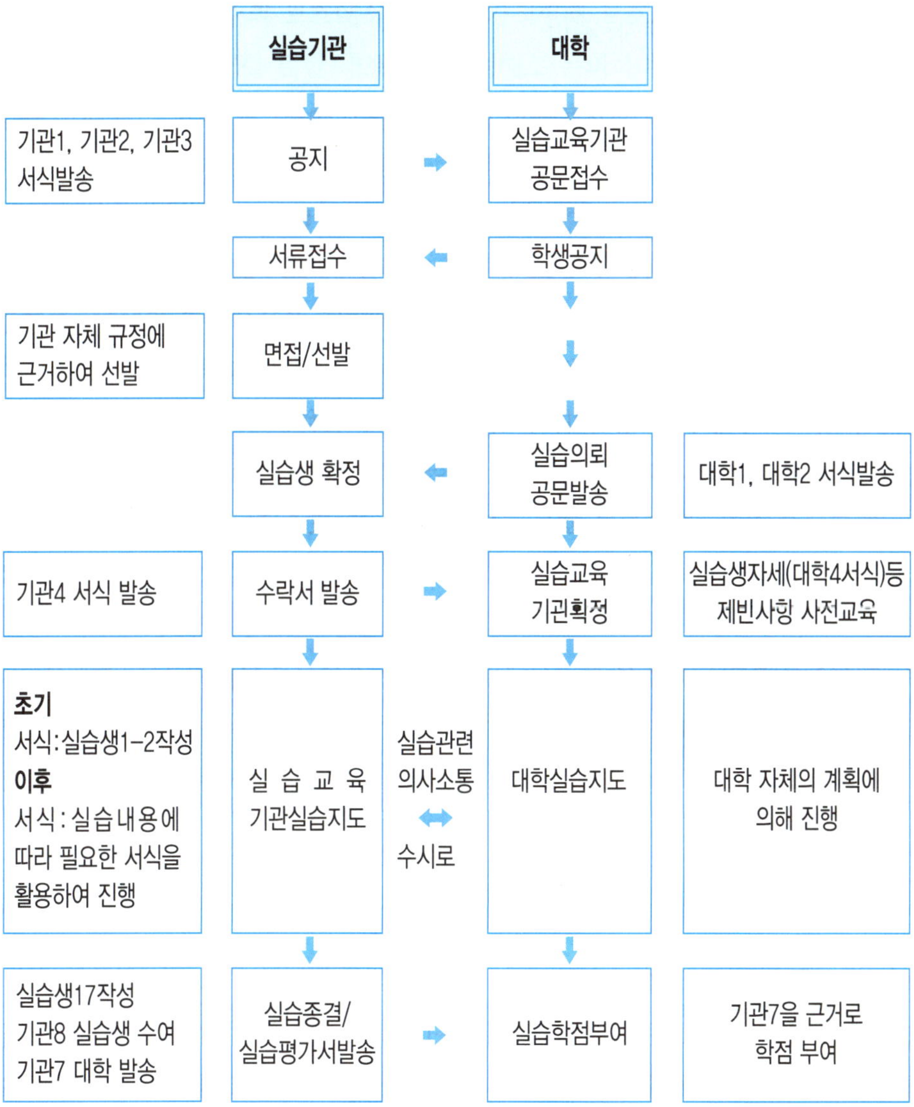

* 각 번호는 부록(표준실습교육 매뉴얼) 관련 참조

[그림 10-1] 현장실습과정도

실습기관 배치 및 신청과정은 다음과 같다.

단계	내용
1. 실습기관 선정을 위한 사전준비	• 자원봉사 등을 통해 자신의 관심분야 및 희망 실습지 탐색 • 교수, 담당조교, 선배들로부터 적합한 실습기관에 대해 사전 정보 취합
2. 실습생대상 실습수행 희망여부 확인	• 실습담당조교가 실습희망자 조사
3. 실습기관 선정(1차)	• 실습생들이 자신의 관심분야 및 욕구에 따라 실습희망기관을 선정
4. 학교의 실습의뢰 공문 발송	• 실습생들의 실습희망기관에 해당실습생 실습 의뢰 공문 발송
5. 기관의 실습교육 승인 통보	• 해당기관에서 실습수락 여부를 학교에 통보
6. 실습기관 확정	• 실습생별 확정된 실습기관 확인 • 사전방문 위해 기관슈퍼바이저와 접촉
7. 실습생들의 실습예정기관 사전 방문: 기관라운딩 및 기관 슈퍼바이저 사전면담	• 현장실습 바인더 준비: 실습신청서, 실습생 프로파일, 자기소개서, 이력서 등
8. 실습 수행	• 확정된 실습기관에서 실습 시작

[그림 10-2] 실습기관 배치 및 신청과정

3. 사회복지현장실습의 단계

1) 실습준비 단계

① 실습시설 탐색 및 선정

② 중앙 및 지방 자치단체에 등록된 사회복지시설일 것

③ 슈퍼바이저의 사회복지사 자격증 소지 여부 확인

④ 실습시설로부터 구두 허락 받기

④ 학과 조교에게 '실습신청서' 작성 제출

⑤ 실습시설에 원하면 '실습의뢰서' 발송을 학교에 요청

⑥ 학과 조교 선생은 '실습의뢰서' 및 '실습생 프로파일'을 실습시설로 우편 또는 팩스 발송함.

⑦ 학과 조교는 실습시설로부터 실습이 가능함을 최종 확인하여야 함.

2) 실습진행 단계

① 실습 첫날 실습시설에 제출 서류 : 실습생 프로파일, 실습생 서약서, 실습비 납부

② 시설 오리엔테이션 후 실습 지도자의 계획에 따라 실습에 임함 : 실습 지도자는 실습생과 협의하여 실습지도계획서를 작성하여 진행함.

③ 실습일지 작성 : 실습 내용을 꼼꼼하게 기록, 총 시간이 160시간 이상 확보되어야 함.

④ 클라이언트 면접, 사례관리, 그룹워크, 지역사회조직 프로그램 등에 참여

⑤ 슈퍼바이저의 방문 시 실습중간평가서 작성

3) 실습종결 단계

① 실습생은 실습결과평가서를 작성함.
② 실습시설장은 실습평가서에 실습생의 평가점수 기록, 사회복지현장실습확인서(첨부 : 아동복지시설신고증, 법인설립허가증, 고유번호증, 사회복지사자격증) 작성 및 날인 후 우편이나 실습생 편으로 대학교에 제출함.
③ 실습생은 슈퍼바이저에게 총 3가지 서류 제출

4) 사후관리 단계

① 1학기 또는 2학기 사회복지현장실습 교과목 시간에 출석
② 실습 조별 또는 개인이 교내 실습발표회 자료 준비
③ 실습발표회 개최
④ 사회복지사 자격증(2급) 발급 신청 및 수령 : 학교 졸업 후 졸업증명서(학점은행제 이수자의 경우, 국가평생교육진흥원 학위증명서), 성적증명서(학점은행제 이수자의 경우, 국가평생교육진흥원 성적증명서), 사회복지현장실습확인서 원본 및 수수료를 개인이 거주하는 지역의 사회복지사협회로 발송하며, 차후 사회복지사 2급 자격증을 우편으로 수령함.

4. 사회복지현장실습의 양식

다음 양식은 한국사회복지교육협의회에서 제시한 표준양식을 기본으로 학교와 지역, 그리고 현장의 특성에 맞게 일부 변경한 것이다. 또한 일부 양식은 많이 쓰이지 않아 생략하였는데, 실습시설에서 다양한 활동을 하였다면, 그 내용을 기록하여 첨부하도록 한다. 현재 대부분의 각급 교육기관은 학교 홈피에 실습양식을 게재하고 있다. 따라서, 교육기관(학교)의 규정에 따라, 양식은 변동이 있을 수 있다.

1) 실습생이 학교 측(학과 실습지도교수)에 제출할 서류

- 실습신청서 : 이 신청서에 의해 사회복지현장실습의뢰서가 작성되어 현장실습처로 통보됨.

2) 대학에서 사회복지 현장실습시설로 발송하는 서류

① 사회복지현장실습의뢰서 : 실습시설과 구두 합의 시 발송할 필요 없음.
② 실습생 프로파일을 첨부하여 발송함.

3) 실습생이 사회복지시설에 제출하는 양식

① 실습생 프로파일 : 현장실습의뢰서에 첨부하여 발송된 경우는 필요 없음.
② 실습생서약서
③ 실습비
④ 기타 실습기관에서 요청하는 서류(실습기관에 따라 실습생증, 주민등록등본, 주민등록증 등을 요청할 수 있다.).

4) 실습시설에서 작성하는 양식

- 실습지도계획서 : 슈퍼바이저가 실습생과 협의하여 작성하며, 이 계획에 따라 실습이 이루어짐.

5) 실습생이 작성하는 서류

- 일부 내용은 진행되었을 경우에 작성함(단, 학교규정 양식 추가 가능).

① 실습생출석부
② 실습일지(총 120시간 이상 달성)
③ 실습기관분석보고서
④ 사례관리계획서, 사례관리진행일지, 사례관리종결기록서
⑤ 집단지도계획서(소집단용), 집단과정일지, 집단의 개별회원분석표, 집단종결기록서
⑥ 프로그램계획서(대집단 및 지역사회복지), 프로그램평가서
⑦ 사회복지정책분석보고서
⑧ 사회행동, 옹호활동보고서
⑨ 사회복지기관(사업)홍보기획서
⑩ 개별면접일지
⑪ 가족상담기록서
⑫ 사회조사계획서, 사회조사진행일지, 사회조사분석평가서
⑬ 기관방문분석보고서, 지역탐방보고서
⑭ 실습중간평가서
⑮ 실습평가서(실습 종료 후 실습생이 작성)

6) 실습시설에서 날인 후 학교로 보내는 평가서

– 실습생 편으로 발송 가능함.

(1) 실습평가서(실습시설에서 작성하는 평가서)
(2) 사회복지현장실습확인서
(3) 사회복지현장실습일지

5. 실습생의 주의사항

1) 실습생의 지각 및 결석

성실성은 실습생이 지녀야 할 가장 중요한 덕목 중 하나이다. 질병이나 가족의 사고, 사망 등으로 부득이하게 지각이나 결석을 하게 될 때에는 기관의 슈퍼바이저에게 반드시 연락하고, 결석으로 인한 업무공백은 반드시 보충하도록 한다.

2) 실습업무량

과다 업무나 부족한 업무는 실습생의 의욕과 동기를 저해하는 요인이다. 실습기간 동안 업무가 지나치게 많거나 부족할 경우, 이에 대해 슈퍼바이저와 논의하고, 이후에도 개선이 되지 않으면 학교실습지도교수에게 보고한다.

3) 실습생의 업무내용

이상적인 실습은 실습생이 예비사회복지사로서 실습기관의 업무를 있는 그대로 경험하고 클라이언트에게 직접 서비스를 제공해 보는 것이다. 그럼에도 불구하고, 기관의 여건상 실습기간 내내 직접 서비스보다는 교육만 실시하거나 부족한 일손을 메우기 위한 보조인력 수준의 업무수행만이 진행되는 경우도 있다. 실습생은 실습내용과 관련된 문제를 해결하기 위해 먼저 슈퍼바이저와 논의한 뒤, 개선되지 않을 경우 학교실습지도교수에게 보고한다.

4) 적절한 실습지도의 부재

기관의 슈퍼바이저는 현장실습기간 동안 실습생에게 슈퍼비전을 제공할 책임과 권한이 있다. 그러나 슈퍼바이저의 업무과다나 실습에 대한 관심 부족 혹은 개인적 사정 등으로 인하여, 실습생에 대한 슈퍼비전이 불성실하게 이루어지는 경우가 종종 있다. 슈퍼바이저가 부재 시에는 관련 직원이 실습지도를 대체할 수 있어야 한다. 슈퍼바이저의 불성실이나 무관심으로 인해 실습지도가 이루어지지 않을 경우, 실습생은 슈퍼바이저에게 정기적인 슈퍼비전을 요청할 수 있고, 그래도 시정이 되지 않으면 학교실습지도교수에게 보고한다. 또한 실습기관에서 적절한 실습 슈퍼비전을 기대할 수 없을 경우, 학교실습지도교수는 해당 실습생에 대한 실습지도를 강화한다.

5) 실습기관의 변경

현장실습은 학교와 산업체인 기관 간의 계약으로 이루어지므로 실습기관 변경은 매우 드물게 발생한다. 그럼에도 불구하고, 실습기관 및 슈퍼바이저의 문제 또는 실습생 개인의 문제 등으로 인하여 더 이상 해당기관에서 실습을 수행하기 어려울 경우가 있다. 이때 슈퍼바이저나 실습생은 먼저 실습지도교수에게 이 상황을 보고해야 하며, 지도교수는 실습기관, 슈퍼바이저, 해당 실습생 등과 조정을 위한 노력을 한 뒤, 그래도 개선이 어려울 경우에는 기관에 충분히 양해를 구하고 해당 실습생을 다른 실습기관에 배치하도록 한다.

6) 현장에서의 갈등상황과 대처방법

사회복지실천은 인간을 대상으로 하기 때문에 실습생은 실습지에서 가치갈등을 경험할 수 있다. 예를 들어, 재가복지 대상자인 클라이언트가 기관에서 보내준 후원물품을 이웃에게 매매하고 그 돈으로 술을 마신다는 것을 알게 되었을 때, 집에서 치매증상이 있는 어머니를 돌보고 있는 클라이언트가 어머니가 혼자 외출하는 것을 막기 위해 방문을 밖에서 걸어 잠그고 출근한다는 것을 알게 되었을 때에 실습생은 가치갈등을 겪을 수 있다. 실습생들은 위와 같은 갈등상황들에 직면했을 때, 사회복지 실천윤리에 기반을 둔 결정을 내릴 수 있어야 한다. 이를 위해 슈퍼바이저나 실습지도교수의 적절한 슈퍼비전이 필요하다.

7) 실습생의 개인정보 노출 문제

클라이언트가 실습생의 학력이나 나이, 결혼여부 등 개인정보에 대해 질문하는 경우가 있는데, 그 이유는 다양하다. 실습생과 더 친밀해지고 싶어 개인적인 관심을 갖는 경우도 있을 수 있고, 실습생이 과연 자신을 도울 수 있는 사람인지를 파악하기 위해 사적인 정보를 요구할 때도 있다. 이와 같은 상황에서 실습생의 지나친 방어적 태도는 클라이언트와의 관계형성에 별 도움이 되지 않는다. 만약 클라이언트가 실습생의 미숙함이나 경험 부족을 우려하고 있다면 클라이언트의 불안에 대해 충분히 공감하며, 자신이 어떻게 노력할 것인지를 구체적으로 설명하는 것이 좋다. 만약 클라이언트가 실습생에 대해 사적인 친밀감을 요구한다면, 실습생과 클라이언트 간의 관계는 전문적인 관계로 제한되어 있음을 알려 준다.

기관에 따라 실습생의 휴대폰번호나 e-메일의 공개 여부에 대한 지침이 다르므로, 이에 대해 확인한 후 적절히 행동한다.

8) 실습생 개인의 안전

사회복지서비스를 수행함에 있어 무엇보다 우선시 되어야 하는 것은 실습생의 안전이며, 안전한 환경이 보장되어야 한다. 기관 내에서 뿐만 아니라, 기관 밖에서의 업무에서도 안전을 보장할 수 있어야 한다. 일부 기관에서는 운전이 미숙한 실습생에게 외출 시 운전을 맡기는 경우가 있는데, 이에 대한 점검이 필요하다. 가정방문 시 실습생 2명이 함께한다거나, 난폭한 클라이언트의 행동에 대해 실습생 혼자만 감당하게 하지 않는다거나, 보안벨을 준비하여 유사시에 벨을 눌러 도움을 청할 수 있게 하는 등 기관은 정책적으로 안전보장지침을 마련해야 한다. 기관에서는 실습생을 위한 상해보험을 마련할 필요가 있다.

9) 성희롱 문제

최근 직장이나 학교 내 성희롱 문제에 대한 관심이 증가하고 있다. 특히, 상사와 부하직원, 교수와 실습생, 슈퍼바이저나 직원과 실습생, 직원과 클라이언트 등 불평등한 관계를 이용한 성희롱이 문제시되기 때문에, 실습생은 직장 내 성희롱 대응절차에 대해 정확히 숙지할 필요가 있다. 실습생은 슈퍼바이저를 비롯한 기관의 직원들, 또한 클라이언트와 윤리적이고 전문적인 관계를 유지하며, 슈퍼바이저도 윤리적 원칙을 반드시 지켜야 한다. 실습기관에서 성희롱 문제가 발생할 경우, 실습생은 이를 학교실습지도교수에게 즉시 보고하고 대처방안을 함께 모색하도록 한다.

10) 실습기관이나 슈퍼바이저의 비윤리적 행위

현장실습을 통해 실습생은 사회복지사로서의 역할과 업무, 실천현장을 이해하게 된다. 실습은 질 높은 예비사회복지사를 양성하는 목적이 있으므로 실습기관이나 슈퍼바이저는 모범이 되어야 한다. 그럼에도 불구하고, 실습생이 실습기관이나 슈퍼바이저의 비윤리적인 행위를 목격하거나 발견하였을 때에는, 실습지도교수에게 보고하고, 이에 대한 대처방안을 지도받는다.

11) 실습생 자신의 정서적 문제

실습생들 중 일부는 실습에 적응하기 위해 지나치게 신경을 쓰거나 과도한 스트레스를 받는 경우가 있다. 또는 미해결된 개인적 문제나 정신적인 어려움으로 실습지에서의 적응이 힘들 때도 있다. 이때에는 자신의 정서적 어려움에 대해 전문상담을 받거나 실습담당교수에게 보고하여 적절한 도움을 받는다.

Chapter 11

사회복지현장실습의 평가

학습목표

1. 각 실습기관에 대한 실습 사례연구
2. 문제점 토론
3. 실습생 자신의 과제 작성

학습내용

1. 사회복지현장실습의 검토
2. 사회복지현장실습의 문제점과 사례연구
3. 사회복지현장실습의 과제

개 요

사회복지현장에 대한 평가는 냉정하고 객관적으로 이루어져야 하며, 특히 실습생 자신에 대한 자기비판이 있어야 한다. 실습에 대한 평가는 실습 주체인 실습생이 능동적으로 참여할 때만 가능하다. 여기에서는 사회복지현장실습의 평가를 학습하고자 한다.

Chapter 11
사회복지현장실습의 평가

1. 사회복지현장실습의 검토

대부분 실습기관별 연합으로 구성하여 실습생을 모집하는 데, 각 학교로 공문을 발송하여 일괄적으로 면접을 받아 실시하는 사례도 있다. 기관별 5~7명씩 받아 사회복지사들의 연합으로 강의 내용을 구성하고 특강을 듣도록 하며, 소위 정예화된 실습을 하는 사례도 있다.

하나의 기관이 아니라, 4개의 기관이 연합하여 실습생에 대한 기본 교육, 실습 내용을 과제부여와 더불어 역할과 책임을 부과하여 실습의 효율화를 꾀하며, 특이사항으로 공동적으로 필요한 주제, 예를 들어 직무를 위한 매너, 사회복지사의 리더십, 사회복지현장의 사무관리, 사회복지재무회계의 원리, 프로그램작성법, 프로포절 작성하기, 사회복지에서의 컴퓨터프로그램 활용, 조직의 자원개발, 기관의 신입사원 역량 강화 및 시설안전관리 등을 집중적으로 강의하며, 폭넓은 지식과 소양을 갖추도록 하고 있다. 또한 현장체험을 병행하여 다양한 기관의 이해를 도모한 기관들이 있다.

이는 기관들이 연합하여 실제상으로 기관의 편의 발상일 수도 있고, 업무 유형별 업무별, 클라이언트의 대상별로 나누어 심도 있게 교육하기 위한 발상일 수도 있다. 이렇게 되면 실습을 지도하는 사회복지사와 실습생 간의 유기적인 인간관계 함양에 미약할 수도 있고, 기관별로 특성에 따른 체험형 실습이 되기 어렵다는 단점도 있다. 한 기관에 머물며 그 기관의 독특한 내용을 모두 체험하면서 클라이언트와의 접근 방법을 시도하여 깊게 사회복지사의 도움을 받아 행하는 방법도 바람직하다.

2. 사회복지현장실습의 문제점과 사례연구

사회복지시설의 유형, 실습의 종류, 프로그램 진행의 장단, 시설현장의 물리적 환경, 기관장의 복지적 관점에 따라, 근무하는 사회복지사의 자질, 기관의 네트워크 상황 등에 따라서 노출되는 문제점은 다르게 나타날 수 있다.

학기 중 실습은 대부분 주당 1회씩 방문하여 운영되는 실습이기 때문에 주말 단위 프로그램의 경우에는 실제상 핵심적 내용에 관여하지 못하고 주변만 보는 경우여서 프로그램의 진정한 내용을 제대로 알지 못한다. 그러나 방학 중 실습은 프로그램의 연속적 과정 속에서 운영됨을 보기 때문에 프로그램에 참여하여 좋은 점과 나쁜 점을 찾을 수 있다.

한편, 근무지 실습의 경우에는 근무지에서 실습생이 속해 있는 시설에서 업무를 바꾸어 실습하도록 하는 형태이다. 근무지 실습의 경우, 종합사회복지관, 사회복지시설, 동사무소(사회복지전문요원) 및 병원 등은 실습기관으로 적합하다. 이런 기관들은 실습생에게 허용되기 어려운 핵심 정보에 접근할 수 있는 장점과, 프로그램의 기획 및 실천 등에 대한 권한을 가지고 있어서, 본인의 의욕에 따라 좋은 프로젝트를 시도해 볼 수 있는 장점이 있다. 그러나 이 방법은 학업에 열의가 없을 경우, 형식적인 실습이 될 수 있고, 다른 실습생들과의 형평성이 문제가 될 수 있다.

유치원과 같은 사회복지 관련 기관에서 실습을 하는 경우, 실습내용이 한쪽으로 치우치거나 사회복지 원리와 이념에서 다소 벗어나는 등의 한계성이 있다. 또한 실습담당자가 편견을 가지고 접근하는 경우, 실습내용뿐만 아니라, 현장에서 클라이언트와의 접촉으로 인한 개입기술 등 문제해결방법을 찾는 것도 어려울 수 있다.

근본적인 실습의 근본적인 문제는 실습기관의 각 단계별 목표 실습생에 대한 책임감을 느끼면서 지도자로서의 역량을 발휘하지 않는 것이다. 실습생들에게 사회복지사의 철학과 가치적인 측면에서 미팅의 역할이 부족할 수 있다. 또 실습과정의 발전단계상에 적절한 실습생과의 슈퍼비전과 평가의 실시를 통해 추후 진행될 내용의 변화와 실습에 대한 스스로의 점검의 단계가 필요할 것이다.

1) 현장실습의 사례에서 나타난 문제

(1) 종합사회복지관

종합사회복지관은 비교적 체계가 잘 짜여 있는 복지관이나 주변 환경의 열악함과 내부의 어수선함이 있을 수 있다. 중앙정부의 예산지원이 없는 상태에서 지방정부의 예산만으로 후원처의 발굴 없이 운영될 수는 없다. 이러한 정책적 지원이 없는 한계상황에 노출되어 있는 복지관은, 열악한 환경 속에서 현장실습은 학과공부와 실습이라는 두 가지를 해결해야 하는 상황이기 때문에, 적응이라는 측면에서 소홀할 수 있다.

일주일에 하루 이틀씩 실습기관에서 보내면서 많은 지식을 얻는다는 것도 역부족일 수 있다. 대체로 실습에서 후원사업 분야에 대한 실무기법이 많이 있지만, 이를 지속적으로 관리할 수 있는 시스템이 부족한 것도 사실이다. 또한 후원금이 어떻게 모아지고 어디로 쓰이는지 개별적인 사용처를 제시함으로써, 후원자의 보람으로 연결되도록 하는 프로그램 개발이 모색되어야 한다.

사회복지의 이론과 실제의 차이는 존재한다. 실습이라는 시간을 통해 그 차이를 좁힐 수 있게 하는 서비스가 아닌 실천을 통한 전문적 서비스의 중요성을 체험하는 것이 부족한 실정이다.

종합사회복지관뿐만 아니라, 각종 시설의 대부분은 자원봉사자를 이용한 각종 프로그램이 있다. 그중 하나로 재가복지 대상자의 관리문제가 있다. 여기서 예산부족이라는 문제는 피해갈 수 없고, 재가복지 대상자들의 대부분이 노인세대이기 때문에 서비스개발에 한계가 있으며, 큰 변화를 기대하기보다 보호의 관점에서 서비스가 진행되는 것이다. 따라서, 프로그램상에 대부분이 일시적이고 단편적인 행사이며, 프로그램상의 연계성이 부족하여 상승효과를 얻기 힘들다.

프로그램의 전문성이 없어도 교회나 사회단체에서 충분히 할 수 있는 것(예: 경로잔치)들이 좀 더 체계적이고 정서적인 면을 충족시킬 수 있는 프로그램 개발이 필요하다. 또한 자원봉사관리의 문제는 지속적이고 체계적이지 못해 중도탈락의 비율이 높은 편이며, 재가복지센터의 활동도 이 · 미용 봉사에서 편중되고 중복된 자원봉사를 할 경우가 많다. 정기적인 교육을 실시하고는 있으나, 참여가 부족하고, 다양한 교육이 아닌 일반론적 수준에 그치고 있는 실정이다.

(2) 노인복지시설 : 요양원

요양원에 종사하고 있는 사회복지사들에 대한 위상 정립과 올바른 역할에 대한 의문점이 제기되고 있다. 사회복지를 전공한 자와 그렇지 않은 자의 차이가 있다는 사실을 알 수 있다.

양로원, 요양원, 재가복지의 모든 파트에서 순환실습은 지도하는 입장인 사회복지사들이나 배우는 실습생들에게 산만함을 주고, 한 파트에 대해 구체적으로 실습하고 배우기는 힘들 수 있다.

이 시설은 '여자가 일하는 곳'이라는 인식과, 지나치게 적은 임금 수준, 실제 노인들이 남자직원을 기피하는 경향들이 강하여, 노인요양원에 취업하는 경우가 거의 없다고 해도 과언이 아니다. 사회복지사들이 새로운 프로그램 개발이나 변화에 있어서 무감각해져 있다. 기관에 장기근무하면서 스스로 자기개발이나 연구에 무관심해지고, 기존에 사용하던 프로그램 틀을 새로운 것으로 바꾸거나 개발하기보다는 반복 사용하는 경우가 대부분이다. 집단사업의 진행에 있어서 노인의 특성이 변화하거나 빠르게 진행되는 것을 싫어하는 면도 있고, 새로운 프로그램을 적용시키려면 두 배 이상 시간과 노력이 드는 어려움이 있지만, 현재의 상태에 안주하려고만 하는 것은 보호요원과 사회복지사의 차이를 희미하게 만들어 버리고, 자신의 질을 저하시키는 행위인 것이다. 자신을 개발하고 클라이언트에게 적합하고 발전적인 프로그램을 개발하기 위해서는 꾸준한 노력이 필요하다.

실습상의 문제로 지적할 것은, 한 주간씩 규칙적으로 실습하는 것이 필요하다. 양로원에서는 대상들이 심한 질병이 없는 노인들이기 때문에 각 방을 회진하면서 노인들의 정서적 · 심리적 문제와 생활 또는 인간관계 문제 등을 파악하는 것인데, 사회복지사들의 조언이 도움이 되었고, 노인의 특성상 노인들은 대화에 있어서 소극적이기보다는 자신의 문제나 어려움을 적극적이고 구체적으로 말하는 경향이 강하다.

규칙적이고 고정적인 일과에 적응하기 힘든 점이 많았고, 남자에게 적합하지 않은 분야임을 실감할 수 있었으며, 반복적인 일과에서 무력감을 느끼며, 이는 여기에서 근무하는 사회복지사들이 극복해야 할 큰 과제이다.

(3) 아동복지 기관 : 입양기관

입양사업이 활발하지 못하여 그로 인한 직원감축으로 인하여 주어지는 업무량이 많기 때문에 세심한 관심을 기울이지 못하였다는 문제와, 계획에 따라 실습일정이 바뀌는 등 실습생에게 신경을 쓰지 못하는 문제점이 있고, 입양을 보내기 위한 서류상 문제의 내용에 익숙하지 않으며, 법적인 부분이 많아 다루기 어려운 점이 있다. 상담과 면접은 경험과 기술적인 면을 필요로 한다. 입양에 대한 부정적이며 비판적인 시각으로 일관했던 것이 오히려 긍정적인 시각(인간답지 못하게 키우고 바르게 성장시키지 못하면 해외입양을 통해 좋은 환경에서 자랄 수 있도록 해주는 것이 좋겠다.)으로 바뀐다는 점도 있다. 이제는 긍정적 인식의 변화가 시급한 과제이다. 삶에 도전적인 의식이 필요한 때이다.

(4) 장애인복지시설

사회복지사가 우편업무부터 후원자 관리와 프로그램의 개발과 계획, 기타 업무를 기획하고 진행한다는 것은 역부족이다. 개인적인 코멘트도 할 수 없게 되는 상황이다. 이에 적극적으로 사회복지사를 채용하여 업무분담이 효율적으로 이루어지도록 해야 할 것이다. 방문요양사가 여자로만 구성되어 있어 두 방에 한 명 정도가 남자 요양보호사로 구성된다면, 목욕할 때나 자리를 옮길 때 상당한 도움이 된다.

사회통합 차원에서 환우에 대한 이해를 도모하는 짧은 기간 동안에의 실습은 관계형성이 부족하고, 개인적인 코멘트를 받을 수도 없기 때문에 좀 더 효율적이고 효과적인 실습이 되기 위해, 구체적이고 실질적인 체계를 배울 수 있고 좀 더 여유 있는 실습을 위해 기간연장이 요구된다.

2) 기관에서 제기된 문제

(1) 기관의 문제점

사회복지시설을 민간에게 위탁하여 운영하는 것이 바람직한 것인가에 대한 논의가 있다. 이 경우에 비영리법인으로써 전문성을 바탕으로 하지만, 정부의 직접적인 전달체계가 부족하여 책임성의 한계가 애매하다. 따라서, 정부의 재정적 도움으로 효과를 보는 경우가 드물다.

이런 기관은 다소 영세성과 불투명성 때문에 사회적 지탄의 대상이 된다고 말하지만, 직원들의 열정이 있으면 실습에는 효과가 있으며, 직원들의 열정이 없으면 효과가 없다. 영세성과 비전문성을 해소하고, 사업의 투명성과 공정성을 높이기 위하여 국가 중심의 시스템이 바람직하다고 보나, 정부가 보충할 수 없는 사각지대는 적절한 국가보조를 통한 민간의 역할이 지대하다고 볼 때, 뜻있는 독지가가 이러한 기관을 이끌어 복지의 사각지대를 해소하고, 이러한 기관을 활성화하는 것이 바람직하다.

사회복지 사업을 하고 있는 법인들은 그 설립주체나 운영주체에 따라 상이한 성격을 가지고 종교적인 배경으로 특수한 목적이나 이념을 가지고 특수한 미션을 실현하기 위해 존재하는 경우도 있다. 법인에 속한 사회복지사들이 법인의 존재이유나 구현해야 할 목적에 대해서 알지 못하고, 단지 상급기관이나 감독기관 정도로 알고 있는 경우도 많다. 법인은 법인이고 자신은 자신이라는 분리된 생각을 가진 직원들이 많다.

이러한 기관에서 제기되는 문제는 다음과 같다.

첫째, 특정 종교를 배경으로 하는 법인이 위탁 받아 운영하는 시설이라는 이유를 내세워 지침에 반발하는 사례가 존재한다.

둘째, 법인에서의 지원이 아주 적은데도 상급기관이 권위 표출에 대한 불평이 있을 수 있다.

셋째, 법인과 관련 있는 사람들이 후원에 참여하는데도, 법인과 관련 있는 기관이나 단체에서 인적 및 물적 지원이 부족한 실정이다.

넷째, 형식상의 법인으로 시설의 원만한 운영을 위해 안전망이 되어 일정한 역할을 게을리하고 있다.

다섯째, 시설에 근무하면 법인정신으로 무장되어 있기 때문에 모든 프로그램의 바탕에 법인의 설립이념이 시설의 운영과 관리에도 법인의 가치가 구현되어야 함에도 불구하고 그렇지 못하다.

위와 같은 내용을 정리하면 다음과 같다.

첫째, 프로그램에 대한 전문성의 결여 및 인력 부족이다. 한 예로, 업무가 사회복지법인에서 보육업무에 편중되어 있었기 때문에 전문적인 상담 등 아동복지 차원에서의 서비스보다 의식주에 치중할 수밖에 없는 현실을 받아들이고 있다. 아이들의 능력을 개발할 수 있는 특기교육 프로그램이 있어서 아동들의 교육에 관심을 두는 편이지만, 실제로 세탁물 관리, 청소, 주방 등 공동업무로 일관하기 때문에 종사자들이 할 수 있는 아동서비스에는 한계가 있을 수밖에 없다.

둘째, 종사자들의 전문성 결여이다. 업무가 종사자들의 업무능력을 초과하고 있기 때문에 연수나 교육을 따로 받는 것은 힘들다. 시설종사자들이 타 교육기관보다 떨어진다면 프로그램 발전이 어렵고, 전문성도 퇴보하게 된다. 그렇게 되면 아동들에게 직 · 간접으로 영향을 미치게 된다.

셋째, 자원봉사자 관리가 소홀하다. 지리적인 이유로 차량편이 부족한 경우도 있고, 자원봉사자를 구할 수 있는데도 불구하고, 홍보의 부족으로 기관을 알지 못하는 경우가 있으므로 적극적인 관리가 요망된다.

넷째, 재정상의 문제이다. 복지관의 비리 등으로 재정상의 공개가 원칙이며, 타 기관에서 실시하고 있는 재정의 공개를 꺼려한다는 것은 신뢰가 떨어진다.

(2) 실습에 대한 문제점

실습생이 기관에서 실습하면 실습에 대한 예비지식이나 프로그램 등의 계획이 있어야 하는데 그렇지 못하다. 기관에 방문했을 때, 실습생과 자원봉사자를 같이 취급하는 경우가 있는데, 이는 전문성의 결여이다. 기관측에서 실습생을 보는 시각이 자원봉사자 수준이라면, 이에 대한 인식을 새롭게 할 필요가 있다. 실습생은 사명을 갖고 임무를 완수하는 자발적 의지에 더하여 자원봉사자보다 더 강압적으로 느낀다.

실습생이라고 하여 학습지도나 선생님들의 업무를 보조하지만, 실습생을 위한 프로그램은 따로 마련되지 않는 것이 보통이다. 대체로 업무보조로 생각하기에 자원봉사자들이 봉사하는 정도로 느끼는 것이다. 실습생을 받아들이기에 기관 자체에서도 준비가 없다는 것을 의미한다. 이렇게 되면 실습 프로그램을 수행하는 기관과 실습생의 체계적인 실시 교감이 이루어지기 어렵다.

3. 사회복지현장실습의 과제

우리 사회는 고도산업사회로 변화하면서 보편적으로 복지가 확산되고 있음을 실감한다. 늘어나는 사회복지시설, 행정기관에서의 복지업무량의 증대 등 다각적으로 복지분야의 양적 및 질적 향상과 최적화된 서비스가 요구되고 있다.

앞서 제기 했듯이 시설현장에서 나타난 각종 실습상의 문제는 사회복지 프로그램을 운용하는 사회복지사, 열악한 시설을 가진 기관, 재정의 지원을 맡고 있는 정부, 실습생을 지도하는 슈퍼바이저, 실습생 자신 등의 문제로 귀착되어진다. 이렇게 본다면 사회복지현장실습은 어떤 특정한 기술만을 취하는 것이 아니라, 사회복지의 가치와 윤리에 입각하여 보편적인 인간관계의 기술을 익히는 일이며, 사회복지사란 자격증을 가진 전문인으로서 사회문제를 풀어가는 것을 도와주는 일을 실천하도록 하는 일이다.

1) 실습기관의 과제

실습기관은 실습생 스스로 능력을 개발하고, 이를 통해 실천상황에 대한 응용력을 가질 수 있도록 이끌어 주어야 한다. 기관의 실습교육이 효과적으로 수행되도록 슈퍼바이저의 역할 부여, 연수교육, 업무 재배치 등을 통해 슈퍼바이저의 역할을 수행할 수 있도록 지원해야 하며, 한 기관 전체가 실습의 중요성에 대한 의미를 부여하고, 실습생의 학습 환경을 조성하고 유지하도록 노력해야 한다.

2) 슈퍼바이저의 과제

실습생이 실습현장에 도착했을 때, 실습기관에서 무엇을 해야 할지 우왕좌왕하며, 실습할 자세가 되어 있지 않은 경우가 종종 있다. 이는 학교에서부터 준비가 철저하지 못했음을 의미한다.

이에 다음과 같은 고려가 필요하다.

첫째, 철저한 실습지도의 준비와 실습생 오리엔테이션이 있어야 한다. 실습시작 전에 실시되는 오리엔테이션을 통해서 실습생에게 실습계획을 설명하고, 기관 소개 및 프로그램 등을 안내하며, 실습생이 기관의 환경에 적응을 할 수 있도록 한다.

둘째, 사회복지 지식을 제대로 활용할 수 있도록 훈련한다. 현장에서 사회복지 지식과 기술을 통합할 수 있도록 지지와 학습경험을 제공한다. 현장에서 필요한 이론을 학습하고 적용하도록 하며, 업무수행 능력을 제대로 발휘할 수 있도록 실천기술을 훈련시키는 것이다.

셋째, 실습지도를 정기적으로 하며, 적절한 학습과제를 부여한다. 물론 실습기관에 맡겨 학습과제를 수행하도록 해야 하지만, 행정적 · 지지적 · 교육적 차원에서 실습생이 수행하는 활동에 정기적으로 지도와 편달이 있어야 한다.

넷째, 전문가적 정체성을 만들어 가기 위한 원조를 해야 한다. 전문가적 가치관과 윤리관을 가질 수 있도록 도와주며, 또한 전문적 기술의 실천경험을 제공해야 하고, 슈퍼바이저의 행동을 관찰하도록 하여 역할모델을 탐색하게 한다.

다섯째, 실습목표를 달성할 수 있도록 적절한 평가를 해야 한다. 평가는 중간평가와 종결평가를 하며, 지속적인 피드백을 제공하여 실습생 자신의 목표를 성취할 수 있도록 해야 한다.

여섯째, 다양한 교육적 요구와 기대를 이해하고 충족시킬 수 있어야 하며, 실습 중 발생하는 실습생 문제를 해결하기 위해 다각적인 지원과 원조를 제공해야 한다.

3) 학교와 슈퍼바이저의 과제

첫째, 학교와 슈퍼바이저는 실습 전반에 책임을 진다. 실습생의 기관배정, 실습의 진행, 실습평가 등을 위해 실습과목의 개설과 함께 실습교수를 배정하고 실습생의 실습 전반에 걸친 감독을 하여 실습생과 실습에 대한 궁극적인 책임을 진다.

둘째, 실습기관을 정하여 실습생들을 기관에 배정하는 일이다 실습생에게 이용 가능한 모든 정보를 주고 활용하여 원하는 실습기관을 선정해서 실습담당자와 접촉하게 하며, 그 과정에 학교에 있는 실습자료, 실습보고서, 선배들의 조언도 활용하도록 한다. 실습생이 기관실습 담당자와 접촉하여 면접한 후 실습기관을 선정하게 되면, 학교의 실습조교를 통해 기관에서 필요로 하는 공문을 발송함으로써, 공식적으로 실습기관이 배정되게 된다.

셋째, 실습수업의 진행을 통해 실습생의 수업과정을 모니터하고 문제가 발생하거나, 기관과 실습생 사이의 중재자 역할을 수행한다. 또한 실습일지와 실습과제에 의하여 실습생의 학습경험을 최대화하도록 노력해야 한다.

넷째, 슈퍼바이저는 실습생의 실습을 평가하여 최종 학점을 부여하는 역할을 하는데, 최종 학점은 실습의 종결과 함께 기관에서 발송하는 기본평가서와 전문

평가서를 토대로 수업일지와 실습과제, 실습수업에의 참여도를 참작하여 평가하는 것이다.

4) 실습생의 과제

실습생은 학교실습수업에 참여하는 동료와 기관에서 함께 실습하는 동료 그리고 실습생 자신으로 구분할 수 있다.

실습생의 과제를 몇 가지 열거하면 다음과 같다.

첫째, 일을 차근차근 추진한다. 실습과제가 한꺼번에 여러 가지로 주어지면 실습생은 그야말로 난감한 경우가 있다. 이럴 때에는 하나하나 슈퍼바이저와 상의하여 일을 처리해간다.

둘째, 실습하는 시간에 시계부를 쓰면서 일상적인 업무에 매몰되지 않고 할 일을 찾아 나름의 과업표를 만드는 일이 중요하다.

셋째, 과중한 업무와 스트레스로 인하여 친절하게 인사하는 것이 힘들고 어렵더라도, 사무실에 들어오는 모든 분들에게 무조건 친절해야 하며 예의를 지킬 줄 알아야 한다.

넷째, 주제가 있는 글쓰기의 훈련은 자신이 담당하고 있는 실습을 효과적으로 수행하며, 이는 자신의 홍보를 위해서도 필요하다.

다섯째, 논리적으로 말하는 훈련도 필요하다.

여섯째, 클라이언트의 이야기를 잘 경청해야 한다.

일곱째, 새로운 가능성을 찾아내는 전문가적 자질이 있어야 한다.

여덟째, 실습 중 '지역사회자원지도'를 만드는 것이다.

아홉째, 일단 정해진 실습기관을 자신의 연마에 최대한 활용하는 것이다.

열째, 실습지에서 행한 일에서 자신에 대한 이해를 해야 한다.

자신을 알 수 있는 기초적인 방법은 다음과 같다.

첫째, 자신의 장점을 열거해 본다. 자신의 장점을 인식하는 것은 자신감의 근원이 되며, 현대사회를 힘 있게 살아갈 수 있는 원천이기도 하다.

둘째, 자신이 잘못하고 있는 것을 나열해 본다. 부족분에 대한 정직한 인식은 다른 사람과 함께 어울릴 수 있는 토대가 된다. 자신의 부족한 부분을 정확하게 알고 있으면 오히려 겸손한 사람으로 인정받게 된다.

셋째, 자신이 다른 사람에게 나누어 줄 수 있는 것이 무엇인지 헤아려 본다. 다른 사람에게 도움을 줄 수 있는 재능이나 시간 그리고 자원은 많이 있다. 작게는 시간과 건강을 나눌 수 있고, 크게는 돈과 비전을 나눌 수 있다. 나눌 수 있는 것을 찾는 것은 행복을 찾는 것과 같다.

넷째, 자신이 다른 사람으로부터 도움을 받을 것이 무엇인가 알아본다. 도움을 받아야 할 것을 조목조목 생각해 보는 일은 감사한 생활의 출발이 된다.

그러므로 실습할 때 다양한 사람을 만나게 된다. 어느 직종에 종사하는 사람보다도 자신에 대한 이해가 충분해야 하며, 자신에 대한 이해를 바탕으로 믿음과 희망을 건네는 사회복지사가 필요하다.

PART V 실습 관련 기관과 윤리

- Chapter 12. 실습 관련 기관
- Chapter 13. 사회복지실천윤리

Chapter 12

실습 관련 기관

학습목표

1. 각 기관의 역할 숙지
2. 각 기관의 영향 요인 파악
3. 각 기관 간 협조관계

학습내용

1. 관련 기관의 역할
2. 실습의 영향 요인
3. 슈퍼비전

개요

사회복지현장실습에 관련된 기관은 실습기관, 교육기관(학교), 실습생이 있다. 이들 세 기관은 서로 밀접한 관련이 있다. 또한 그들 나름의 독특한 역할이 존재한다. 여기에서는 실습 관련 기관을 학습하고자 한다.

Chapter 12
실습 관련 기관

1. 관련 기관의 역할

사회복지현장실습에 관련된 기관은 실습기관, 교육기관(학교), 실습생이 있다. 이들 세 기관은 서로 밀접한 관련이 있다. 또한 그들 나름의 독특한 역할이 존재한다.

실습생의 실습에 있어서 실습기관의 역할은 매우 중요하다. 하지만 실습기관의 문제로, 실습지도 경험과 자질을 갖춘 슈퍼바이저와 실습기관이 과거보다 부족하지는 않더라도, 체계적인 실습지도 계획을 가지고 실습계획에 따라 실습생을 지도하는 전담 슈퍼바이저가 있는 기관이 적으며, 전담 슈퍼바이저의 업무 과중으로 실습에 대한 지도감독에 소홀하며, 실습지도를 위한 재충전의 기회가 거의 없는 상태이다. 그리고 실습생의 문제로 실습을 위한 준비부족, 주체적인 사고방식과 적극적이지 못한 태도를 들고 있다. 이러한 이유들로 인해 기관들은 학교가 실습에 대한 준비도 시키지 않은 채 실습생들을 실습에 내보낸다고 불만스러워하고, 학교는 실습기관이 실습준비도 없이 실습을 시키고 있다고 비판하고 있다. 이처럼 학교와 기관이 체계적이고 합의된 실습지도가 이뤄지지 않고 있는데, 우선 실습의 구성체계인 학교와 실습기관, 실습생 각각의 역할과 책임을 올바로 인식하고 실천해 나가는 것이 필요하다.

1) 실습기관의 역할

실습기관이 실습지도의 중요성을 인식하고 실습생들에게 적절한 교육적 경험을 제공하지 않는다면 다른 교과목에 비하여 가장 긴 시간을 투자하고, 실습을 통하여 자신을 효과적이고 전문적인 사회복지사로 성장해야 하는 실습생들에게 단순히 현장을 경험하는 것으로 그칠 수밖에 없다. 따라서, 실습기관은 슈퍼바이저의 선발 및 여건조성, 실습공간의 확보 및 시설의 제공, 학교와의 긴밀한 연락유지, 학습환경의 조성 및 유지 등의 역할을 담당해야 한다. 이러한 역할수행을 위해 실습기관도 준비가 요구되는데, 보다 만족스러운 실습을 위해서 학교와 실습생 자신뿐 아니라, 실습기관도 충분한 준비가 있어야 한다. 그 내용은 다음과 같다.

첫째, 사회복지 실습기관은 실습생의 지도방침을 결정해야 한다. 실습생을 받는데 있어서 실습기관이나 시설로서는 직원 전원이 이에 협조하고 통일된 기본적 자세를 결정해 두는 것이 중요하다. 특히, 기관이나 시설의 업무에 어느 정도까지 개입시킬 것인가, 행사 등에는 어느 정도까지 참여시킬 것인가, 클라이언트들과 어떻게 관계하도록 할 것인가 등에 대해 통일된 견해를 결정하는 것이 중요하다. 클라이언트의 인격과 인권을 존중한다는 기본적 자세를 견지하면서도 장래의 사회사업 전문인을 교육한다는 중요성을 인식하여 최대한 협력해야 한다.

둘째, 실습생을 직접 지도해야 하는 슈퍼바이저와 지도책임자를 결정하는 것이다. 실습담당지도자가 정해져 있지 않은 경우에는 책임 있는 지도가 이루어지기 어렵고, 슈퍼바이저의 지도나 슈퍼비전이 실습의 성패를 결정하는 경우가 많으므로 신중하게 이루어져야 한다는 것이다.

셋째, 실습프로그램을 결정해야 한다. 실습생을 위한 실습프로그램의 정비는 실습의 시작에서 종료에 이르기까지 체계적인 프로그램을 준비하는 것으로, 이것은 실습의 만족과 성과를 높여줄 것이다. 또한 프로그램의 전개는 실습지도 담당자뿐 아니라, 많은 타 직원의 협력을 얻는 것도 중요한 부분이다.

넷째, 실습에 필요한 부품 즉, 책상, 사물함, 사무용품 등을 실습생이 이용할 수 있도록 준비하여 실습생이 기관의 관심과 배려를 알고 의욕적으로 실습에 임할 수 있도록 도와야 한다. 실습에 대한 불안한 마음을 가지고 실습에 임하게 되는 실습생에게 아무런 준비를 하지 않고 앉을 자리조차로 배려해주지 않는다면, 실습생의 실습에 대한 의욕과 기대를 좌절시킬 수 있기 때문이다.

실습기관과 더불어 실습생과 직접적인 관계를 맺고 있는 슈퍼바이저의 역할 역시 실습생의 실습만족도에 영향을 미치기 때문에, 슈퍼바이저는 실습생의 학습 진행(learning progress)과 사회사업 기술의 적용능력, 지도감독에 대한 태도 등을 학교실습지도교수에게 알리고 실습평가에도 이를 반영해야 한다. 즉, 실습지도준비는 실습생 오리엔테이션, 사회복지지식의 준수와 적절한 학습과제의 제공, 정규적인 실습지도 시간의 확보, 사회복지실천가의 역할모델 제공, 실습평가, 다양한 실습생의 문제해결을 위한 원조제공, 전문가적 정체성 형성을 위한 원조가 이루어져야 한다. 슈퍼바이저가 실습교육의 기능을 잘 이해하고 있다면, 슈퍼바이저는 실습생에게 주어지는 업무가 실습생의 개인적 성취욕구를 자극하여 그들의 자아인식(Self-Awareness)과 자기훈련(Self-Discipline)을 발달시키는 정도에 따른 적절한 지도를 할 수 있다.

장래의 사회복지사를 훈련하고 교육한다는 것은 그 기관이 그 일부를 구성하는 사회사업 분야의 발전에 큰 의의를 가지므로, 실습기관의 실습목표는 실습생이 자기 스스로 능력을 개발하고, 이를 통하여 실천상황에 대한 응용력을 가질 수 있도록 이끌어 주는 것이 일차적인 기능이라고 할 수 있다. 따라서, 슈퍼바이저는 실습목표의 단계적 측정으로 실습생이 어느 단계까지 와 있으며, 그에게 부족하거나 과잉된 실습교육의 내용이 무엇인지를 파악한 후, 그에 따른 적절한 실습지도로써 이론과 실제의 통합과 함께 전문직의 동일시로 사회복지에 대한 바람직한 자아인식을 유도해야 한다.

2) 교육기관(학교)의 역할

학교 측의 문제로 최근 학부제의 도입에 따른 교육환경, 즉 사회복지전공 실습생들이 종전에 학부제가 도입 전에 입학과 동시에 전공을 결정하여 들어오는 실습생들에 비하여 전공에 대한 오리엔테이션이나 정체성을 갖게 되는 시기가 늦어지고, 자원봉사 경험도 부족하게 되었으며, 실습하기 전에 이수하는 전공과목의 수도 적어지고 있는 우리의 교육상황에서 학교는 실습에 임하기 전 실습생들이 전공에 대한 정체성을 갖고 실습에 필요한 부분을 준비시키기 어려워 여전히 실습기관 중심으로 실습이 이루어지고 있다.

전문사회복지사를 지도하고 양성하는 학교가 실습의 중요성을 인식하고 있지만, 많은 문제점을 안고 있다. 많은 선행연구에서도 실습의 구성체계인 학교의 실습교육에 대한 문제점을 지적하고 있다. 즉, 대부분의 학교들이 실습교육에 임하는 태도와 준비가 소홀하고, 실습전담교수가 일관되지 않아 책임 있고 지속적인 지도가 이루어지고 있지 않음, 실습수업이 있지만 실습내용에 대한 사전 사후의 개별지도나 지속적인 지도는 잘 이루어지지 않고 있다. 여전히 교수들이 실무적인 부분을 경시하거나 연계시키지 않고 있는 등의 실습교육에 대한 인식과 태도의 문제, 교과과정의 문제, 학교들은 자체적으로 임상경험이 있는 교수들을 확보하고 있지 못하기 때문에 이론 중심의 수업이 이루어지고 있다.

학교는 실습생들이 배워야 할 교육내용을 명확히 하고, 다양한 실습생들의 학습 유형과 개인적 배경들에 적용할 수 있는 교육 프로그램을 가지고 교수의 융통성에 의해 다양한 자원을 제공하며, 시간적 배려의 책임이 요구된다. 즉, 실습생의 학습양상 및 교육수준을 정확하게 이해하여 교육 기능으로서의 실습지도 기능을 효과적으로 수행하게 할 것과, 실습생을 실습기관에 배치하기 전에 실습생의 자질과 취향을 바로 평가하고, 그의 전문적 성장요구가 어떤 실천분야와 어떤 기관에서 가장 적절하게 충족될 것인가를 평정하여 실습생과 실습기관을 연결해야 한다. 이를 위해서, 실습과정 중에 실습생과의 계속적인 유대를 갖고, 실습기관의 필요사항을 파악할 것, 실습생의 바람직한 이론과 실제의 통합을 위해 실습기관에서의 실습내용과 상충되는 내용이 투입되지 않도록 기관의 지도내용을 발판으로 실습생의 지식과 경험을 보완하도록 할 것 등이 요구된다.

3) 실습생의 역할

실습에 있어서 실습생의 참여자세는 실습 전반에 커다란 영향을 미칠 수 있다. 무엇보다 실습생의 역할을 구체적으로 점검하고, 실습기간 동안 실습생의 역할을 적극적으로 수행하려는 자세와 실습기관에 대한 이해가 있어야 하며, 기관의 슈퍼바이저를 경험이 많은 전문가로서 존중하여 전문적인 슈퍼바이저와의 관계를 유지하는 것이 중요하다. 그리고 실습목표와 학습계획서를 세심히 고려하여 세우고, 성실한 실습과제의 진행과 제출, 업무수행과정상의 문제상황을 보고하여 배우는 기회로 삼으며, 슈퍼바이저가 제공하는 슈퍼비전을 적극적으로 활용할 수 있어야 한다. 슈퍼비전 시간을 통해 자신의 전문능력을 검증, 평가, 재정립하며 지식 및 기술을 향상시킬 수 있기 때문이다. 또한 학교실습세미나를 통해 실습기관에서 충분히 달성되지 못한 욕구나 직면한 어려움을 나누며, 학교실습지도교수의 자문을 구하여 효과적이고 원활한 실습경험이 되도록 적극적인 자세와 참여가 요구된다.

일반적으로 실습기관에서는 아직 배우는 단계에 있는 실습생에 대해서 관대할 수 있지만, 실습생은 준 직원으로써 기본적인 자세를 갖추는 것이 중요하다. 무엇보다 실수를 두려워하지 않고 자신의 강점과 약점을 인식하며, 의사결정 및 업무과정에 솔선하여 이를 능동적으로 활용해야 한다. 그리고 기관의 직원들과 원만한 관계를 유지하기 위해 슈퍼바이저나 직원들에게 겸손하고 긍정적인 자세로 실습에 임할 것, 업무나 주어진 일에 끝까지 책임감을 갖고 그 일을 완수할 것, 그 밖에 시간을 엄수하고, 약속을 꼭 지킬 것, 지시사항을 주의 깊게 들을 것 등 실습생으로서 마음가짐과 자세가 준비되지 않는다면 결코 성공적인 실습을 기대할 수 없다.

실습생으로서의 권리도 갖게 되는데, 적정한 수준 이상의 기술 및 훈련경력을 가진 실습지도지로부터 규칙적으로 정해진 시간에 실습지도를 받고 학습기회가 보장될 수 있도록 충분하고 다양한 사례를 맡을 것과, 이론과 기술뿐 아니라, 성장 지향적인 학습경험과 실습수행평가에 대한 명백한 기준을 제시받을 권리를 갖게 된다.

이렇듯 사회복지실습의 효율성을 높이기 위해 실습기관과 학교, 그리고 실습생의 역할구분은 있으나, 실습기관 · 교육기관 · 실습생 등 이 3자는 긴밀한 관계를 맺고 상호작용 한다는 체계이론의 기본 가정도 이를 뒷받침해 준다.

학교실습세미나

실습세미나는 학교의 정규 교육과정으로 기관실습과 병행되어 실습생들이 학교 슈퍼비전으로 활용할 수 있는 시간이자 실습교육의 중요한 부분이다. 기관 슈퍼바이저의 바쁜 업무와 실습과정에서 충분히 달성되지 못한 실습생의 욕구를 보완해 주고, 더욱 효과적인 실습교육이 이루어질 수 있도록 실습생을 돕기 위해 제공될 수 있다. 실습세미나는 실습기관과 학교의 연계 및 학습의 통합으로써 그 의미를 찾을 수 있을 뿐 아니라, 실습기관에서 이루어지고 있는 실습경험을 공유하며, 실습지도교수와 실습생 상호 간의 피드백 및 조언을 통하여 실습과제수행의 발전방향을 모색하도록 돕는다. 또한 실습세미나를 통해 실습경험에 대해 비판적 시각으로 사고하고, 실습기관에서 발생하는 문제점을 해결할 수 있도록 하며, 구체적인 사회복지 지식을 서비스대상자의 문제해결에 적용할 수 있도록 원조하는 역할을 하여 학습의 기회를 더욱 확장시킬 수 있다. 실습세미나는 실습지도교수의 역할이 더욱 강조되는데, 주어진 시간을 효과적으로 사용하여 교과과정에서 배운 이론과 지식의 활용을 유도, 과제점검, 실습과정 및 내용평가, 실습생들로 하여금 다른 실습생의 실습도 간접적으로 경험할 수 있도록 자원이나 도움을 나눌 수 있는 분위기를 제공하며, 다양하고 창의적인 수업진행 등 실습생들의 실습이 보다 효과적으로 이루어질 수 있도록 실습세미나를 적극 활용해야 한다.

2. 실습의 영향 요인

1) 실습기관 요인

사회복지현장실습을 해야 하는 실습생들에게 있어서 만족스러운 실습을 좌우하는 것은 어느 실습기관을 선택하는가에 많은 영향력이 있다고 볼 수 있다. 왜냐하면 실습에 있어서 중요한 요소인 슈퍼바이저 및 실습의 내용은 바로 그들이 어떤 기관을 선택하느냐에 따라 달라질 수 있기 때문이다. 따라서, 실습기관은 실습생들이 학습의 기회를 최대한 가질 수 있도록 참여할 합의가 되어 있어야 한다. 실습지도의 중요성을 인식하고 실습생들에게 적절한 교육적 경험을 제공하지 않는다면, 다른 교과목에 비하여 가장 긴 시간을 투자하고, 실습을 통하여 자신을 효과적이고 전문적인 사회복지사로 성장해야 하는 실습생들에게 단순히 현장을 경험하는 것으로 그칠 수밖에 없을 것이다.

그러므로 실습기관은 슈퍼바이저가 역할을 준비할 수 있는 시간을 주어야 하고, 사회복지사로 기능할 실습생들을 위한 공간과 장비를 제공하고, 책임 있는 실천을 수행하는데, 필수적인 장비, 교통, 복지관에 근무하는 사회복지사들의 적극적인 협조자세를 결정해 두는 것이 중요하다.

실습을 하기에 적합한 기관의 일반적 특성 및 실습지도 시 필요한 조건들을 살펴보면 다음과 같다.

(1) 실습기관의 일반적 조건

① 클라이언트, 타 기관들 그리고 지역사회를 대상으로 제공하는 서비스의 행정적 절차가 다른 유형의 기관들의 건전한 기준과 일치해야 한다.

② 프로그램과 재정적 지원이 안정성을 갖추고 있어야 한다.

③ 지역사회의 변화에 대응할 수 있는 능력을 갖고 있으며, 혁신적인 프로그램이나 실천을 실시하고 있어야 한다.

④ 다양한 실습생들을 균형 있게 다룰 수 있는 능력을 가지고 있어야 한다.

⑤ 재정적 지원이 필요한 실습생에게는 수당을 지급할 수 있는 기관이 선호된다.

⑥ 진취적인 실습기준에 부합하도록 계속 노력하여야 한다.

⑦ 실습생에 대한 공식적인 안전절차와 규정을 마련해야 한다.

⑧ 학교와 기관과의 협력에 대한 가능성, 즉 공동연구, 자문, 기관 내 훈련 등을 마련해야 한다.

⑨ 지속적인 실습교육을 위해 학교와 장기적인 관계유지에 노력을 기울일 수 있어야 한다.

(2) 실습기관의 실습환경 구성 기준

① 학습에 도움이 되는 촉진적 환경을 제공해야 한다.

② 슈퍼바이저 자격에 부합되는 1명 이상의 직원을 두어야 한다.

③ 학교의 교과과정에 적합한 서비스 영역과 실습생의 전공, 부전공의 사회복지 및 사회사업 실천방법론과 연결되는 교육의 기회를 제공해야 한다.

④ 적절한 시설적 여건이 보장되어야 한다. 즉, 사무공간, 기자재, 면담실, 실습생을 위한 공간을 제공해야 한다.

⑤ 신규 임명 슈퍼바이저는 학교에서 필요한 교과목 수강이 가능하도록 시간을 허락해 준다.

⑥ 슈퍼바이저가 실습생지도 준비, 실습생과의 정기모임, 학교의 실습지도교수와의 협의, 그리고 학교에서 주최하는 모임에 참석할 시간을 허락해야 한다.

⑦ 업무수행 중 사용되는 비용에 대하여 기꺼이 상환해야 한다.

⑧ 실습 중인 실습생을 인종, 성, 종교, 국적, 나이, 결혼유무, 장애 등의 조건으로 차별해서는 안 된다.

2) 교육기관(학교) 요인

실습에 대한 학교의 목적은 첫째, 교육이론과 실천과의 교량역할을 하며, 둘째, 교육과 학습에 대한 보조역할을 하며, 셋째, 사회복지교육의 효율성에 대한 기초자료가 되며, 넷째, 실습기관에서 다른 실습생들과 경험을 나누며 사회복지의 폭넓은 영역을 접하도록 실습생들에게 기회를 제공하는 것이다. 특히, 학교의 실습세미나는 정규 교육과정으로 기관실습과 병행되어 실습생들이 학교 슈퍼비전으로 활용할 수 있는 시간이자 실습교육의 중요한 부분이다. 실습기관 슈퍼바이저의 바쁜 업무와 실습과정에 충분히 달성되지 못한 실습생의 욕구를 보완해 주고, 더욱 효과적인 실습교육이 이루어질 수 있도록 실습생을 돕기 위해 제공될 수 있다.

학교에서는 다음과 같은 업무를 수행한다.

① 실습에 관련된 다양한 역할과 책임을 다한다.

② 특히, 기관과 상호 조직적이고 협동적인 관계를 수립해나가야 한다.
③ 학교는 사회복지실습기준을 설정한다.
④ 교실과 현장의 통합과정을 지원하기 위해 일정에 의한 회합, 세미나, 워크숍을 개최한다.
⑤ 실습기관의 선정과 지속적 활용을 위한 지침을 구상한다.
⑥ 슈퍼바이저를 위한 교육의 기회를 제공한다.
⑦ 학교와 실습기관을 연결하는 역할을 하는 담당자를 선정한다.
⑧ 실습교육 매뉴얼을 제공한다.
⑨ 실습에 대한 지속적 평가와 개발을 위한 절차를 설정해야 한다.
⑩ 학교의 실습지도 교수는 실습기관의 선택과 학습경험의 원조, 실습과정 중의 문제해결과정에 원조를 제공한다.
⑪ 실습생에 대한 최종평가를 하며, 실습기관과 슈퍼바이저에 대한 평가를 해야 한다.

결론적으로 실습기관에서의 경험 못지않게 실습생에 대한 학교의 관심과 체계적인 지도는 실습생들의 실습 경험에 중요한 영향을 미치는 것으로 나타났다.

3) 실습생의 요인

실습과정에 있어서 실습생요인은 능동적 참여자로서 중요한 영향을 끼칠 수 있다. 실습성과에 영향을 미치는 요인으로는 실습생의 나이, 실습 이전의 사회복지실천 경험, 평균학점 등의 요인과 관계가 있다.

실습생 요인과 실습의 성과 및 만족도에 관한 연구들을 살펴보면, 실습생 개인이 실습 이전에 경험했던 요인들, 실습생의 개인적 특성 등이 실습에 유의미한 영향을 미치는 것을 알 수 있었다. 또한 실습에 있어서 실습생의 참여자세는 실습 전반에 커다란 영향을 미칠 수 있다고 소개하면서, 실습기간 동안 실습생의 역할을 적극적으로 수용하려는 자세와 실습기관에 대한 실습생의 이해 등이 실습만족도에 영향을 끼치는 것으로 나타났다. 또한 현장실습에 대한 실습생 요인의 중요성을 언급하면서, 실습의 효율성을 높이기 위해서는 실습기관과 학교, 실습생, 각자의 역할에 구분은 있으나 긴밀한 관계를 바탕으로 원활한 상호작용이 필요하다.

그 밖의 또 다른 연구들에서 실습생의 나이, 성별, 실습 이전의 사회복지실천 경험, 학점 등이 실습성과와 깊은 관련이 있음을 알 수 있다.

3. 슈퍼비전

1) 슈퍼비전의 개념

사회복지에서 사용되는 '슈퍼비전(spuervision)'이라는 용어는 학자들마다, 시대에 따라 의견이 다른 것은 슈퍼비전의 3가지 기능에 대해 강조의 성향에 따른 차이가 있기 때문이다. 현대의 사회복지 슈퍼비전도 직원 슈퍼비전과 실습생 슈퍼비전으로 구분되지만, 슈퍼비전의 3가지 기능에 따른 필요성이나 그 중요성에 대해서는 같이한다.

슈퍼비선(supervision)이란 말의 어원을 살펴보면, 'super(over, 위에서)'와 'videre(watch, 지켜보다)'의 합성어에서 유래하였다. 따라서, 문자적 의미로는 다른 사람이 하는 일에 대해 책임을 갖고 지켜보는 감독자(overseer)의 일이다.

슈퍼비전은 실습교육의 일환으로 학교와 실습현장에서 실습생들이 실습업무에 대하여 경험과 훈련을 쌓은 전문가로부터 지도, 조정, 평가를 받음으로써, 업무수행에 도움을 받는 것이다. 사회복지상황에서의 슈퍼비전은 일정한 지식과 기술의 준비를 갖춘 사람이 비교적 덜 준비된 사람을 훈련시킬 책임을 감당하는 교육과정이라고 정의할 수 있다. 이와 같은 슈퍼비전의 교육적 측면에 대한 강조는 시간이 경과되면서 사회복지사들로 하여금, 자신들의 업무수행을 통제하고 조정해주는 노력을 포함하는 두 번째 강조점인 행정적 측면을 결합하게 되었다. 슈퍼비전의 다른 정의에서 사회복지사들이 그들의 업무와 관련된 좌절이나 불만족을 경험할 때에, 그들에게 정서적 지지나 도움의 지원을 제공함으로써 문제해결을 도와주는데 초점을 둔 표현적 · 지지적 지도력(expressive-supportive leadership) 기능을 앞의 두 가지 기능에 첨가하는 새로운 슈퍼비전의 정의를 제시할 수 있다.

슈퍼비전은 사회복지의 역사에서 사회복지 전문직의 발달과 매우 밀접한 연관성을 가지고 있고, 가장 중요한 요소로 주목받아 왔다. 원래 슈퍼비전의 본질은 행정적인 것이라고 볼 수 있으나, 초기부터 실천상의 필요에 의해 교육적인 기능을 비롯해서 그 외에 업무수행을 가능하게 할 수 있는 다양한 기능들이 포함되게 되었다. 즉, 슈퍼바이저가 워커의 업무를 지도·지시하는 것뿐만 아니라, 자신들의 경험에 기초하여 워커가 클라이언트를 효과적으로 돕는 방법을 가르쳤고, 워커가 자신의 업무를 수행할 수 있도록 하거나 혹은 업무수행을 돕기 위해서 슈퍼바이저 자신의 경험적 지식과 인간행동에 대한 이론적 지식을 적용하였다.

이렇듯 현장의 슈퍼바이저들이 사회복지 슈퍼비전의 발전에 선구자적인 역할을 하였는데, 근래에 와서는 그 중요성만큼이나 슈퍼바이저의 책임성과 역할에 대한 여러 문제점이 제기되고 있다. 슈퍼비전이 다른 전문직들과는 대조적인 것은 사회복지분야에서 슈퍼비전의 기능과 과정이 특별히 중요성을 인정받아 왔기 때문이다. 특히, 실습생이 많은 시간 등은 기관에서 생동감 있는 현장의 활동을 보고 배우는데 있어서 보다 전문적인 기술과 방법은 슈퍼바이저의 슈퍼비전을 통해 이루어지기 때문에, 무엇보다는 기관의 슈퍼비전의 중요성을 강조하지 않을 수 없다.

그러므로 실습의 목표를 달성하기 위한 구체적인 실천은 실습생들에게 행해지는 슈퍼바이저의 실습슈퍼비전의 내용들이며, 슈퍼바이저로부터 받은 지도감독의 경험은 자기인식과 자기개방 및 졸업 이후의 전문직에 대한 정체성을 확립해가는 과정이므로 매우 중요하다.

2) 슈퍼비전의 가능

(1) 행정적 슈퍼비전(Administrative Supervision)

사회복지기관에서 이루어지는 모든 사회복지적인 기능은 '기관'이라는 요인이 가진 특성과 속성을 토대로 이루어지기 때문에, 사회복지사는 본연의 업무를 포함하여 조직 자체의 특성 및 행정구조 등에 대해서도 알아야 할 의무를 가지고 있다. 행정적인 기능은 사회복지기술을 기관의 정책, 서비스의 특성에 맞게 실행하여 기관의 효율성을 높이는 활동과 관련된다. 즉, 행정적 슈퍼비전의 목표는 조직의 구조와 실습생의 활동에 필요한 기관의 자원을 이용하는 통로를 공급해 주어 효율적으로 업무를 수행하는 사회복지사의 모델을 제공하는 것이다. 또한 기관의 정책과 절차를 효율적으로 활용할 수 있는 능력이 있어야 조직 내에서 원활한 의사소동과 협력적인 의사결정을 할 수 있게 되며, 결과적으로 클라이언트에게 제공되는 서비스도 질적인 향상을 가져올 수 있게 된다.

행정적 슈퍼비전의 책임을 수행하는데 있어서 슈퍼바이저의 역할은 다음과 같다.

① 직원모집 및 선발
② 사회복지사의 직무배정(inducting) 및 배치(placing)
③ 업무계획(work planning), 업무활동 및 부여(work assignment)
④ 업무위임(work delegating)
⑤ 업무에 대한 모니터링과 검토 및 평가(monitoring, reviewing & evaluating)
⑥ 업무조정(coordinating)
⑦ 의사소통 기능(communication function), 지지자와 옹호자로서의 슈퍼바이저(support · advocate)
⑧ 행정적 완충자로서의 슈퍼바이저(administrative buffer), 변화매개자(change agent)

(2) 교육적 슈퍼비전(Educational Supervision)

교육적 슈퍼비전은 전문가적인 교육적 이론과 지식의 습득, 방법론, 기술발전을 위한 원조, 전문적 발전의 기회 제공 등이 이루어지게 되는데, 이는 전문적 발전을 위해 필요한 실무수행을 효율적으로 할 수 있는 지식과 기술이 제공됨을 의미한다. 교육적 슈퍼비전은 '임상적 슈퍼비전'이라고도 불리는 것으로서 사회복지사와 클라이언트 간의 상호작용을 상세하게 분석함으로써 임상사회사업의 과

업수행에 필요한 지식과 기술 및 태도들을 가르치는데 관심을 둔다. 이때 슈퍼바이저가 수행할 수 있는 역할에는 교수활동, 학습을 촉진시키는 일, 훈련, 경험과 지식의 나눔, 정보제공, 명확화, 안내, 문제해결을 찾도록 돕는 일, 전문적 성장을 강화시키는 일, 조언, 제안, 문제해결과정을 돕는 일 등이 있다. 교육적 슈퍼비전은 사회복지 전문적 실천을 위해 실습생을 개별화하여 지식과 기술 등의 능력을 키워준다는 의미에서 중요성을 찾을 수 있다.

(3) 지지적 슈퍼비전(Supportive Supervision)

실습생은 실습 슈퍼바이저에게 간접적 혹은 직접적으로 많은 영향을 받기 때문에 슈퍼바이저와의 관계가 원만하고 상호교류가 활발히 이루어질 때, 건강한 실습을 통한 학습이 이루어질 것이다.

지지적 슈퍼비전은 실습생들에게 불안이나 긴장을 완화, 회복, 편안함과 지지뿐 아니라, 그들의 자질을 재강화하고 적극적으로 노력하기 위한 재충전, 동기부여를 해 주는 것이다. 이는 실습기간 동안 실습생 스스로가 결정하고 실습기관에서 부여하는 실습의 목적과 목표를 달성하기 위해 다양한 과업을 수행함으로써, 긴장과 피로감을 경험하고 또 낯선 상황들과 사회복지사업 실천의 경험이 없어 시행착오를 경험하는 실습생들에게 필요한 부분이다.

지지적 슈퍼비전을 위한 구성 요소로서 관심(interest), 감정이입(empathy), 수용(acceptance), 권위(authority), 개방성(openness), 탐구와 정성(exploration & elaboration) 등이 있다. 즉, 슈퍼바이저는 실습생에 대해 관심을 갖고, 슈퍼바이저가 사회복지사의 업무나 사례에 대해 어떻게 생각하고 느끼는지 감정이입을 통해 이해하며, 업무에 대한 성공이나 실패 혹은 실수에 대해 비난하는 것이 아니라, 자유롭게 토의하고 격려하는 분위기를 만들어 칭찬과 격려를 통해 지지를 받고 있다는 확신을 주어야 한다. 또한 슈퍼바이저라고 완전하고 확실한 것이 아니라는 사실과 함께 실수에 대해 인정하며, 개방적인 마음가짐을 가져야 하며, 주의 깊게 실습생들의 의견을 들음으로써 말 속에 숨겨져 있는 의미를 탐구하는 자세를 보여줘야 하는 것이다.

이러한 과정을 통해 슈퍼바이저는 실습생들에게 사회복지사의 자질을 재강화하고, 확실하게 하며, 고갈된 감정을 채우는 한편, 적응을 위한 자아능력을 강화하고 심리적인 고통을 경감시켜 감정적인 균형과 편안함과 지지 그리고 재충전을 하도록 돕는 것이다.

이와 같이 슈퍼비전의 세 가지 기능은 어느 한 측면으로 치우침이 없이 동등한 위치에서 그 기능을 다할 때 실습기관의 사회복지사뿐만 아니라, 예비사회복지사인 실습생에게도 보다 폭넓게 사회복지현장을 경험하고 이해하게 할 수 있다. 이에 따라 슈퍼비전 요인을 크게 행정적, 교육적, 지지적 슈퍼비전으로 정리할 수 있다.

슈퍼비전의 기능별 목표 및 주요 내용은 다음과 같다.

〈표 12-1〉 슈퍼비전의 기능별 목표 및 주요 내용

구 분	행정적 슈퍼비전	교육적 슈퍼비전	지지적 슈퍼비전
목표	작업 배경 제공	업무능력 개선	업무만족감 지원
장애물	비합리적 조직	무지와 낮은 인지능력	정서 불안정
내용	조직의 구조와 사회복지사의 업무를 도울 수 있는 기관 자 원 제공	업무에 필요한 지식과 기술 제공	효과적으로 업무를 수행할 수 있도록 심리적이고 대인관계적인 자원 제공
관심영역	효율적인 조직에 사회복지사를 연결시켜 사회복지사가 조직의 구조와 자원을 효율적으로 이용할 수 있게 하는 데 관심을 둠.	지식과 기술의 향상을 통해 사회복지사의 효율성을 증대시키는 데 관심을 둠.	업무수행을 방해하는 스트레스를 줄이고 사기를 증진시켜 사회복지사의 효율성을 증시키는 데 관심을 둠.
사회복지사 모델	효율적으로 과제를 수행히는 사회복지사	자질 있고 능력 있는 사회복지사	공감적이고 이해심 많은 사회복지사

과제	1. 직원의 채용과 선발 2. 직원의 임명과 배치 3. 업무계획 4. 업무할당 5. 업무위임 6. 업무 모니터링 (검토 및 평가) 7. 업무 조정 8. 의사소통 촉진 9. 행정적 완충 10. 변화 대행	1. 가르침 2. 학습촉진 3. 훈련 4. 경험과 지식 공유 5. 정보 제공 6. 명확화 7. 지침 제공 8. 사회복지사 원조 9. 전문적 성장 제고 10. 조언, 제안, 문제해결 원조	1. 스트레스 유발 상황 방지 2. 스트레스 해소 3. 스트레스 대처 원조 4. 신뢰 형성 5. 관점 공유 6. 결정에 대한 책임 공유 7. 성공을 위한 기회 제공 8. 동료를 통한 지지 제공 9. 업무관련 긴장완화

3) 슈퍼비전 실태분석

(1) 슈퍼바이저의 유형

슈퍼바이저의 유형에 대한 조사는 2014년도에 처음 포함되어 실시되었는데, 공공영역과 민간영역 간 차이가 두드러지게 나타났다. 사회복지 전담공무원의 경우, 슈퍼바이저 유형이 없는 경우가 생활시설과 이용시설 사회복지종사자들과 비교해 매우 높았다.

2015년도를 기준으로 생활시설 사회복지사의 경우 '개별(상사)'은 73.7%, '없음'은 10.8% 등의 순으로 나타났다. 이용시설 사회복지사의 경우 '개별(상사)'은 79.0%, '없음'은 7.4% 등의 순으로 나타났다. 생활시설 사회복지사 외 종사자의 경우 '개별(상사)'은 61.3%, '없음'은 17.6% 등의 순으로 나타났다. 이용시설 사회복지사 외 종사자의 경우 '개별(상사)'은 64.9%, '없음'은 15.3% 등의 순으로 나타났다.

사회복지 전담공무원의 경우 '없음'은 44.9%, '개별(상사)'은 22.0% 등의 순으로 나타났다.

슈퍼바이저의 유형별 실태는 다음과 같다.

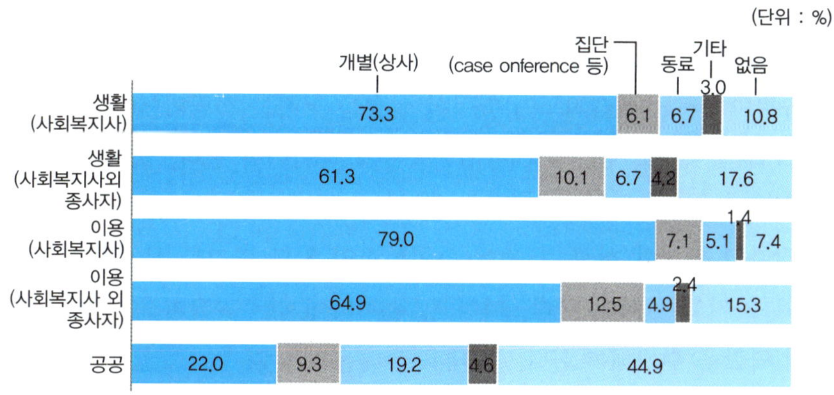

자료: 「2015년 사회복지사 통계연감」 재구성.

[그림 12-1] 슈퍼바이저의 유형

(2) 슈퍼비전의 빈도

2015년도를 기준으로 생활시설의 사회복지사의 45.4%가 '불규칙적'으로 슈퍼비전을 받고 있다고 답하였으며, 생활시설 외 사회복지사의 36.4% 역시 '불규칙적'으로 슈퍼비전을 받고 있다고 답하였다. 이용시설의 사회복지사의 32.9%가 '불규칙적'으로 슈퍼비전을 받고 있는 것으로 나타났으며, 이용시설 외 사회복지사의 45.8% 역시 '불규칙적'으로 슈퍼비전을 받고 있는 것으로 나타났다. 사회복지전담공무원의 경우 47.4%가 슈퍼비전을 받고 있지 않거나 불규칙적(38.4%)으로 나타났다.

결론적으로 대부분의 사회복지 종사자는 슈퍼비전을 받고 있지 못하거나 불규칙적으로 받고 있는 것으로 나타났다.

4) 슈퍼바이저

(1) 슈퍼바이저의 특성

사회복지현장실습에 있어서 슈퍼바이저의 자격은 사회복지사 1급 소지자로서 3년 이상 사회복지기관에 근무한 경험이 있는 자 또는 사회복지사 2급 소지자로서 5년 이상 사회복지기관에 근무한 경험이 있는 자로 규정한다(한국사회복지교육협의회, 2010). 따라서, 슈퍼바이저의 자격요건으로 중요한 것은 슈퍼바이저의 전공 여부와 현장에서의 실무경력임을 알 수 있다.

또한 슈퍼바이저는 실습지도에 있어서 실습을 원하는 사람이어야 하고, 실습지도에 소요되는 시간을 충분히 사용할 수 있는 자이어야 한다. 또한 사회복지 윤리와 철학을 가지고 사회복지 이념을 실현하고자 하는 복지전문가로서의 의식과 자질을 갖추고 있어야 하고, 더불어 사회복지의 지도 원리를 실천하는 전문지식과 기술을 가지고 있어야 한다. 따라서, 슈퍼바이저는 교육자, 안내자, 조언자, 관리자의 역할을 수행해야 한다. 그 내용은 다음과 같다.

① 실습생의 불안을 감소시켜 주어야 한다.
② 실습생을 위한 교육계획과 평가를 실시하여야 한다.
③ 실습생에 대한 개별 또는 집단 지도감독을 통해 실습활동상의 장 · 단점을 개발하고, 단점에 대해서는 학습할 기회를 가질 수 있도록 적절히 환류역할을 해야 한다.
④ 실습생의 이론적 배경 이해와 슈퍼바이저 자신의 이론적 지식 향상을 위해 학교로부터 교과과정 내용을 입수해야 한다.
⑤ 실습생의 학습 진전과 사회복지기술의 적응 노력 등을 학교 실습담당 교수에게 알리고 실습평가에도 이를 반영해야 한다.

위와 같이 슈퍼바이저는 현장실습 전반에 걸친 모든 단계를 이끌어야 하고, 그 안에서 효과적이고 효율적인 실습이 될 수 있도록 내용적인 부분에도 노력을 기울여야 한다.

(2) 슈퍼바이저의 책임

실습생과 슈퍼바이저의 관계는 실습교육과정에서 가장 중요한 부분이다. 실습생에게 있어 슈퍼바이저는 현장의 교육자이면서 사회복지사로서 역할모델이자 실습생들의 성장과 발전에 대한 평가자이기도 하다. 슈퍼바이저 자신도 실습생을 교육하면서 실습생과 함께 새로운 사실들을 배우고, 또한 실습생으로부터 배울 수 있다는 마음가짐을 갖는 것도 중요하다.

다음은 슈퍼바이저의 책임에 관한 내용이다.

① 슈퍼바이저는 실습생 교육에 대한 책임을 인식하고 이를 성실히 수행할 수 있어야 한다.

② 슈퍼바이저 자신이 사회복지 실천가로서 실습생의 귀감이 될 수 있어야 한다. 슈퍼바이저는 사회복지실천 가치와 윤리강령을 준수하고 사회복지 전문지식과 실천기술을 갖추고, 이를 현장에서 적용할 수 있는 자라야 한다.

③ 실습교육 전에 실습지도 목적과 지도 방침을 설정한다. 이와 관련하여 기관의 목적, 일정, 업무에 관한 '실습교육계획안'을 작성하고, 이를 실습생들에게 제시하고 학교의 슈퍼바이저에게도 전달한다.

④ 슈퍼바이저는 실습예정자와의 사전면접을 통해 예비실습생의 욕구를 이해하고, 이에 적합한 교육이 이루어질 수 있도록 준비해야 한다.

⑤ 실습교육에 요구되는 물품, 공간, 예산 등이 준비되었는지 사전에 점검한다.

⑥ 실습이 시작되기 전에 오리엔테이션, 실습생을 위한 학습공간, 업무의 선정, 실습교육을 위한 협조인력 등을 미리 준비한다.

⑦ 기관 내 직원들에게 실습계획 및 일정을 공지하고, 실습생을 공식적으로 소개시킨다.

⑧ 실습교육을 위해 업무시간을 할애할 수 있도록 기관의 지원을 받는다.

⑨ 관련이론이나 지침에 대한 교육, 그리고 정기적이고 구체적인 슈퍼비전을 제공해야 한다.

⑩ 동료나 타 기관의 사회복지실습과 자신이 지도하는 실습을 비교·분석하여 가장 바람직한 교육을 제공하도록 노력한다.

⑪ 사회복지 교과과정 내용에 대한 포괄적인 이해가 있어야 한다. 만약 학교에서 교육받지 못한 지식이나 기술과 관련된 부분이라면, 이에 대한 부수적 지지 또한 제공할 수 있어야 한다. 딜레마, 자기능력의 한계를 해결할 수 있도

록 부수적인 교육을 수행해야 한다.

⑫ 실습생을 위해 실무지도뿐만 아니라, 정서적 지지 또한 제공할 수 있어야 한다.

⑬ 실습생들이 현장을 경험하면서 겪는 어려움과 등을 슈퍼바이저에게 개방할 수 있도록 지원하고, 이를 해결할 수 있도록 도움을 준다.

⑭ 실습목표에 적합한 과제를 제시하고, 과제물에 대한 적절한 피드백을 제공한다.

⑮ 실습교육목표에 부합하는 실습지도를 수행할 수 있도록 학교와 협조체계를 유지한다.

⑯ 실습생을 파견한 대학에서 주최하는 슈퍼바이저 간담회 또는 슈퍼바이저와의 세미나 등에 참여한다.

⑰ 실습과정 중 발생할 수 있는 모든 문제에 관해 슈퍼바이저와 협의할 수 있는 시간을 갖는다.

⑱ 실습생의 업무수행능력과 태도를 평가한다.

⑲ 실습평가서를 작성하고, 실습종결 후 밀봉하여 해당 대학에 우편 발송한다.

(3) 실습생과 슈퍼바이저 관계

사회복지실천현장에서의 경험은 슈퍼바이저와 실습생, 클라이언트가 관계를 형성하면서 이루어지기 때문에 그러한 관계를 사전에 경험하고 배울 수 있는 사회복지현장실습 교육에서 슈퍼바이저가 실습생에게 미치는 영향은 매우 중요하다. 실습생은 슈퍼바이저에게 간접 혹은 직접적으로 많은 영향을 받기 때문에 슈퍼바이저와의 관계가 원만하고 상호교류가 활발히 이루어질 때, 건강한 실습을 통한 학습이 이루어질 수 있다.

연구를 통하여 가르치는 사람과 배우는 사람의 관계는 가르친다는 것이 주로 인간관계와 관련되기 때문에, 일반적으로 상호작용의 본질이 긍정적일 때, 가르치는 사람과 배우는 사람이 서로 수용할 때, 그리고 서로 기분 좋게 편안할 때 학습이 보다 효율적으로 이루어질 수 있다. 또한 긍정적인 관계에서 참여수준이 높고 불만 수준이 낮을 때 학습의 효과는 촉진된다.

Chapter 13

사회복지실천윤리

학습목표

1. 윤리에 대한 철학적 사고
2. 윤리에 대한 기본적 인식 제고
3. 사례연구

학습내용

1. 사회복지실천윤리의 개념
2. 사회복지실천에서의 윤리와 가치
3. 사회복지실천 과정에서의 윤리적 딜레마
4. 전문직 윤리강령의 의미
5. 윤리적 의사결정지침과 결정의 우선순위
6. 윤리적 결정에 관한 사례연구

개요

사회복지 전문교육에 있어서 윤리는 오래 전부터 중요한 이슈였다. 이는 사회복지사가 규범에 입각한 전문직이기 때문이다. 사회복지실천 윤리교육의 목적은 실습생들에게 사회복지실천이 내포하고 있는 고유한 도덕적 특정과 이와 연관된 모호함을 알 수 있도록 돕는 데 있다. 여기에서는 사회복지실천윤리를 학습하고자 한다.

Chapter 13 사회복지실천윤리

1. 사회복지실천윤리의 개념

사회복지 전문교육에 있어 윤리는 오래 전부터 중요한 이슈였다. 이는 사회복지사가 규범에 입각한 전문직이기 때문이다. 사회복지실천 윤리교육의 목적은 실습생들에게 사회복지실천이 내포하고 있는 고유한 도덕적 특정과, 이와 연관된 모호함을 알 수 있도록 돕는 데 있다.

사회복지 전문교육에 있어서, 윤리교육의 목표는 ① 실습생들의 도덕적 상상(moral imagination)을 자극하고, ② 분석적 기술을 개발하며, ③ 도덕적 의무감과 개인적 책임감을 이끌어 내고, ④ 윤리적 논쟁과 모호함에 대응할 수 있는 능력을 개발하기 위함이다.

전문사회복지 윤리교육의 목표를 다음과 같이 여섯 가지로 요약할 수 있다.

① 전문직 실천에 있어 윤리적 이슈에 대해 보다 민감하게 반응하고, 이에 대한 인식을 높인다.

② 경쟁적인 논쟁들의 제한점과 강점을 연구함으로써, 이러한 논쟁들을 구별하고 다룰 수 있다.

③ 실천상황과 연관된 윤리적 원칙을 알기 위해 학습한다.

④ 윤리적 결정과정에 대한 이해를 발전시킨다.

⑤ 사려 깊은 논리적인 결정에 도달할 수 있고, 그들의 직업활동에 윤리적 실천을 적용할 수 있다.

⑥ 자신들의 도덕적 열망과 기준을 명료화시킬 수 있으며, 실천현장에서 내린 윤리적 결정을 평가할 수 있도록 교육한다.

여기에서는 사회복지실천현장에서 윤리적 결정의 지침으로 사용되는 윤리강령을 살펴보고, 실천현장에서 사회복지사가 빈번히 직면하게 되는 가치갈등적인 상황과 윤리문제를 설명하고, 윤리적 의사결정과정에 대해 살펴보고자 한다.

2. 사회복지실천에서의 윤리와 가치

사회복지실천의 윤리문제를 논함에 있어 가치문제를 중요하게 다루는 이유는 윤리적 원칙(ethical principle)이 가치를 기반으로 세워지기 때문이다. 따라서, 가치에 기반을 두지 않은 규칙이나 원칙은 윤리적 규칙(ethical rule)이라 할 수 없다. 예를 들어, 미국인들은 자기결정권과 사생활권에 높은 가치를 두고 있다. 사실 모든 사람들은 언제, 어떻게, 어느 정도로 자신에 대한 정보를 나눌 것인지에 관한 자기결정권을 가지고 있다. 자기결정권과 사생활권은 다수의 사람들이 지향하는 사회적인 가치인 동시에 사회복지전문직의 가치이기도 하다. 따라서, 사회복지사가 클라이언트와의 면접을 녹화하기를 원할 경우 사전에 클라이언트의 동의를 구해야 하며, 녹화의 순응 여부는 전적으로 클라이언트의 자기결정에 달려 있기 때문에 이를 강요해서는 안 된다. 사회복지사가 사전에 동의를 구하는 것은 사회복지실천에서 반드시 지켜야 할 윤리적 의무로, 이는 자기결정권과 사생활권 존중이라는 가치에서 나온 것이다.

가치와 윤리의 차이점은 가치는 추상적이며 무엇이 좋고 바람직한가와 관련이 있고, 윤리는 무엇이 옳고 그른가에 관한 것이다. 사회복지의 가치와 실천윤리에 대해 구체적으로 살펴보면 다음과 같다.

1) 가치(Value)

가치는 일종의 신념이며 선택이다. 이는 인간에 대한 가정이다. 가치는 지식과 달리 과학적인 근거를 가진 것도 아니며, 객관적으로 증명할 수 있는 것도 아니다. 가치란 "주관적으로 선호하는 것으로 인간이 적절한 행동을 선택하는 데 있어서 지침이나 기준"이 된다.

사회복지전문직의 사명은 일련의 중심가치에 기초를 두고 있다. 미국사회복지사협회(NASW, National Association of Social Workers)에서는 사회복지의 독특한 목적과 관점의 기초가 되는 핵심가치를 서비스(service), 사회정의(social justice), 사람의 존엄성과 가치(dignity and worth of the person), 인간관계의 중요성(importance of human relationships), 정직성(integrity), 역량(competence)으로 설명하고 있다.

지금까지 여러 학자들이 제시한 사회복지가 지향해야 하는 핵심가치는 다양하지만, 다음과 같은 공통된 기반을 갖고 있다. 즉, 인간의 존엄성과 개인의 유일성, 클라이언트의 자기결정권, 비밀보장과 사생활 보장, 개인의 잠재력을 개발 할 수 있는 기회제공, 개인이 갖는 공통된 인간의 욕구를 충족시키는 것, 인간의 기본 욕구를 충족시킬 적당한 서비스와 자원의 제공, 클라이언트 역량강화(empowerment), 평등한 기회, 다양성 존중, 사회문제 예방과 치료를 위한 노력, 그리고 전문지식과 기술을 지속적으로 발전시키고, 다른 사람들과 함께 소유하고 교육하는 것이 자주 언급되는 중심가치이다.

2) 윤리(Ethnic)

윤리는 실질적인 결정을 내릴 때 필수적인 것으로, 이것은 가치에서 비롯되었으며, 옳고 그름을 판단할 수 있는 도덕적 지침이 되며, 실제 행위와 직접적으로 관련된 행동 철학이다. 전문가의 윤리는 어떤 전문가 역할을 수행하는 데 수반되는 특수한 책임을 성문화한 것이다. 사회복지실천에 있어 전문가의 가치와 윤리기준은 시대에 따라 변천해왔다. 사회복지윤리가 중세유럽의 종교적 도덕을 사회복지에 계승한 것을 시작으로 사회복지윤리는 발전해왔다. 사회복지윤리의 점진적 변화(evolution of social work ethic)를 시대별로 살펴보면 다음과 같다.

① 도덕성 시대(morality period) : 온정주의에 기초한 실천을 통해 극빈한 클라이언트들의 도덕성을 회복하고, 이들이 가난으로부터 벗어날 수 있도록 돕는 길을 마련하는 것에 관심을 둔 시기

② 가치 시대(values period) : 사회복지의 목적 및 가치에 관심을 둔 시기

③ 윤리이론과 결정의 시대(ethical theory and decision making period) : 실천상황에서 어떻게, 그리고 무슨 기준으로 사회복지사의 정당한 행동을 결정할 것인가에 관심을 둔 시기

④ 윤리기준과 위기관리 시대(ethical standard and risk management period) : 사회복지사의 업무상 과실(malpractice)과 신뢰성(reliability) 문제에 관심을 둔 시기

3) 윤리적 결정

윤리적인 결정을 하는 데 있어서 사회복지사가 고려해야 할 3가지 요소를 살펴보면 다음과 같다.

(1) 윤리적 함축(Ethical Implications)

전문적인 활동을 펼치는 과정에서 사회복지사는 다음 6가지 사항을 항상 기억해야 한다.

① 사례에 적용될 수 있는 모든 윤리원칙들은 신중히 고려해야 한다.

② 법적인 책임과 의학적 고찰에 필요한 모든 변수는 조명되어야 한다.

③ 비밀보장은 사회복지사의 중요한 관심영역이며, 이 원칙 때문에 사회복지사는 빈번히 임상적 딜레마에 빠지게 된다.

④ 클라이언트가 자신이나 타인의 생명에 위험하다고 판단될 경우, 사회복지사

는 비밀보장의 원칙보다는 생명존중의 원칙을 우선적으로 적용해야 한다.

⑤ 사회복지사는 지역사회의 도덕적 · 사회적 규약을 존중해야 한다.

⑥ 사회복지사는 자신들의 능력과 한계성을 인식하고 냉철하게 평가해야 한다.

(2) 법적인 면(Legal Aspects)

사회복지사가 하는 일들 중에 법의 제재를 받고 있는 활동이 있는지 혹은 없는지를 법적인 관점에서 살펴보아야 한다. 예를 들어, 사회복지사는 특정 업무를 수행하기 위해 자신이 자격을 갖췄는지 혹은 법에서 요구하는 면허증을 소지하고 있는지 등을 점검해야 한다. 사회복지사가 자신의 자격범위에서 벗어난 활동을 할 경우 이것은 비윤리적일 뿐만 아니라, 불법행위이다.

(3) 도덕적-전문적인 판단(Moral-Professional Judgements)

도덕적-전문적인 판단은 개개인의 사회복지사가 갖고 있는 가치체계와 관련 있다. 가치는 그 시대의 문화, 집단, 그리고 사람들이 바람직하다고 생각하는 '관습, 기준, 원칙'이다. 가치는 인간이 적절한 행동을 선택할 수 있도록 지침(guide) 또는 기준(criteria)을 제공하기 때문에 가치함유적인 전문직에 종사하는 사회복지사에게 중요한 잣대가 될 수 있다. 가치가 바람직한 행동을 선택하는 데 큰 도움을 주지만, 가치에 기반한 결정과 행동이 항상 바람직한 결과를 가져오는 것은 아니다. 예를 들어, 사회복지사가 사회복지의 핵심 가치인 클라이언트의 비밀보장을 철저히 지킨 결과, 타인의 생명에 위험을 주는 비극이 초래될 수도 있다.

3. 사회복지실천 과정에서의 윤리적 딜레마

사회복지사는 실천현장에서 종종 윤리적 결정을 내려야 한다. 그리고 이러한 윤리적 결정은 사회복지사로 하여금 윤리적인 딜레마에 빠지게 한다. 사회복지사들이 실천현장에서 자주 부딪히게 되는 윤리적 딜레마로는 크게 세 가지 - ① 개인과 가족에 대한 직접적인 서비스, ② 사회복지정책과 프로그램의 구성과 제공, ③ 전문직 동료 간의 관계와 관련된 윤리적 딜레마-범주로 구분할 수 있다.

1) 직접적인 서비스

사회복지사가 직접실천을 하면서 직면할 수 있는 윤리적 이슈는 다양하다. 예를 들어, 클라이언트에게 진실을 밝히는 문제, 법, 규칙 또는 정책과 치료 목적의 상충, 클라이언트의 결정에 반(反)한 서비스 종결, 클라이언트가 원하지 않는 서비스 제공 등 사회복지사는 여러 가지 상황에서 윤리적인 갈등을 경험한다. 그 예로, 입양기관의 사회복지사를 인터뷰한 질적 연구에서 밝혀진 입양실무에서 사회복지사가 경험하는 윤리적인 딜레마는 다음과 같다.

실무자들은 입양서비스를 하는 데 있어 실천의 중심이 누가 되어야 할 것인지(아동 대 부모 중심의 실천)의 문제, 비밀보장, 자기결정권 등과 관련된 윤리적 딜레마를 직면한다. 실무자들은 입양실무에 있어 누구를 주체로 개입할 것인가 또한 하고 있는가의 차원에서 딜레마를 경험한다. 원칙적으로 입양실무는 아동복지서비스의 일환이므로 입양아동의 입장에서 아동의 이익이 최우선 되어야 하지만, 종종 입양부모의 입장에서 혹은 기관의 입장에서 일을 진행하게 되는 경우가 있다. 예를 들어, 입양아동과 입양부모를 매칭(matching)시킬 때, 입양아동에게 가장 적합한 입양부모를 연결시키기보다는 입양부모의 요구에 맞춰서 아동을 연결시킬 때가 있다. 또한 실무자들은 비밀보장의 딜레마를 경험하게 되는데, 혈통주의로 인한 비밀입양에 대한 선호가 큰 우리나라에서는 미혼부모, 입양부모 쌍방이 비밀유지를 원하는 경우가 많다. 그러나 이들이 원하는 비밀을 보장할 수 없을 때가 있다. 현재 우리나라 입양의 주류를 이루고 있는 미혼모의 자녀가 입양되기 위해 미혼부와 가족에게 임신과 출산 사실을 알리고 입양에 대한 동의를 받아야 하기 때문이다. 반면, 입양부모에 대해서는 공개입양의 이슈와 관련하여 자기결정권의 딜레마에 빠질 수 있다. 입양실무자들은 공개와 비밀입양의 장·단점을 입양부모에게 충분히 설명한 후 입양부모가 선택하도록 안내해야 한다. 그러나 문제는 우리나라 입양정책이 공개입양을 지향하고 있다는 것이다. 따라서, 정책과 실무 간의 괴리가 존재하며, 이로 인한 윤리적인 딜레마를 경험하게 된다. 덧붙여 입양부모에게 입양아동에 대한 정보를 얼마나 공개할 것인가 하는 것도 어려운 과제이며, 또한 입양된 아동이 자신의 친생부모를 찾고자 할 때도 친생부모에 대한 비밀보장의 이슈가 남아 있다.

직접 서비스와 관련된 윤리적 문제는 일반적으로 가치상충(competing values), 의무상충(competing loyalties), 다중 클라이언트 시스템(multiple client system), 결과의 모호성(ambiguity), 힘의 불균형(power imbalance)으로부터 발생함을 알 수 있다.

이러한 다섯 가지 상황을 보다 구체적으로 요약 · 정리하면 다음과 같다.

(1) 가치 상충(competing values)

사회복지사는 두 개 또는 그 이상의 경쟁적인 가치와 직면했을 때 윤리적 딜레마에 빠진다. 가치상충으로 인해 사회복지사가 윤리적인 딜레마에 빠지는 일은 실천현장에서 가장 빈번히 일어나는 일이라 할 수 있다.

다음은 클라이언트의 자기결정(self-determination) 및 비밀보장(confidentiality)이 생명존중과 상충되는 상황이다.

다음 상황을 논의해보자.

P씨는 78세로 병원에서 갓 퇴원하여 혼자서 아파트에서 살고 있다. P씨의 동생은 같은 아파트, 같은 동에서 살고 있다. 당신은 호스피스 사회복지사이다. 금요일 오후 3시 50분에 당신은 초기 심리사회사정을 끝마치기 위해 P씨를 방문했다. 사정을 하는 동안 당신은 P씨가 독립적으로 자신을 돌볼 수 있는 능력이 없기 때문에 혼자 생활하는 것이 안전하지 못함을 알게 되었다. 매우 병약한 상태에 있는 P씨는 거동하는 것도 어려웠고 돌봐 줄 사람도 없었다. P씨의 사람, 정서, 시간에 대한 지각력은 좋은 편이었다. 그는 양로원이나 요양시설에 입소하

는 것을 동의하지 않았다. 만약 P씨가 외부로부터 특정 도움을 받는 것에 동의할지라도 [오늘이 금요일 오후이기 때문에] 주말 동안에 이러한 서비스를 받기란 불가능한 일이다. 당신은 P씨에게 동생이 주말 동안 P씨를 도울 수 있으리라 제안했으나, P씨는 혼자 있어도 괜찮다고 하면서 동생에게 알리지 말 것을 요청했다. P씨의 다른 형제는 다른 주(state)에 살고 있기 때문에 주말 동안 그를 도울 수 있는 입장이 아니다. 이런 상황 에서 당신은 비밀보장의 원칙을 깨고 P씨의 동생에게 주말 동안 P씨를 돌볼 것을 요청할 것인가?

위의 상황을 80명의 사회복지학과(55명의 대학원 실습생과 25명의 학부실습생) 실습생에게 제시한 결과, 응답자의 37명(46.3%)이 자기결정의 원칙을 지키지 못할 것이라고 답했고, 나머지 43명(53.7%)은 자기결정의 원칙을 지킬 것이라고 밝혔다.

그러므로 클라이언트의 자기결정권과 관련된 문제는 사회복지사가 가장 흔하게 접하면서도 매우 복잡한 문제이기도 하다. 비밀보장도 자기결정과 마찬가지로 복잡한 과정이며, 특정 상황에서는 국가법이나 전문직의 기준(standards)에 의해 비밀보장이 허락되지 않을 수도 있다.

(2) 의무 상충(competing loyalties)

기관에 대한 의무와 클라이언트에 대한 의무가 서로 경쟁적인 위치에 있을 경우, 사회복지사는 갈등을 경험한다. 사회복지사는 자신을 고용한 기관의 정책에 따라야 하지만, 이러한 기관의 정책이 항상 클라이언트의 이익과 일치하지는 않는다. 다시 말해서 사회복지사 소속기관의 정책과 목표가 클라이언트의 이익과 갈등관계에 있으면, 사회복지사는 윤리적 딜레마를 경험하게 된다. 또한 한정된 자원으로 운영되는 비영리단체의 사회복지사의 경우, 자원부족과 예산 삭감으로 인해 클라이언트에게 최선의 서비스와 프로그램을 제공하지 못할 때가 빈번하다.

(3) 다중 클라이언트 체계(multiple client systems)

하나 이상의 복잡성을 가진 클라이언트 체계도 윤리적인 갈등을 야기할 수 있다. 실천현장에서 흔히 사회복지사는 "누가 클라이언트인가?"라는 질문을 하게 된다. 전술한 바와 같이 입양기관에서 일하는 사회복지사들은 입양실무를 구성하고 있는 다중의 클라이언트체계 아동, 친부모, 입양부모와 일하면서 윤리적 갈등을 겪게 된다. 아동의 관점에서, 생부모의 관점에서, 혹은 입양부모의 관점에서 입양을 둘러싼 복잡한 윤리적인 이슈(입양부모와 아동 매칭, 아동의 알 권리를 우선으로 할 것인지, 아니면 입양부모와 생부모의 비밀보장을 우선으로 할 것인지 등)에 직면하게 된다.

(4) 결과의 모호성(ambiguity)

개입의 장기적 효과가 모호할 때, 사회복지사는 선택의 딜레마에 직면한다. 입양을 예로 들어, 미혼모의 해외입양이 과연 아동을 위해 최선의 결정인지 그 결과를 예측할 수 없을 때, 또한 이러한 개입의 효과성에 대한 실증적인 증거가 충분하지 않을 때 아동을 위한 최선의 결정을 내리는 데 갈등을 겪게 된다.

(5) 힘의 불균형(power imbalance)

사회복지사와 클라이언트 관계에서 힘의 불균형이 일어나는 것은 사실이며, 결과적으로 이러한 상황이 윤리적 딜레마를 가져온다. 클라이언트가 도움을 구하는 위치에 있기 때문에 클라이언트와 사회복지사 간의 수평적인 관계형성이 힘들 때도 있다. 사회복지사가 클라이언트의 자기결정권과 최상의 이익, 의사결정에서의 클라이언트 참여에 높은 가치를 둔다. 하지만 실제 사회복지실천 과정 에서는 이를 충분히 적용할 수 없는 상황이 종종 발생한다. 특히, 클라이언트의 기능이 손상된 경우 중요한 결정과 선택을 전문가에게 의존함으로써 클라이언트는 그들의 자유와 알 권리를 포기하는 경우가 생긴다.

2) 사회복지정책과 프로그램 구성과 제공

직접적인 개입에 있어서 직면할 수 있는 윤리적인 딜레마와 마찬가지로 사회복지정책, 프로그램 구성 및 제공과 관련된 윤리적 딜레마도 매우 광범위하다. 그럼에도 불구하고, 가장 일반적으로 제기되는 문제는 제한된 자원을 분배하는 기준, 복지권, 그리고 사회복지 서비스 제공에 있어 국가의 역할과 관련된 윤리적인 딜레마를 꼽을 수 있다.

3) 동료 간의 관계와 관련된 윤리적 딜레마

일반적으로 동료 간의 윤리적 갈등은 전문직 동료의 잘못된 행위(wrongdoing)와 무능력을 보고해야 하는 사회복지사의 의무와 관련이 있다. 예를 들어, 사회복지사가 동료의 비윤리적 행동(예: 전문직 자격증이 없이 클라이언트에게 서비스 제공, 클라이언트를 차별함 등)을 목격했을 때, 어떤 행동을 취해야 될지 윤리적인 딜레마에 빠지게 된다. 이 경우 사회복지사는 동료의 행동을 슈퍼바이저에게 보고할 의무가 있는가?, 경우에 따라 잘못된 행위를 무시해도 되는가?, 실천가들은 동료의 잘못된 행위와 무능함(무자격)을 보고하는 데 있어 어디에 기준을 둘 것인가 등과 같은 갈등을 경험하게 된다.

4. 전문직 윤리강령의 의미

최근 들어 법, 의료, 사회복지, 심리, 정신의료, 기술, 언론 등 각종 전문직에 종사하고 있는 실천가들의 행동에 대한 책임 추궁이 빈번히 발생하면서 전문직 윤리에 대한 중요성이 갈수록 강조되고 있다. 모든 전문직들은 윤리강령을 가지고 있다. 가장 오랜 전통을 가진 의료윤리강령의 역사는 고대 그리스시대로 거슬러 올라간다. 히포크라테스(기원전 460-377)는 의사를 위한 윤리강령을 작성하여 의사들의 전문적이며 윤리적인 행위를 강조하였다. 그가 만든 의료윤리강령은 오늘날까지 의사들을 위한 행동지침으로 널리 사용되고 있다.

특정 직업을 전문직으로 발전시키기 위해서는 윤리강령이 필요하다. 사회복지도 예외는 아니다. 미국에서는 리치몬드의 도움으로 1920년에 최초의 사회복지사 윤리강령 초안을 만들었다. 미국사회복지사협회(AASW, The American Association of Social Workers)에서도 사회복지를 전문직으로 발전시키기 위한 전문가 윤리강령의 중요성을 제시하였다. 1924년에 이 협회의 공식저널인 *The Compass*에서 "사람들이 과연 사회복지사가 일상적인 상황에서 어떻게 행동하는지를 알아야 할 권리를 갖고 있는가?"라는 질문을 던짐으로써 윤리적 실천의 문제를 밝히고 사회복지사를 위한 윤리강령을 만들도록 재촉하였다. 1960년에 미국사회복지사협회(NASW, National Association of Social Workers)에서는 사회복지사들을 위한 공식적인 윤리강령을 채택하여 발표하였다. 그 후 미국에서는 사회복지사 윤리강령의 실천적 유용성과 현실성을 고려하여, 1979년 그전의 것과는 다른 새로운 윤리강령을 선포하였고, 1990년에 개정하였다. 사회복지사 윤리강령은 사회복지 전문직의 위상을 높이고 실천의 지침을 제공한다는 점에서 큰 의미를 갖는다.

사회복지사 윤리강령

[전문]

사회복지사는 인본주의 · 평등주의 사상에 기초하여, 모든 인간의 존엄성과 가치를 존중하고 천부의 자유권과 생존권의 보장활동에 헌신한다. 특히, 사회적 · 경제적 약자들의 편에 서서 사회정의와 평등 · 자유와 민주주의 가치를 실현하는데 앞장선다. 또한 도움을 필요로 하는 사람들의 사회적 지위와 기능을 향상시키기 위해 저들과 함께 일하며, 사회제도 개선과 관련된 제반 활동에 주도적으로 참여한다. 사회복지사는 개인의 주체성과 자기결정권을 보장하는 데 최선을 다하고, 어떠한 여건에서도 개인이 부당하게 희생되는 일이 없도록 한다. 이러한 사명을 실천하기 위하여 전문적 지식과 기술을 개발하고, 사회적 가치를 실현하는 전문가로서의 능력과 품위를 유지하기 위해 노력한다. 이에 우리는 클라이언트 · 동료 · 기관 그리고, 지역사회 및 전체사회와 관련된 사회복지사의 행위와 활동을 판단 · 평가하며 인도하는 윤리기준을 다음과 같이 선언하고 이를 준수할 것을 다짐한다.

[윤리기준]

▶ 사회복지사의 기본적 윤리기준

• 전문가로서의 자세

1) 사회복지사는 전문가로서의 품위와 자질을 유지하고, 자신이 맡고 있는 업무에 대해 책임을 진다.
2) 사회복지사는 클라이언트의 종교 · 인종 · 성 · 연령 · 국적 · 결혼상태 · 성 취향 · 경제적 지위 · 정치적 신념 · 정신, 신체적 장애 · 기타 개인적 선호, 특징, 조건, 지위를 이유로 차별 대우를 하지 않는다.
3) 사회복지사는 전문가로서 성실하고 공정하게 업무를 수행하며, 이 과정에서 어

떠한 부당한 압력에도 타협하지 않는다.

4) 사회복지사는 사회정의 실현과 클라이언트의 복지 증진에 헌신하며, 이를 위한 환경 조성을 국가와 사회에 요구해야 한다.

5) 사회복지사는 전문적 가치와 판단에 따라 업무를 수행함에 있어, 기관 내외로부터 부당한 간섭이나 압력을 받지 않는다.

6) 사회복지사는 자신의 이익을 위해 사회복지 전문직의 가치와 권위를 훼손해서는 안 된다.

7) 사회복지사는 한국사회복지사협회 등 전문가단체 활동에 적극 참여하여, 사회정의 실현과 사회복지사의 권익옹호를 위해 노력해야 한다.

• 전문성 개발을 위한 노력

1) 사회복지사는 클라이언트에게 최상의 서비스를 제공하기 위해, 지식과 기술을 개발하는데 최선을 다하며 이를 활용하고 전파할 책임이 있다.

2) 클라이언트를 대상으로 연구하는 사회복지사는 저들의 권리를 보장하기 위해, 자발적이고 고지된 동의를 얻어야 한다.

3) 연구과정에서 얻은 정보는 비밀보장의 원칙에서 다루어져야 하고, 이 과정에서 클라이언트는 신체적, 정신적 불편이나 위험 · 위해 등으로 부터 보호되어야 한다.

4) 사회복지사는 전문성을 개발하기 위해 노력하되, 이를 이유로 서비스의 제공을 소홀히 해서는 안 된다.

5) 사회복지사는 한국사회복지사협회등이 실시하는 제반교육에 적극 참여하여야 한다.

• 경제적 이득에 대한 태도

1) 사회복지사는 클라이언트의 지불능력에 상관없이 서비스를 제공해야 한다. 이를 이유로 차별대우를 해서는 안 된다.

2) 사회복지사는 필요한 경우에 제공된 서비스에 대해, 공정하고 합리적으로 이용

료를 책정해야 한다.

3) 사회복지사는 업무와 관련하여 정당하지 않은 방법으로 경제적 이득을 취하여서는 안 된다.

▶ 사회복지사의 클라이언트에 대한 윤리기준

• 클라이언트와의 관계

1) 사회복지사는 클라이언트의 권익옹호를 최우선의 가치로 삼고 행동한다.
2) 사회복지사는 클라이언트에 대하여 인간으로서의 존엄성을 존중해야 하며, 전문적 기술과 능력을 최대한 발휘한다.
3) 사회복지사는 클라이언트가 자기결정권을 최대한 행사할 수 있도록 도와야 하며, 저들의 이익을 최대한 대변해야 한다.
4) 사회복지사는 클라이언트의 사생활을 존중하고 보호하며, 직무 수행과정에서 얻은 정보에 대해 철저하게 비밀을 유지해야 한다.
5) 사회복지사는 클라이언트가 받는 서비스의 범위와 내용에 대해, 정확하고 충분한 정보를 제공함으로써 알 권리를 인정하고 존중해야 한다.
6) 사회복지사는 문서 · 사진 · 컴퓨터 파일 등의 형태로 된 클라이언트의 정보에 대해 비밀보장의 한계 · 정보를 얻어야 하는 목적 및 활용에 대해 구체적으로 알려야 하며, 정보 공개시에는 동의를 얻어야 한다.
7) 사회복지사는 개인적 이익을 위해 클라이언트와의 전문적 관계를 이용하여서는 안 된다.
8) 사회복지사는 어떠한 상황에서도 클라이언트와 부적절한 성적관계를 가져서는 안 된다.
9) 사회복지사는 사회복지 증진을 위한 환경조성에 클라이언트를 동반자로 인정하고 함께 일해야 한다.

• **동료의 클라이언트와의 관계**

1) 사회복지사는 적법하고도 적절한 논의 없이 동료 혹은, 다른 기관의 클라이언트와 전문적 관계를 맺어서는 안 된다.
2) 사회복지사는 긴급한 사정으로 인해 동료의 클라이언트를 맡게 된 경우, 자신의 의뢰인 처럼 관심을 갖고 서비스를 제공한다.

▶ 사회복지사의 동료에 대한 윤리기준

• **동료**

1) 사회복지사는 존중과 신뢰로서 동료를 대하며, 전문가로서의 지위와 인격을 훼손하는 언행을 하지 않는다.
2) 사회복지사는 사회복지 전문직의 이익과 권익을 증진시키기 위해 동료와 협력해야 한다.
3) 사회복지사는 동료의 윤리적이고 전문적인 행위를 촉진시켜야 하며, 이에 반하는 경우에는 제반 법률규정이나 윤리기준에 따라 대처해야 한다.
4) 사회복지사가 전문적인 판단과 실천이 미흡하여 문제를 야기시켰을 때에는, 적절한 조치를 취하여 클라이언트의 이익을 보호해야 한다.
5) 사회복지사는 전문직 내 다른 구성원이 행한 비윤리적 행위에 대해, 제반 법률규정이나 윤리기준에 따라 조치를 취해야 한다.
6) 사회복지사는 동료 및 타 전문직 동료의 직무 가치와 내용을 인정 · 이해하며, 상호간에 민주적인 직무관계를 이루도록 노력해야 한다.

• **슈퍼바이저**

1) 슈퍼바이저는 개인적인 이익의 추구를 위해 자신의 지위를 이용해서는 안 된다.
2) 슈퍼바이저는 전문적 기준에 의해 공정하게 책임을 수행하며, 사회복지사 · 수련생 및 실습생에 대한 평가는 저들과 공유해야 한다.
3) 사회복지사는 슈퍼바이저의 전문적 지도와 조언을 존중해야 하며, 슈퍼바이저

는 사회복지사의 전문적 업무수행을 도와야 한다.

4) 슈퍼바이저는 사회복지사 · 수련생 및 실습생에 대해 인격적 · 성적으로 수치심을 주는 행위를 해서는 안 된다.

▶ 사회복지사의 사회에 대한 윤리기준

1) 사회복지사는 인권존중과 인간평등을 위해 헌신해야 하며, 사회적 약자를 옹호하고 대변하는 일을 주도해야 한다.
2) 사회복지사는 필요한 사회서비스를 개발하기 위한 사회정책의 수립 · 발전 · 입법 · 집행에 적극적으로 참여하고 지원해야 한다.
3) 사회복지사는 사회환경을 개선하고 사회정의를 증진시키기 위한 사회정책의 수립 · 발전 · 입법 · 집행을 요구하고 옹호해야 한다.
4) 사회복지사는 자신이 일하는 지역사회의 문제를 이해하고, 그것을 해결하는 일에 적극적으로 참여해야 한다.

▶ 사회복지사의 기관에 대한 윤리기준

1) 사회복지사는 기관의 정책과 사업 목표의 달성 · 서비스의 효율성과 효과성의 증진을 위해 노력함으로써, 클라이언트에게 이익이 되도록 해야 한다.
2) 사회복지사는 기관의 부당한 정책이나 요구에 대하여, 전문직의 가치와 지식을 근거로 이에 대응하고 즉시 사회복지윤리위원회에 보고해야 한다.
3) 사회복지사는 소속기관 활동에 적극 참여함으로써, 기관의 성장발전을 위해 노력해야 한다.

▶ 사회복지윤리위원회의 구성과 운영

1) 한국사회복지사협회는 사회복지윤리위원회를 구성하여, 사회복지윤리실천의 질

적인 향상을 도모하여야 한다.

2) 사회복지윤리위원회는 윤리강령을 위배하거나 침해하는 행위를 접수받아, 공식적인 절차를 통해 대처하여야 한다.

3) 사회복지사는 한국사회복지사협회의 윤리적 권고와 결정을 존중하여야 한다.

[사회복지사 선서]

나는 모든 사람들이 인간다운 삶을 누릴 수 있도록,
인간 존엄성과 사회정의의 신념을 바탕으로,
개인 · 가족 · 집단 · 조직 · 지역사회 · 전체사회와 함께 한다.
나는 언제나 소외되고 고통 받는 사람들의 편에 서서,
저들의 인권과 권익을 지키며,
사회의 불의와 부정을 거부하고,
개인이익보다 공공이익을 앞세운다.
나는 사회복지사 윤리강령을 준수함으로써,
도덕성과 책임성을 갖춘 사회복지사로 헌신한다.
나는 나의 자유의지에 따라 명예를 걸고 이를 엄숙하게 선서합니다.

5. 윤리적 의사결정지침과 결정의 우선순위

윤리적 의사결정은 단순하지가 않다. 앞서 언급한 바와 같이 윤리강령이 의사 결정의 지침이 되기도 하지만, 윤리강령 자체가 분명하지 않고 포괄적이어서 강령만으로 결정을 내리기 힘든 상황이 사회복지 실천현장에서 종종 발생한다. 또한 특정 상황에 적용할 수 있는 사회복지실천 원칙과 가치가 하나 이상 존재하며, 서로 상충된 경우에는 더욱 그렇다. Loewenberg와 Dolgoff는 윤리적 의사결정을 하는 데 도움을 줄 수 있는 2가지 지침인 윤리적 규칙 스크린(Ethical Rules Screen, ERS)과 윤리적 원칙 스크린(EPS : Ethical Principles Screen)을 제시했다.

〈표 13-1〉 윤리적 규칙 스크린

1. 윤리강령을 살펴보고 어떤 규칙을 적용할 수 있는지 결정한다. 이러한 규칙들은 사회복지사 개인의 가치 체계보다 우선이 되어야 한다.
2. 적용 가능한 한 가지 혹은 여러 가지의 강령규칙을 따른다.
3. 구체적인 문제에 대해서 강령규칙이 직접적으로 부합되지 않거나 혹은 여러 개의 강령규칙들이 상충되는 경우에는 윤리적 원직 스크린(EPS)을 활용한다.

윤리강령을 토대로 사회복지사가 직면한 갈등상황을 해결하기 힘들 때, 윤리적 원칙들을 서열화시켜 우선이 되는 원칙부터 윤리적 결정을 내리는 데 적용하는 것이 중요하다. 〈표 13-2〉에서 보는 바와 같이 윤리원칙의 제1순위는 생명보호의 원칙으로 다른 어떤 원칙보다 윤리적 결정에서 우선적으로 적용된다.

〈표 13-2〉 윤리적 원칙 스크린

윤리원칙 1	생명보호의 원칙
윤리원칙 2	평등과 불평등의 원칙
윤리원칙 3	자율성과 자유의 원칙
윤리원칙 4	최소한 손실의 원칙
윤리원칙 5	삶의 질의 원칙
윤리원칙 6	사생활 보호와 비밀보장의 원칙
윤리원칙 7	진실성과 정보개방의 원칙

6. 윤리적 결정에 관한 사례연구

사회복지실천에서 윤리적인 문제가 포함되어 있지 않은 사례는 거의 없기 때문에 사회복지사는 일상의 실천에서 끊임없이 윤리적인 함의가 있는 결정을 내려야 한다. 특히, 정신보건 영역에서 일하는 사회복지사의 경우 개입의 전 과정에서 사회복지 가치철학과 상충되는 상황을 빈번히 직면하게 된다.

미국의 경우, 사회복지사의 윤리적인 실천을 돕고 클라이언트의 이익과 권리를 옹호하기 위해 구체적인 윤리지침을 제시하고 있어 이를 기초로 윤리적 행동을 판단할 수 있다. 그럼에도 불구하고, 아직도 사회복지사가 실천현장에서 직면하는 여러 가지 윤리적 이슈를 효율적으로 대처할 수 있도록 안내해 주는 윤리적 행동지침에 대한 윤리적인 결정을 내려야 하는 상황이 더욱 복잡해지고, 이와 관련하여 사회복지전문직의 윤리적인 판단과 결정이 더욱 중요시되기 때문이다.

결론적으로 사회복지실천에서 윤리적 문제가 관여되지 않는 상황은 없기 때문에 사회복지사가 윤리강령을 준수하여 의사결정을 내리는 것이 중요하다.

윤리적 결정 Exercise

다음의 사례들은 사회복지실천현장에서 사회복지사가 흔히 접할 수 있는 윤리적 딜레마 상황이다. 이러한 상황에서 사회복지사가 취한 행동에 대한 학습자의 의견은?

[사례 1]

최근 K여사는 이혼으로 인해 심각한 심리적 스트레스를 받고 있다. 이러한 정신적 고통을 해결하고자 K여사는 S정신보건사회복지사와 만나 상담을 받고 있다. 3회 상담을 진행할 때 S정신보건사회복지사는 K여사가 다른 정신보건사회복지사에게 지난 3개월 동안 전문상담서비스를 받아 왔음을 알게 되었다. 두 정신보건사회복지사의 개입방법이 다름에도 불구하고, K여사는 그녀를 담당하고 있는 두 사람의 사회복지사와 계속 상담받기를 원했다. K여사의 의견에 따라 K씨와의 상담이 성공적으로 진행되어 왔기 때문에 S사회복지사는 K여사에게 계속적인 상담 서비스를 제공하기로 결정했다. 이 사례에서 S사회복지사의 행동은?

1. 윤리적이나 합법적이지는 않다.
2. 합법적이며 윤리적이다.
3. 윤리적이 아니다.
4. 비합법적이다.

[사례 2]

M은 22세 여대생으로 지역정신보건센터의 사회복지사에게 상담을 받고 있다. M은 남자친구와 헤어진 후 우울증으로 고통 받고 있으며, 새로 사귄 남자친구와 건전한 이성관계를 발전시키는 데 어려움이 있음을 호소했다. 상담 도중 M은 남자를 신뢰할 수 없으며, 남자에 대한 극심한 공포감을 표현했다. M은 대학교 1학년 때에도 심한 우울증 때문에 Y병원의 정신과에서 치료를 받은 경험을 이야기하면서 남성에 대한 분노와 비합리적인 사고를 표현했다. 그녀에게 과거 상담 경험에 대해 상세한 설명을 요청했을 때, M은 이전의 정신보건사회복지사와 성관계가 있었음을 보고했다. 이 상황에서 사회복지사가 해야 할 일은?

1. 부정행위를 한 M의 정신보건사회복지사를 대면해야 한다.
2. 사회복지사협회에 M의 정신보건사회복지사를 신고해야 한다.
3. 클라이언트의 비밀을 유지해야 한다.
4. 전문 사회복지사의 성적 비행을 가까운 경찰서에 신고해야 한다.

[사례 3]

S장애인복지관의 사회복지사는 L직업재활기관의 사회복지사에게 클라이언트를 의뢰했다. L시설의 사회복지사는 감사의 표시로 선물을 보냈고, S시설의 사회복지사는 L시설에서 보내온 선물을 기꺼이 받았다. 이러한 상황은?

1. 작은 선물이면 윤리적이다.

2. 클라이언트가 L시설에 지불해야하는 프로그램 사용료보다 액수가 작으면 윤리적이다.

3. 클라이언트 의뢰에 대한 답례로 선물교환에 대한 계약을 미리 하지 않았으면 비윤리적이다.

4. 윤리강령에 의하면 비윤리적이다.

[사례 4]

복합적인 문제와 욕구를 가진 클라이언트를 보다 효율적으로 돕기 위하여 타 기관의 전문인에게 사례에 대한 자문을 요청할 경우, 사회복지사가 반드시 해야 하는 일은?

1. 자문(consultation)을 위해 동의서(정보누설에 동의하는)에 클라이언트의 서명을 미리 받는다.
2. 클라이언트에게 자문에 관해 이야기한다.
3. 클라이언트에게 구두로 동의를 구한다.
4. 클라이언트의 비밀을 다른 전문인들과 이야기하는 것은 비윤리적인 행위이므로 자문을 구하지 않는다.

1. 자문을 위해 동의서(정보누설에 동의하는)에 클라이언트의 서명을 미리 받는다.

2. 클라이언트에게 자문에 관해 이야기한다.

3. 클라이언트에게 구두로 동의한다.

4. 윤리강령에 의하면 비윤리적이다.

[사례 5]

> S사회복지사는 P에게 지난 6개월 동안 놀이치료를 주 1회 진행해왔으나, P에게는 아무런 변화가 없었다. 이러한 상황에서 S사회복지사가 취할 수 있는 행동은?

1. 치료를 종결해야 한다.
2. 사례회의(case conference)를 통하여 supervisor와 동료에게 자문을 구한다.
3. 책이나 연구논문을 통하여 효율적인 개입방법을 모색한다.
4. P에게 서비스 종결의 가능성과 다른 치료사에게 P의 사례를 의뢰하는 것에 관하여 의논한다.

[사례 6]

> C씨는 항우울증 치료약을 복용하면서 정신과의 S정신보건사회복지사에게 상담치료를 함께 받고 있다. 어느 날 자신의 우울증 증세가 많이 호전되었다고 생각한 C씨는 담당 사회복지사인 S에게 약에 관한 조언을 요청했다. 이 상황에서 S정신보건사회복지사의 윤리적인 행동은?

1. 약을 중단하라고 조언한다.
2. 서서히 약을 줄이라고 조언한다.
3. 약을 중단하라고 권하면서, 우울 증상이 재발했을 때 즉시 보고해 줄 것을 요청한다.
4. C씨가 약물치료에 대한 평가를 담당의사와 함께 할 수 있도록 도와준다.

[사례7]

사회복지사인 Y씨에게 친한 이웃인 P씨는 남편의 외도 때문에 심리적인 고통을 받고 있음을 알려왔다. Y사회복지사와 P씨는 평소에 가까운 이웃으로 서로 몇 해 동안 친구관계를 유지하면서 지역사회 봉사를 함께 해왔다. P씨는 다른 전문 상담가에게 자신의 문제를 상담하기보다 Y사회복지사가 자신에 대하여 가장 잘 알고 있다고 생각했기 때문에 Y씨에게 전문상담 계약을 원했다. 이 상황에서 Y 사회복지사의 윤리적인 행위는?

1. Y씨는 친구 P씨에게 그들이 친구관계에 있기 때문에 상담 서비스를 제공할 수 없음을 설명하고, 유능한 동료에게 P씨의 사례를 의뢰하거나 P씨에게 타 기관의 상담정보를 제공한다.
2. 공식적인 상담계약을 하지 말고, P씨와 임시적인 상담을 한 후 결과가 효과적이면 공식적인 상담계약을 한다.
3. 클라이언트가 원하는 상담 서비스를 Y씨는 거절해서는 안 된다.
4. 결정을 하기 전에 슈퍼바이저에게 자문을 구한다.

[사례 8]

S사회복지사는 대인공포증으로 공통 받고 있는 J씨를 10회 상담했으나 그의 증상에는 아무런 변화가 없었다. J씨를 돕기 위한 방편으로 J씨와의 상담내용을 녹화하여 효과적인 개입방법과 기술에 관하여 외부 전문인의 자문을 구하기로 했다. 이러한 상황에서 S사회복지사의 윤리적인 행동은?

1. 테이프 녹화에 관한 사항을 J에게 미리 알려주면 J가 녹화를 의식하여 의도적인 행동을 하게 되므로 상담이 끝난 후에 녹화 사실을 J에게 알려준다.
2. J씨의 이익을 위한 녹화이므로 J씨에게 알려 줄 필요가 없다.

3. 상담 내용을 녹화하기 전에 J씨에게 동의를 반드시 얻어야 한다.

4. 상담 내용을 녹화하는 것은 J씨에 대한 개인적인 사생활 침해이므로 절대로 해서는 안 된다.

[사례 9]

> 사회복지사인 L씨는 동료인 S씨가 전도사로 일하고 있는 친구에게 자신이 담당하고 있는 클라이언트의 문제에 대하여 이야기하면서 조언을 부탁하는 것을 알게 되었다. 이러한 상황에서 L씨의 윤리적인 행위는?

1. 동료 S씨의 친구가 클라이언트를 돕기 위해 유익한 조언을 했으므로 아무런 행동을 취하지 않는다.

2. 동료의 행동에 간섭하는 것은 사회복지의 가치에 어긋나기 때문에 아무런 행동을 취하지 않는다.

3. 사회복지사는 다른 동료의 인격과 전문성을 최대한으로 존중해야 하기 때문에 아무런 행동을 취하지 않는다.

4. 적절한 절차를 통하여 클라이언트의 비밀을 존중하지 않았던 동료 S씨의 비윤리적인 행위에 대처한다.

[사례 10]

> P씨는 규모가 작은 노인복지시설에서 사회복지사로 일하고 있다. 모 신문사에서 P씨가 실시하고 있는 프로그램을 취재하여 전국에 소개하길 원했다. 신문사 측에서는 P사회복지사와 클라이언트의 사진을 인터뷰 내용과 함께 기사화함으로써 독자들에게 사실적인 감동을 주길 원했다. 기사취재를 제시한 신문사는 P씨가 클라이언트를 위하여 계속적으로 서비스를 제공할 수 있도록 든든한 후원

자를 모집할 수 있게 도와줄 것을 약속했다. 하지만 노인복지시설의 클라이언트들과 이들의 가족들은 신문사의 인터뷰와 사진촬영을 거부했다. 이 상황에서 P씨의 행동은?

1. 프로그램을 위한 긍정적인 원조를 받기 위하여 클라이언트를 설득시켜 인터뷰에 응하도록 한다.
2. 기관의 홍보와 자신이 개발하여 실시하고 있는 프로그램을 다른 사회복지사들과 함께 공유하기 위하여 클라이언트의 의사와는 상관없이 인터뷰에 응한다.
3. 클라이언트의 동의 없는 취재는 비윤리적인 행위이므로 신문사의 제의를 거절한다.
4. 기관의 자원이 절대적으로 부족한 만큼 클라이언트의 적극적인 협조를 강요한다.

사례정답

1-3, 2-3, 3-4, 4-1, 5-4, 6-4, 7-1, 8-3, 9-4, 10-3

부록

표준실습교육매뉴얼

(한국사회복지사협회)

사회복지현장실습 관련서식 : 교육기관용

사회복지현장실습 관련서식 : 실습기관용

사회복지현장실습 관련서식 : 실습생용

※교육기관별로 차이가 있음.

1 사회복지현장실습 관련 서식 - 교육기관용

[교육기관 1] 실습의뢰서

○○○대학교(원) ○○대학 사회복지학과장

수신자

(참 조)

제 목 **사회복지현장실습 의뢰**

---

1. 항상 사회복지현장실습 교육을 위해 애써 주시는 귀 기관에 감사드립니다.

2. 사회복지현장실습을 수강하는 본교 사회복지학과 학생의 실습교육을 의뢰하오니 아래를 참조하시어 협조하여 주시기 바랍니다.

- 아 래 -

가. 학생명 : (학생연락처:)

나. 실습기간 :

다. 슈퍼바이저 :

라. 실습남낭소교 :

(연락처: 사회복지학과 ☎)

별첨 : 실습신청서 1부. 끝.

○○○대학교(원) ○○대학 사회복지학과장(직인)

시행 처리과 - 일련번호(시행일자) 접수 처리과명 - 일련번호(접수일자)

우 주소 /홈페이지 주소

전화( ) 전송( ) /기안자의 공식 전자우편주소 / 공개구분

※ 교육기관의 상황에 따라 변경하여 사용할 수 있음

[교육기관 2] 실습신청서

실 습 신 청 서

ㅇ 실습기관: 그린실버복지센터

1. 실습생 인적사항

이름		생년월일			
소 속		학과/ 전공		학년/ 학기	
현주소					
전화번호	집:		휴대폰:		
E-Mail					

2. 실습 의뢰내용

실습 부서	
실습 분야	
실습 내용	
실습 기간	

* 상기 내용으로 귀 기관에 실습신청을 의뢰하며 실습생 프로파일을 동봉합니다.

신청인(학생명) : ______________________ 인

슈퍼바이저 : ______________________ 인

학과장/대학원장 : ______________________ 인

[교육기관 3] 실습생 프로파일

실습생 프로파일

1. 인적사항

(사진)	실습생명		성 별		생년월일	
	소속	대학교(원)		전공		학년(학기)
	주소					
	전화번호	집:		핸드폰:		
	E-mail					

2. 이수 전공과목

교과목명	이수 완료	현재 이수	교과목명	이수 완료	현재 이수	교과목명	이수 완료	현재 이수
사회복지개론			인간행동과 사회환경			사회복지실천론		
사회복지실천기술론			지역사회복지론			사회복지정책론		
사회복지행정론			사회복지법제론			사회복지조사론		
가족복지론			가족상담 및 가족치료			교정복지론		
국제사회복지론			노인복지론			복지국가론		
빈곤론			사례관리론			사회문제론		
사회보장론			사회복지역사			사회복지와 문화다양성		
사회복지와 인권			사회복지윤리와철학			사회복지자료분석론		
사회복지지도감독론			산업복지론			아동복지론		
여성복지론			의료사회복지론			자원봉사론		
장애인복지론			정신건강론			정신보건사회복지론		
청소년복지론			프로그램개발과평가			학교사회복지론		

단, 2020학년도 신입생부터 선택과목 4→7과목으로 증가.

3. 경력

구분 (취업, 실습, 봉사)	기관	기간	내용

4. 사회복지를 전공하게 된 동기

5. 실습 기관 선택 이유

6. 실습을 통해서 성취하고자 하는 목표

7. 실습을 마친 후 목표달성 정도를 파악할 수 있는 기준

8. 사회복지를 실천하는데 있어 자신의 강점과 약점

1) 사회복지 지식 및 기술의 측면	2) 개인적인 특성 측면

9. 취미 및 특기

10. 실습기관, 슈퍼바이저 및 슈퍼바이저에게 바라는 점

[교육기관 4] 사회복지현장실습생의 자세

사회복지현장실습생의 자세

우리는 사회복지 실습생으로서 사회복지사 윤리강령과 다음 사항을 준수한다.

1. 실습의 목적과 중요성을 충분히 이해하고 실습계약 사항을 이행하기 위하여 최선의 자세로 실습에 임한다.
2. 실습은 대학에서 학습된 이론을 구체적으로 적용하는 과정임을 인식하여 이에 최선을 다한다.
3. 실습교육기관의 구성원이라는 생각으로 타 구성원과 협력하며 친화적인 태도를 취한다.
4. 기관의 정책을 이해하고 수용하며 실습과정에서 준수하도록 한다.
5. 근무시간은 기관의 규정에 준하며 직원과 동일한 자세로 근무시간에 임하도록 한다.
6. 실습시작 최소 10분전에 출근하여 출근을 확인하며, 업무에 관계된 사항을 사전에 준비하도록 한다.
7. 결근, 조퇴, 지각 등 근태와 관련된 사항은 반드시 슈퍼바이저에게 사전에 보고하여 허락을 받도록 한다.
8. 슈퍼바이저의 지시뿐 아니라 타직원의 지도를 잘 이행하므로 실습효과를 최대화 하도록 한다.
9. 직무에 강한 책임감과 열의를 갖고 적극적으로 임하며 타인에게 책임을 전가하거나 태만하게 행동하지 않는다.
10. 실습으로 인하여 알게 된 클라이언트의 사적인 정보를 교육적 목적(대학실습지도 등) 이외에는 절대 발설하지 않으며, 교육적 목적이라 하더라도 가명을 사용하여 개인의 비밀이 침해되지 않도록 한다. 실습종료 후, 실습관련 내용을 학회지 등에 게재하고자 할 때는 반드시 슈퍼바이저와 상의하여 허락을 받아야 한다.
11. 슈퍼바이저의 지도 혹은 타실습생의 실습을 견학, 관찰할 경우 배우는 자세로 진지한 태도를 취한다.

12. 기관의 직원, 클라이언트 등에 대해 예의를 지킨다.
13 복장, 소지품은 실습 기관의 특성과 상황에 맞게 취하되 가능한 화려한 것을 피하고 검소하며 단정한 것으로 착용하도록 한다.
14. 안전사고에 만반을 기하도록 하며 안전사고와 관련된 기관의 규정을 사전에 숙지하여 그에 준해 처리하도록 한다.
15. 실습일지를 비롯한 각종 실습기록은 사실에 근거하여 정확하고 구체적으로 정리하여 실습 시 슈퍼바이저와 슈퍼바이저의 강평을 받는다.
16. 과제에 관하여 연구하고 그 결과물에 대해 슈퍼바이저의 강평을 받는다.
17. 실습과정 중 어떤 경우라도 사례금 등의 금품을 절대 주거나 받지 않는다.
18. 과제물은 정해진 기일에 제출하고 출근 전에 작성을 마친다.
19. 기관의 명칭을 사적으로 활용하지 않으며 실습생의 신분을 지킨다.
20. 기관을 대표한다는 자세로 실습교육기관의 직원들과 동일한 업무 태도와 자세를 취한다.

2 사회복지현장실습 관련 서식 - 실습기관용

[실습기관 1] 실습신청의뢰서

실 습 기 관 명

수신자

(참 조)

제　목　　사회복지현장실습 신청의뢰서

---

1. 사회복지교육 및 연구활동을 통해 사회복지발전에 전력을 다하시는 귀하와 귀교의 무궁한 발전을 기원합니다.

2. 아래와 같이 사회복지현장실습 교육이 가능하오니 관심 있는 학생들이 참여할 수 있도록 협조를 부탁드립니다.

- 아　래 -

1. 실습부서/분야:
2. 슈퍼바이저:
3. 대학별 배정가능 실습생수:
4. 실습담당직원:　　　　　(연락처: ☎　　　　　)
5. 실습비 :

별첨1 : 실습지도계획서

별첨2 : 슈퍼바이저 프로파일

실습기관장(직인)

시행　처리과 - 일련번호(시행일자)　　접수　처리과명 - 일련번호(접수일자)

우　주소　　　　　　　　　　　/홈페이지 주소

전화(　)　　　전송(　)　　　/기안자의 공식 전자우편주소 / 공개구분

[실습기관 2] 실습지도계획서

실습지도계획서

ㅇ 슈퍼바이저 :

1. 실습목적 :
2. 실습목표 :
3. 실습분야 :
4. 실습기간 :
5. 실습대상 :
6. 교육계획

단위시간	내용	담당	비고

7. 실습지도방법
   - 개별실습지도 계획 :
   - 집단실습지도 계획 :
   - 기타 계획 :

8. 실습일정

주	월/일	시간	실습내용	담당	과제물

9. 실습생의 책임과 과제

10. 참고도서

[실습기관 3] 슈퍼바이저 프로파일

슈퍼바이저 프로파일

1. 인적사항

성 명		성 별	
기관명/부서		직 책	
담당 업무		전 화	
이 메 일		팩 스	
최종학력		최종학력의 전공	
사회복지사 자격번호		사회복지 총 실무경험기간	년 개월

2. 실습지도 및 실습분야 관련 주요 교육배경

교육명	주관단체	기간	수료/자격여부

3. 사회복지분야 근무경력

기관명	기간	직책	담당업무

4. 본인의 전공분야 (현재 자신의 관심분야, 실천모델, 실천기술과 기법)

5. 슈퍼바이저로서의 자신의 특성(강·약점)

6. 실습생에게 바라는 점

[실습기관 4] 실습의뢰에 대한 회신

실습의뢰에 대한 회신

귀 대학의 실습생의 실습의뢰를 수락합니다.

<table>
<tr><td>실습생명</td><td></td><td>소속대학</td><td></td></tr>
<tr><td>기관명</td><td colspan="3"></td></tr>
<tr><td>기관주소</td><td></td><td>전화번호</td><td></td></tr>
<tr><td rowspan="2">슈퍼바이저</td><td rowspan="2">직위:
부서:
성명:</td><td>연락처</td><td>전화 :
팩스 :</td></tr>
<tr><td>E-mail</td><td></td></tr>
</table>

실습기간	년 월 일 - 년 월 일 (오리엔테이션 일정 : 년 월 일 시)
필요서류	다음 서류를 실습개시일 ( )일전까지 우송바랍니다. - 실습생 프로파일 1부 - 실습비 (원) (실습개시일 납부요망) - 기타 필요한 서류 ( )
실습을 위한 기타 준비사항	- 참고문헌 - 사전 과제물
대학에 대한 의견	

슈퍼바이저 (인)

기 관 장 (인)

[실습기관 5] 실습생 출근부

실습생 출근부

□ 성명 :　　　　　　　긴급연락처 :　　　　　　　전자우편 :

월 일	출근시간	퇴근시간	실습생 확인	실습 지도자확인	지각, 조퇴, 결근여부	사유

* 기입요령 : 출근시간, 퇴근시간 표시, 퇴근 시 실습생 및 슈퍼바이저가 확인하며, 지각, 조퇴, 결근 시 그 사유를 함께 기록함.

[실습기관 6] 실습지도 기록서

실습지도 기록서

ㅇ 슈퍼바이저 :

ㅇ 실　습　생 :

일시	실습지도 내용	비고

[실습기관 7] 실습평가서(교육기관 발송용)

실습평가서 (교육기관 발송용)

기관명		슈퍼바이저	
실습부서		슈퍼바이저	
실습기간			
실습생		평 가 일 시	

* **출석상황**

☐ 무단결석 없음 ☐ 무단결석 1회 ☐ 무단결석 2회 ☐ 무단결석 3회 이상

* 다음은 실습생에 관한 평가입니다. 실습생이 실습지도 기간 동안 보여주었던 태도와 행동을 기준으로 아래 항목에 솔직하게 평가해주기 바랍니다.

실습내용에 포함되어 있는 사항에 관해서만 평가하여주시고, 평균에는 평가항목 총점을 평가항목 개수로 나눈 점수를 기입하면 됩니다.

(1점: 매우 그렇지 못하다.~5점: 매우 그렇다.)

항목	내용	1	2	3	4	5
실습 지도에 대한 태도	1. 실습지도 시간을 엄수한다.					
	2. 적극적이고 긍정적인 자세로 실습지도에 참여한다.					
	3. 실습지도에서 지적된 내용을 수용한다.					
	4. 배우는 입장에서 진지하게 노력하고 발전하려는 태도를 갖는다.					
	5. 슈퍼바이저와 실습생으로서 공식적 관계를 형성한다.					
기관 이해 및 관계 유지	6. 동료실습생과 긍정적이고 원만한 협력 관계를 유지한다.					
	7. 기관의 목적, 정책, 규칙, 사업내용을 이해한다.					
	8. 기관 내에서 실습생으로서의 권한과 한계를 알고 일한다.					
	9. 기관 내 타직원과 협조적인 대인관계를 형성, 유지하여 업무를 처리한다.					
기본적 태도와 자질	10. 일의 우선순위를 결정하는 능력이 있다.					
	11. 할당된 시간 안에 일을 계획하고 수행한다.					
	12. 자신의 장점과 단점을 잘 인식하고 대응한다.					
	13. 사회복지실천 지식을 실습내용에 적용한다.					
	14. 사회복지실천의 가치와 윤리를 갖고 임한다.					
	15. 전문가로서의 편견, 선입견, 고정관념을 인식하고 객관성을 유지한다.					
	16. 실습지도 내용을 실행에 옮긴다.					
	17. 실습과정을 책임감 있게 수행한다.					
기 록	18. 기록, 보고서 등을 정해진 일시에 제출한다.					
	19. 실습내용을 사실에 근거하여 정확하게 기록한다.					
	20. 실습내용을 체계적이고 구체적으로 기록한다.					
	21. 클라이언트와의 상호작용 및 실습생의 사고와 감정을 기록한다.					
	22. 실습지도를 통해 지적된 사항 및 배운 것을 정확히 기록한다.					
전문적 태도와 관계 형성	23. 클라이언트와 전문적 관계를 형성하고 활용한다.					
	24. 전문적 관계형성에서 동정과 감정이입을 구별하여 적용한다.					
	25. 주변의 자원을 파악하고 그것을 활용하려고 노력한다.					
	26. 비심판적이며 경청과 수용의 태도를 갖는다.					
	27. 클라이언트의 능력과 동기의 한계를 수용한다.					
	28. 슈퍼바이저가 지시한 것을 잘 파악하여 실행에 옮긴다.					

항목	내용	1	2	3	4	5
개인에 대한 개입	29. 클라이언트가 표현한 의사소통과 암시적인 의사소통을 이해한다.					
	30. 실습생이 의도한 바를 클라이언트에게 명확하게 전달한다.					
	31. 클라이언트의 문제와 상황에 관련된 정확한 자료를 수집한다.					
	32. 수집된 자료를 체계적으로 종합하고 이론에 기초하여 사정한다.					
	33. 클라이언트 가족 등 주변의 지지자원을 활용한다.					
	34. 클라이언트와 환경의 상호역동성의 이해아래 개입목표와 전략을 수립한다.					
	35. 개입목표에 따라 클라이언트의 긍정적인 변화를 유도한다.					
가족에 대한 개입	36. 가족의 역동성을 파악하고 가족상황에 관련된 정확한 자료를 수집한다.					
	37. 가족의 구조를 명확히 이해하여 필요한 가족개입의 기술을 활용한다.					
	38. 가족의 상호역동성의 이해아래 개입목표와 전략을 수립한다.					
	39. 가족 구성원을 개별화하고 성원들이 긍정적으로 변화하도록 유도한다.					
집단에 대한 개입	40. 집단 역동을 파악하여 의미 있는 개입으로 집단을 지도한다.					
	41. 집단에서 주 진행자와 보조진행자의 의미와 역할을 알고 실천한다.					
	42. 집단의 구조를 명확히 하고 필요한 집단지도의 기술을 활용한다.					
	43. 집단 성원을 개별화하고 성원간 의미 있는 관계를 형성하도록 한다.					
	44. 집단의 목적에 대해 정확히 사정한다.					
	45. 정확한 사정에 입각하여 적절한 프로그램을 계획하고 실행한다.					
	46. 집단의 상호작용이 목적 지향적이고 성원들이 긍정적으로 변화하도록 한다.					
지역사회에 대한 개입	47. 지역주민들이 지역사회의 요구와 문제를 파악하도록 돕는다.					
	48. 파악된 지역사회요구를 사회행동으로 계획하고 실행한다.					
	49. 지역사회구조와 권력에 대해 이해하고 그 지역사회 상황을 정확히 파악한다.					
	50. 지역사회자원을 정확히 파악하고 접근한다.					
정책 및 행정 분야	51. 정책형성 및 개선과 관련된 이해집단들의 문제 상황 및 요구와 정책발의자들 및 집행자들의 이해관계를 정확하고 객관적으로 이해한다.					
	52. 정책형성 및 개선과 관련된 이해집단과 건설적이고 전문적인 관계를 맺는다.					
	53. 문제 상황에 적합한 정책대안을 개발하는데 적극적으로 참여한다.					
	54. 기본정보를 정확히 사용하며 실증적인-자료 분석의 지식을 갖고 문제를 분석한다.					
	55. 사회복지행정체계 및 전달체계에 대해 정확하게 이해한다.					

항목	내용	1	2	3	4	5
기관 고유 항목*	56.					
	57.					
	58.					
	59.					
	60.					

* 기관 고유 항목에는 기관의 특성과 실습상황에 맞는 평가항목을 슈퍼바이저가 추가적으로 직접 기입하고 평가할 수 있습니다.

<table>
<tr><td>총 평</td><td colspan="5">(※ 실습생의 실천가로서의 장단점 및 대학에 대한 건의)</td></tr>
<tr><td>평가문항 개수</td><td colspan="2"></td><td>총점</td><td colspan="2"></td></tr>
<tr><td>평균
(총점 ÷ 평가문항개수)</td><td colspan="5">(※ 기록 후 테이프 부착 후 슈퍼바이저 서명 요망)</td></tr>
<tr><td rowspan="4">평점부여</td><td colspan="5">※ 여기에 부여하는 평점은 실습생이 받게 되는 성적표상의 최종 평점은 아닙니다. 교육기관 실습지도 점수와 함께 사회복지현장실습 평점 부여 시 주요 고려사항이 됩니다.</td></tr>
<tr><td>☐ A^+</td><td>☐ B^+</td><td>☐ C^+</td><td>☐ D^+</td><td rowspan="3">☐ F</td></tr>
<tr><td>☐ A^0</td><td>☐ B^0</td><td>☐ C^0</td><td>☐ D^0</td></tr>
<tr><td>☐ A^-</td><td>☐ B^-</td><td>☐ C^-</td><td>☐ D^-</td></tr>
</table>

슈퍼바이저 : ____________________ 인

기 관 장 : ____________________ 인

☞Tip- 점수 기준: 평가항목 중 해당되는 항목을 평가하여 평가한 문항으로 나누면 5점 만점 중 학생의 점수 평점이 됨. 5점~4.5점 사이는 A대의 점수 부여, 4.4~4.0점 사이는 B점수 대, 3.9~3.5사이는 C점수 대, 3.4~3사이는 D점수 대 2.9 이하는 F./ 각 점수 대의 +, 0, -는 점수범위의 분포에 따라 적절히 부여할 수 있음

[실습기관 8] 사회복지현장실습 교육 수료증

사회복지현장실습 교육 수료증

수료번호: ○○○○(연도)-○○(번호)

○○대학(원) 성명 : ○○○ (학번)

상기 학생은 아래의 과정을 수료하였으므로 사회복지현장실습 교육 수료증을 발급합니다.

- 아 래 -

1. 실 습 지 도 자 :
2. 실습교육기관 :
3. 실 습 기 간 :
4. 실 습 분 야 :

년 월 일

○○기관장 (직인)

[실습기관 9] 실습기관 등록증

NO. 2013-L0000001

사회복지현장실습기관 등록증

등록번호	○○○○(연도)-○○○○○(번호)		
등록일자			
기관명		대표자	
주소			
슈퍼바이저		실습시간	

상기 기관은 한국사회복지사협회에서 주관하는 사회복지 현장실습 등록제에 의한 실습기관으로 등록되었기에 사회복지현장실습 기관 등록증을 발급합니다.

년 월 일

한국사회복지사협회장

* 본 증명서는 인터넷으로 발급되었으며, 발급일로부터 1개월까지 유효합니다.

3 사회복지현장실습 관련 서식 - 실습생용

[실습생 1] 실습생 서약서

실 습 생 서 약 서

본인은 ○○ 기관의 실습생으로서 다음의 사항을 준수할 것을 서약합니다.

1. 사회복지사 윤리강령
2. 클라이언트와 기관에 대한 비밀 유지
3. 실습교육기관 및 슈퍼바이저의 요구사항

년 월 일

실습생 : (인)

○○ 기관 귀중

[실습생 2] 실습 계약서

실습 계약서

실습생명		소속 대학	
기관명		주소 / 전화번호	
슈퍼바이저		슈퍼바이저	

1. 일반적 사항

(1) 실습기간 : _______년 ______월 ______일부터

_______년 ______월 ______일 까지 총 ______일

(2) 업무시간 : 주 ____일 근무, _______시 부터 ________시 까지

(3) 대학 실습세미나 시간 : _____요일, _____시 부터 ______시 까지

(4) 결석에 대한 조치

2. 실습의 목적과 목표

(1) 목적

(2) 목표

3. 실습생의 의무와 책임

4. 슈퍼바이저의 의무와 책임

5. 슈퍼바이저의 의무와 책임

상기 사항을 성실하게 이행하여 실습을 진행하도록 하겠습니다.

년 월 일

실 습 생 ______________ 인

슈퍼바이저 ______________ 인

슈퍼바이저 ______________ 인

[실습생 3] 실습일지

실 습 일 지

1. 실습생명 :
2. 실 습 일 :
3. 오늘의 목표 :

4. 진행내용 (시간, 내용 등을 중심으로 기록)

5. 실습생 의견 (배운 점, 의문사항, 건의 등 포함)

6. 슈퍼바이저 의견

[실습생 4] 실습기관 분석 보고서

실습기관 분석 보고서

실습생명		기관명	
기관주소	(전화:)		
기관소개자	(부서: 직책:)		

1. 기관의 역사
   (1) 기관 설립동기 및 설립목적
   (2) 기관 사업의 역사적 변천
   (3) 기관 역사에 대한 실습생의 평가

2. 기관의 목적

3. 기관의 주요사업 및 프로그램
   (1) 클라이언트 및 대상 지역
   (2) 주요사업
   (3) 서비스 전달체계
   (4) 기관의 대상층 및 주요사업에 대한 실습생의 평가

4. 기관의 행정사항
   (1) 기관의 조직구조
   (2) 예산, 후원 및 지원 사항
   (3) 기관의 행정구조와 예산 사용 및 후원에 대한 실습생의 평가

5. 기관이 속한 지역사회, 물리적 환경의 특징
   (1) 지역사회
   (2) 물리적 환경(시설, 공간 등)

6. 사회복지기관으로서 지역 내 타 기관들과의 연계
   (1) 관계유형 및 내용
   (2) 기관의 타 기관과의 관계유지에 대한 실습생의 평가

7. 기관의 특별한 면이나 전반적인 사항에 대한 인상이나 느낌

[실습생 5] 사례관리 계획서

사례관리 계획서

실습생명:

클라이언트명		성 별		조사일	
주 소		전화번호		작성일	
직 업		학력		연령	
의뢰경위		경제상태	□ 일반 □ 저소득 □ 수급자		

1. 일반적인 사항
   - 가족상황, 경제상황, 건강 상황, 일상생활 및 주거상황, 사회심리적 상황, 자원활용상황

2. 클라이언트에 관한 사항
   - 신체, 인지, 정서, 행동기능면 / 클라이언트의 강·약점

3. 욕구진술

4. 개입계획

욕구	결과목표	세부목표	표적체계	개입선략 및 수행방법	비고 (역할분담 등)

5. 서비스 일정표

날짜	담당	서비스 목표	서비스 내용	준비물	비고

[실습생 6] 사례관리 진행일지

사례관리 진행일지(　　회)

클라이언트명		실습생명	
일　시		장　소	

1. 목표 및 내용

결과목표	하위목표	서비스목표	서비스내용

2. 과정기록

3. 평가

1) 목표달성 및 서비스 평가

2) 클라이언트에 대한 평가

3) 사례개입에 대한 자신의 역할 평가

4. 계획

[실습생 7] 사례관리 종결기록서

사례관리 종결 기록서

클라이언트명	
실습생명	
서비스제공기간	

1. 제공된 서비스

2. 사례관리 목표 달성정도

3. 사후지도 계획

[실습생 8] 집단지도 계획서(소집단용)

집단지도 계획서(소집단용)

집 단 명		집단지도자(실습생)명	
대 상		성원 수	
기 간		장 소	

1. 실시 배경

2. 목적

3. 목표

결과목표 1		결과목표 2	
하위목표 1-1		하위목표 2-1	
하위목표 1-2		하위목표 2-2	

4. 목표관련 지도 내용 및 구체적 수행방법

결과목표	하위목표	지도 내용	수행방법	비 고

5. 평가계획

평가지표	
평가도구	
평가방법	

6. 회기별 일정표

횟수	일시	목표	내용	준비물

7. 예산

[실습생 9] 집단과정 일지(소집단용)

집단과정 일지(소집단용)

집단지도자(실습생)명		집단명	
집단진행 날짜		집단 활동 장소	
참석자(　　명)명단			
결석자(　　명)명단			

1. 목표 및 세부목표

1. 목표: 2. 세부목표: 2-1. 2-2.

2. 집단진행요약

시간	프로그램 내용	사회복지사의 역할

3. 과정 기록
   1) 모임 전 단계(자리 위치 표시)
   2) 모임 단계
   3) 모임 후 단계

4. 평가
   1) 목표 달성 및 프로그램 평가
   2) 집단의 역동성(성원-성원, 성원-지도자)
   3) 성원의 개별 평가(개인의 변화, 참여도, 지도자·타 회원과의 관계)
   4) 지도자 자신에 대한 평가(역할 및 의도적 개입)

5. 다음 집단모임 계획

[실습생 10] 집단의 개별회원 분석표(소집단용)[1]

집단의 개별회원 분석표(소집단용)

회원명		집단명	
회원 수		집단지도자(실습생)	

집단의 목표	
개인의 목표	

회기	날짜	참석여부/참석인원	개인의 변화정도 및 내용	참여도	지도자와의 관계	타 회원과의 관계
1		/				
2		/				
3		/				
4		/				
5		/				
6		/				
7		/				

〈 종합평가 〉

1) 모든 집단지도 상황에서 활용되어야 하는 것은 아니며, 집단과정에서 개인의 변화를 민감하게 기록할 필요가 있을 경우에 활용할 수 있음

[실습생 11] 집단 종결 기록서(소집단용)

집단 종결 기록서(소집단용)

집단명		집단지도자(실습생)명	
집단진행 날짜		집단 활동 장소	
전체진행 회기 수		출석률	
주요 진행사항			

1. 회원의 평가
   1) 운영면
      (1) 프로그램 진행평가
      (2) 집단 참여 태도
   2) 프로그램 내용
   3) 목표달성
   4) 다음 프로그램에 대한 의견
   5) 지도자에 대한 평가

2. 지도자(실습생)의 평가
   1) 집단의 특징
   2) 회원의 참여도
   3) 집단성원에 대한 개별화의 정도
   4) 집단역동의 활용정도
   5) 집단에 대한 발달단계분석

구분	초기	중기	말기
참여도			
개인의 변화			
지도자와의 관계			
타 회원과의 관계			
기타( )			
기타( )			

[실습생 12] 프로그램 계획서(대집단 및 지역사회복지)

프로그램 계획서(대집단 및 지역사회복지)

프로그램명		지도자(실습생)명	
대 상		참여자 수	
기 간		장 소	

1. 프로그램 실시 배경

2. 프로그램 목적

3. 프로그램 목표

결과목표 1		결과목표 2	
하위목표 1-1		하위목표 2-1	
하위목표 1-2		하위목표 2-2	

4. 목표관련 지도 내용 및 구체적 수행방법

결과목표	하위목표	지도 내용	수행방법	비 고

5. 평가계획

평가지표	
평가도구	
평가방법	

6. 회기별 일정표

횟수	일시	목표	내용	준비물

7. 예산

[실습생 13] 프로그램 평가서(대집단 및 지역사회복지)

프로그램 평가서

프로그램명		지도자(실습생)명	
대 상		참여자 수	
기 간		장 소	

1. 프로그램 목적 및 목표달성 평가

결과목표	하위목표	달성 정도	평가 근거	의의

2. 프로그램 과정 평가

1) 준비과정

2) 진행과정

3) 종결 및 정리과정

3. 프로그램 만족도 평가

4. 예산평가

5. 추후 프로그램을 위한 제언

[실습생 14] 사회복지정책 분석 보고서(정책개발 및 평가)

사회복지정책 분석 보고서

○ 분석자(실습생)명 :

정 책 명	
관련법규/지침	
주무부서	

1. 문제제기 및 분석목적

2. 분석한 정책의 주요 내용

3. 자료수집 및 분석방법

4. 분석결과 논의
   4.1 정책목표분석
   4.2 정책이 추구하는 가치 분석
   4.3 급여대상 분석
   4.4 급여의 적절성 분석
   4.5 급여의 전달체계 분석
   4.6 재정 분석

5. 관련정책과 관련한 주요 이해당사자의 입장 분석

6. 분석한 정책의 개선방향 및 전망

7. 총평

[실습생 15] 사회행동, 옹호활동 보고서(사회행동)

사회행동, 옹호활동 보고서

○ 분석자(실습생)명:

구분	요약 제시
사회행동명	
활동 목적	
참여자	
대상 집단	
옹호 대상	

1. 문제제기 및 활동목적

2. 참여자의 특성

3. 대상 집단의 특성

4. 옹호집단의 특성

5. 주요활동경과

6. 활동전략분석
   6.1 대상 집단을 이기기 위한 힘을 얻기 위한 전략
   6.2 합법성을 확보하기 위한 전략 (법적행동 포함)
   6.3 타조직과 협력하는 전략
   6.4 전술을 연결시키는 전략
   6.5 협상을 전개하는 전략
   6.6 홍보 및 언론활용 전략

7. 향후 행동 전략 제안

[실습생 16] 홍보기획서

사회복지기관(사업) 홍보 기획서

ㅇ 기획자(실습생)명 :

1. 상품(홍보하려는 기관이나 사업)의 특성 분석
(상품의 내용, 경쟁기관이나 사업의 존재여부 등)

2. 유치하려는 소비자 집단의 특성별 구분

3. 대상별 소비자에게 호소하기 위한 전략
(담당, 장소, 방법 등을 일목요연하고 자세히 제시)

4. 홍보일정

5. 홍보예산

7. 첨부 (보도 자료, 광고전단, 안내지 자료, 홈페이지 자료 등)

[실습생 17] 개별면접 일지

개별면접 일지

실습생명		면접날짜와 시간	
클라이언트		면접 장소	

1. 면접 준비과정

2. 면접목표

1) 2)

3. 과정기록 및 분석

면접내용	실습생 분석	실습지도 내용

* 주요한 면접장면에 대해서는 대화체의 기록을 직접 인용하는 것이 권장됨.
* 면접자의 의도적인 개입, 언어적·비언어적 의사소통 모두에 주의하여 기록할 것.
* 상기 내용이 포함된다면, 기관 상황과 면접 상황에 맞추어 별도 양식 활용 가능.

4. 면접목표 달성에 대한 평가

5. 실습생 의견

6. 다음 면접 계획

[실습생 18] 가족상담 기록서

가족상담 기록서

클라이언트 (IP)		성별		연령	
날짜		장소		총 회수/시간	
실습생명				슈퍼바이저	

1. 의뢰과정

2. 문제 상황에 대한 가족의 정의

3. 가계도

4. 가족생태도 : 가족의 하위체계 간 관계 등 기록

5. 가족의 사회자원망

6. 가족생활주기

7. 가족사정 및 이론적 근거

8. 개입 목표와 개입 전략

9. 개입 내용 정리

회기	내용	주요 질문과 내담자의 반응

10. 평가 및 사후관리계획

[실습생 19] 사회조사 계획서

사회조사 계획서

조 사 주 제	
조사/분석일	
조사자(실습생)명	

1. 문제제기 및 조사문제의 제시
   1.1. 문제의 기술
   2.2. 검토될 조사문제에 대한 진술
   2.3. 문제의 중요성과 조사 필요성 제시

2. 조사와 관련한 문헌자료 검토
   2.1. 이론적 역사적 관점
   2.2. 문헌에서 파악된 차이점들 검토

3. 조사방법 제시
   3.1. 조사 설계와 자료수집절차
   3.2. 표집설계
   3.3. 대상에 대한 기술
   3.4. 측정방법 기술
   3.5. 자료 분석 절차

4. 예산

5. 기타 필요한 사항

6. 부록 (관련 참고문헌, 설문지 등 필요한 자료를 첨부할 수 있음)

[실습생 20] 사회조사 진행일지

사회조사 진행일지

조 사 주 제	
진 행 일	
조사자(실습생)명	

1. 조사 진행 단계 기록

2. 조사과정에서 보완되어야 할 사항 기록

3. 추후 조사 진행 계획

[실습생 21] 사회조사 분석평가서

사회조사 분석 평가서

조 사 주 제	
진 행 일	
조사자(실습생)명	

1. 문제제기 및 조사문제의 제시
   1.1. 문제의 기술
   2.2. 검토될 조사문제에 대한 진술
   2.3. 문제의 중요성과 조사 필요성 제시

2. 조사와 관련한 문헌자료 검토
   2.1. 이론적 역사적 관점
   2.2. 문헌에서 파악된 차이점들 검토

3. 조사방법 제시
   3.1. 조사 설계와 자료수집절차
   3.2. 표집설계
   3.3. 대상에 대한 기술
   3.4. 측정방법 기술
   3.5. 자료 분석 절차

4. 조사결과 제시
   4.1. 기술적 분석
   4.2. 인과적 분석

5. 논의점
   5.1. 밝혀진 사항에 대한 설명
   5.2. 실천에의 함의
   5.3. 평가의 한계와 약점

6. 참고문헌

7. 부록 (설문지 외 조사와 관련된 주요자료 첨부)

[실습생 22] 기관방문분석 보고서

기관방문분석 보고서

* 특정 분야나 내용에 관심을 가지고 방문을 추진한 경우에는 별도의 양식을 활용하거나, 특정 내용만 선택하여 기록할 수 있습니다.

실습생명		방문기관명	
기관소재지	(전화:)		
기관소개자	(부서: 직책:)		

1. 기관방문 목적
2. 기관방문을 위한 질의사항 및 응답 정리
3. 기관방문을 통해 알게 된 지식

〈검토할 사항 예시〉
1. 기관의 역사 (1) 기관 설립동기 및 설립목적 (2) 기관 사업의 역사적 변천 (3) 기관 역사에 대한 실습생의 평가 2. 기관의 목적 3. 기관의 주요사업 및 프로그램 (1) 클라이언트 및 대상 지역 (2) 주요사업 (3) 서비스 전달체계 (4) 기관의 대상층 및 주요사업에 대한 실습생의 평가 4. 기관의 행정사항 (1) 기관의 조직구조 (2) 예산, 후원 및 지원 사항 (3) 기관의 행정구조와 예산 사용 및 후원에 대한 실습생의 평가 5. 기관이 속한 지역사회, 물리적 환경의 특징 (1) 지역사회 (2) 물리적 환경(시설, 공간 등) 6. 사회복지기관으로서 지역 내 타 기관들과의 연계 (1) 관계유형 및 내용 (2) 기관의 타 기관과의 관계유지에 대한 실습생의 평가 7. 기관의 특별한 면이나 전반적인 사항에 대한 인상이나 느낌

[실습생 23] 지역탐방 보고서

지역탐방보고서

ㅇ 조사자(실습생)명 : ㅇ 지역소개자 :

1. 탐방지역

2. 지역의 주요 사회지표 제시

3. 지역의 인구사회학적 특성

4. 지역의 사회경제학적 특성

5. 지역의 사회복지기관 및 자원 탐색

6. 필요하거나 보완되어야 할 사회복지서비스 제안

7. 결론

8. 첨부 (관련 지도를 비롯한 탐방보고서 작성에 참조한 자료를 첨부할 수 있음)

[실습생 24] 실습 중간평가서

실습중간평가서

* 본 평가서는 사회복지현장실습 지침서를 참고하여 실습생 본인이 작성하며, 서술양식으로 작성한 뒤 실습 슈퍼바이저와 평가회를 갖는 것을 추천함.

실습생명		기관명	
실습기간		슈퍼바이저	
실습평가일		슈퍼바이저	

1. 실습목표와 관련된 실습내용 및 역할에 대한 평가
   1.1. 수행한 실습내용 및 역할의 요약
   1.2. 평가
   1.3. 앞으로의 계획

2. 실습에 임한 자세 및 노력

3. 실습을 통해 배운 점

4. 앞으로 더 필요한 지식과 기술

5. 실습에서 어려웠던 점

6. 기관 및 슈퍼바이저에게 건의할 점

[실습생 25] 실습평가서

실습평가서

* 본 평가서는 사회복지현장실습 지침서를 참고하여 종결평가 내용을 실습생 본인이 작성하며, 서술양식으로 작성한 뒤 슈퍼바이저와 평가회를 갖는 것을 추천함.

실습생명		기관명	
실습기간		슈퍼바이저	
실습평가일		슈퍼바이저	

1. 실습일정에 대한 평가

2. 실습내용 및 역할에 대한 평가

3. 실습목표에 대한 평가
   1) 구체적이고 적절한 목표 설정 여부
   2) 목표의 달성 여부

4. 서비스 실천과정에 대한 평가 / 정책 및 행정 실습에 대한 평가
   1) 문제 파악 및 자료수집 능력 / 문제 인식 능력
   2) 문제 사정 능력 / 문제 분석 능력
   3) 개입 기술 / 문제해결을 위한 대안제시능력
   4) 면접 기술 / 기존지식과 정보의 사용능력
   5) 기록 기술 / 기록 기술
   6) 클라이언트와의 전문적인 관계 형성 / 유관 기관 및 관련된 사람들과 전문적인 관계 형성

5. 실습생의 자원 활용에 대한 평가(인적, 물적 자원)
   1) 기관 외의 자원 활용
   2) 실습과 관련된 참고서적의 활용

6. 실습에 임하는 자세에 대한 평가
   1) 업무관리
      (1) 시간 준수, 과제제출
      (2) 주어진 일에 대한 업무조절 능력
   2) 직원과의 관계(슈퍼바이저, 타직원, 타 전문직 직원)
   3) 다른 실습생과의 관계
   4) 실습에 있어서의 적극성 및 자발성

7. 전문적 태도에 대한 평가
   1) 사회복지사로서 실습생 자신의 장·단점에 대한 인식
   2) 전문가로서 윤리 및 가치관의 이행

8. 실습지도 활용 정도에 대한 평가
   1) 실습생 자신의 실습지도 활용정도에 대한 평가
      (1) 기관 실습지도
      (2) 대학 실습지도
   2) 실습지도 자체에 대한 평가
      (1) 기관 실습지도
      (2) 대학 실습지도

9. 기관 이해도에 대한 평가
   1) 실습생의 과업과 관련된 기관의 목적, 정책, 행정 절차에 대한 이해
   2) 실습생으로서의 기관 내의 권한과 한계에 대한 인식

10. 실습 기간 중 가장 유익했던 내용

11. 실습기간 중 가장 안 좋았던 내용

12. 실습 기관, 실습 지도자, 대학에 대한 건의사항

13. 기타 하고 싶은 말

[실습생 26] 사회복지현장실습확인서

※ 실습생은 졸업 후 사회복지사 자격증 신청 시 성적증명서와 함께 제출해야 함.

사 회 복 지 현 장 실 습 확 인 서

<table>
<tr><td rowspan="4">실습생 인적 사항</td><td>성명</td><td></td><td>주민등록번호</td><td></td></tr>
<tr><td>주소</td><td colspan="3"></td></tr>
<tr><td>전화번호</td><td></td><td>휴대전화</td><td></td></tr>
<tr><td>학교/학과명</td><td></td><td>슈퍼바이저 성명</td><td></td></tr>
<tr><td rowspan="9">실습 기관</td><td>실습기관명</td><td></td><td>전화번호</td><td></td></tr>
<tr><td>주소</td><td colspan="3"></td></tr>
<tr><td>실습기간</td><td colspan="3">년 월 일 부터 ~ 년 월 일 까지</td></tr>
<tr><td>실습시간</td><td colspan="3">총 시간 (매주 요일부터~ 요일까지, 1일 시간)</td></tr>
<tr><td>실습내용</td><td colspan="3"></td></tr>
<tr><td>슈퍼바이저명</td><td></td><td>사회복지사 자격번호 (취득일)</td><td>(. . .)</td></tr>
<tr><td colspan="2">슈퍼바이저 경력기간</td><td colspan="2">담당 업무</td></tr>
<tr><td colspan="2">년 월 일~ 년 월 일</td><td colspan="2"></td></tr>
<tr><td colspan="2">년 월 일~ 년 월 일</td><td colspan="2"></td></tr>
</table>

위와 같이 실습 내용을 확인합니다.

년 월 일

슈퍼바이저 : (서명 또는 인)

실 습 기 관 : (직인)

년 월 일

슈퍼바이저 : (서명 또는 인)

한국사회복지사협회장 귀하

※ 기관방문이나 자원봉사 활동 등은 사회복지현장실습에 포함되지 않습니다.

※ 허위사실 기재로 판명될 경우 자격증 교부가 되지 않을 수 있습니다.

〈 사회복지현장실습 기준 〉

○ 실습기관 : 법 제2조제1호에 따른 사회복지사업과 관련된 법인 · 시설, 기관 및 단체로 한다.

○ 슈퍼바이저 : 사회복지사 1급 자격증을 소지한 자로서 3년 이상 또는 사회복지사 2급 자격증을 소지한 자로서 5년 이상 사회복지사업의 실무경험이 있는 자가 실습을 지도하여야 한다.

○ 실습시간 : 현장실습시간은 120시간 이상으로 한다.

[실습생 27] 실습 종결보고서

실습 종결보고서

* 다음은 실습을 종결하면서 한 학기 동안 실습한 내용을 요약정리하고 목표 달성 정도와 소감을 간략히 정리하는 보고서입니다. 이 종결보고서는 파일에 정리되어 사무실에 비치되며 다음 실습을 준비하는 학생에게 실습지 선정의 지침이 되는 자료로 활용될 것입니다.

실습기관		슈퍼바이저	
실습부서		슈퍼바이저	
실습기간			
실습생		종결 일시	

1. 실습기관 소개
2. 실습기간 및 시간
3. 실습목표
   1)실습생의 목표
   2)실습기관의 목표
4. 실습내용 소개
   1) 실습일정
   2) 교육,참관사항
   3) 담당업무
5. 실습목표와 달성 정도
6. 슈퍼바이저와 실습지도 내용소개
7. 실습소감
   1) 힘들었던 것
   2) 제기되었던 질문들
   3) 배운 것
8. 향후 실습을 위한 제언
9. 기타 꼭 하고 싶은 이야기
10. 슈퍼바이저와 기관에 대한 감사의 내용

[실습생 28] 슈퍼바이저 평가척도2)

슈퍼바이저 평가척도

점수	평가기준
1점	슈퍼비전을 세내로 제공하지 못하여 슈퍼비전을 위한 학습이 절대적으로 요구됨
2점	슈퍼비전을 제공하는 영역에 대한 지식도 부족하고 슈퍼비전을 제공할 능력도 부족함
3점	슈퍼비전을 제공하는 영역에 대한 기본지식을 갖추고 있으며, 슈퍼비전을 제공하는 능력이 있음
4점	슈퍼비전을 제공하는 영역에 대한 정확한 지식을 갖추고 있으며, 슈퍼비전을 체계적으로 정확하게 제공함
5점	슈퍼비전을 제공하는 영역에 대한 정확한 지식을 갖추고 있으며, 슈퍼비전을 체계적으로 정확하게 제공하는 우수한 전문가 위상을 갖추고 있음

영역	내용	점수				
		1	2	3	4	5
1. 지식	1.1 슈퍼비전의 목적을 이해한다.					
	1.2 슈퍼비전의 경계를 명확히 알고 있다.					
	1.3 다음 요소를 이해한다. 행정적 / 교육적 / 지지적					
	1.4 다양한 슈퍼비전 계약의 유형을 알고 있다.					
2. 슈퍼비전 관리기술	2.1 슈퍼비전 목적을 슈퍼바이지에게 설명할 수 있다.					
	2.2 서로가 동의하고 명확한 계약을 협상해 낼 수 있다.					
	2.3 적절한 경계를 유지할 수 있다.					
	2.4 다음과 같은 슈퍼비전 분위기를 형성할 수 있다. 공감적 / 진실한 / 적합한 / 신뢰할 수 있는 / 직접적					
	2.5 행정적 · 교육적 · 지지적 기능 간의 균형을 유지할 수 있다.					
	2.6 정각에 적절하게 회기를 끝낼 수 있다.					
3. 슈퍼비전 개입기술	3.1 다음의 개입유형을 사용할 수 있다. 규범적 / 지식을 주는 / 대립적 / 촉매적 / 카타르시스적 / 지지적					
	3.2 다음과 같은 방법으로 피드백을 줄 수 있다. 명확한 / 인정한 / 균형이 맞는 / 구체적					
	3.3 다음에 유용하게 초점을 맞출 수 있다. 보고된 내용 / 슈퍼바이지의 개입 / 슈퍼바이지-클라이언트 관계 / 슈퍼바이지의 역전이 / 슈퍼비전 관계 / 자신의 역전이 / 좀 더 넓은 맥락					
	3.4 자신의 일하는 방법을 묘사할 수 있다.					
	3.5 자신의 경험을 적절하게 제공할 수 있다.					
	3.6 슈퍼바이지에게 자신의 슈퍼비전 기술을 전개할 수 있다.					

2) Hawkins & Shohet(2006 : 127-129). 사회복지현장실습 지도자교육(2010. 한국사회복지사협회) 재인용.

영 역	내 용	점수				
		1	2	3	4	5
	4.1 슈퍼바이저 역할에 대한 헌신한다.					
	4.2 슈퍼바이저 역할 고유의 권위에 대해 편안하다.					
4. 특성 또는 특질	4.3 격려하고 동기를 부여하며 적절한 낙관주의를 줄 수 있다.					
	4.4 슈퍼바이지의 욕구에 대해 민감하다.					
	4.5 다음과 같은 개인의 차이를 인식하고 적응할 수 있다. 성 / 연령 / 문화적 · 인종적 배경 / 계층 / 성적 오리엔테이션 / 성격 / 전문적 훈련					
	4.6 유머감각이 있다.					
5. 지속적 발전에 대한 헌신	5.1 자신의 적절한 슈퍼비전에 대해 책임져 왔다.					
	5.2 자신의 실천가 및 슈퍼바이저로서의 기술과 지식을 업데이트하기 위해 노력했다.					
	5.3 슈퍼바이저로서 자신의 강점과 단점을 파악하고 자신의 한계를 인정한다.					
	5.4 다음과 같은 사람들로부터 정기적 피드백을 받는다. 슈퍼바이지 / 동료 / 자신의 슈퍼바이저 또는 상사					
6. 집단 슈퍼바이저	6.1 집단역동에 대한 지식을 가지고 있다.					
	6.2 슈퍼비전 과정을 돕기 위해 집단과정을 사용할 수 있다.					
	6.3 집단 내의 경쟁력을 조정할 수 있다.					
7. 시니어 조직 슈퍼바이저	7.1 전문가 간의 이슈를 감독할 수 있다.					
	7.2 조직의 이슈를 감독할 수 있다.					
	7.3 팀 내의 활동범위와 조직발달에 대한 지식을 가지고 있다.					
	7.4 기초가 되는 팀 또는 조직문화를 '표면화' 할 수 있다.					
	7.5 조직의 변화를 촉진할 수 있다.					
	7.6 슈퍼비전이 활발하게 이루어지는 학습적 문화를 조성할 수 있다.					

[실습생 29] 실습지도 평가척도3)

슈퍼비전 평가척도

1점 : 위험이 없는 상태로, 현재의 실천이 적절하여 수정이 필요하지 않은 상태
2점 : 약간의 위기상태로, 현재의 실천은 적절하지만 약간의 수정이 필요한 상태
3점 : 중간 정도의 위기가 있는 상태로, 현재의 실천은 문제가 있고 그래서 위기를 최소화하기 위한 수정이 필요한 상태
4점 : 높은 위기상태로 현재의 실천은 심각하게 문제가 있으며 수정이 매우 필요한 상태

슈퍼비전	1	슈퍼바이저는 슈퍼바이지가 고지된 동의를 하도록 정보를 제공하는가	①	②	③	④
	2	슈퍼바이저는 철저한 치료와 개입계획을 발전시키고 실행하려는 슈퍼바이지의 노력을 관찰하는가	①	②	③	④
	3	슈퍼바이저는 정보의 부적절한 노출과 같은 클라이언트와의 모든 접촉에서 슈퍼바이지의 실수를 지적하고 반응하는가	①	②	③	④
	4	슈퍼바이저는 슈퍼바이지의 클라이언트가 언제 다른 곳으로 의뢰되어야 하는지, 치료의 종결은 언제해야 하는지 등에 관해 알고 있는가	①	②	③	④
	5	슈퍼바이저는 슈퍼바이지가 언제 자문을 구해야 하는지를 알고 있는가	①	②	③	④
	6	슈퍼바이저는 슈퍼바이지의 역량이 부족하고, 잘못을 저지르고 비윤리적 행위를 했다는 것을 슈퍼바이지가 기꺼이 말할 수 있도록 그 능력과 자발성을 모니터링하는가	①	②	③	④
	7	슈퍼바이저는 슈퍼바이지가 자신의 클라이언트와 적절한 경계를 유지하는지 모니터링하는가	①	②	③	④
	8	슈퍼바이저는 신체적인 위험으로부터 제삼자를 보호하는가	①	②	③	④
	9	슈퍼바이저는 필요 이상으로 길게 진행되는 치료와 태만한 치료계획을 감지하거나 중지하는가	①	②	③	④
	10	슈퍼바이저는 특정 클라이언트의 치료를 위해서는 외부 전문가를 활용하는가	①	②	③	④
	11	슈퍼바이저는 슈퍼바이지와 정기적으로 만나는가	①	②	③	④
	12	슈퍼바이저는 슈퍼바이지의 기록, 결정, 행동을 검토하고 인정하는가	①	②	③	④
	13	슈퍼바이저는 슈퍼바이지의 결근에 적절한 반응을 보이는가	①	②	③	④
	14	슈퍼바이저는 슈퍼비전 제공에 대해 문서화하는가	①	②	③	④
	15	슈퍼바이저는 슈퍼바이지와의 관계에서 적절한 경계를 유지하는가	①	②	③	④
	16	슈퍼바이저는 슈퍼바이지에게 시기적절하고 도움이 되는 성과평가와 피드백을 제공하는가	①	②	③	④
	17	슈퍼바이저는 슈퍼비전 동의서를 문서화하는가	①	②	③	④
	18	슈퍼바이저는 슈퍼바이지의 윤리적 관심과 윤리적 쟁점의 민감성을 높이기 위한 슈퍼바이지의 노력에 반응하는가	①	②	③	④
	19	슈퍼바이저는 슈퍼바이지가 그들의 전문적 책임성을 충족시킬 수 있도록 하는 충분한 시간과 적절한 업무량을 제시하는가	①	②	③	④
	20	슈퍼바이저는 적절한 슈퍼비전을 제공하기 위하여 그들의 업무에 있어 충분한 시간을 제공하는가	①	②	③	④

3) Reamer(2001), 사회복지현장실습 지도자교육(2010. 한국사회복지사협회) 재인용.

저자소개

박종란

- 백석대학교 보건복지대학원 사회복지학과 석사
- 백석대학교 기독교전문대학원 사회복지학과 박사
- 세계사이버대학교 겸임교수 /서울한영대학교 계약학과 객원교수 / 경민대학교 교수
- 비영리단체 꿈나무 대표 / 한국사회복지윤리와 철학학회 홍보이사
- 한국사회갈등조정학회 부회장 / 한국사회복지연구소 연구위원
- 〈저서〉 여성복지론, 상담이론과 실제, 노인복지론, 학교폭력상담이론과 실제
  중독의 이해와 치료, 가족복지론, 사회복지실천기술론, 사회복지현장실습

김수현

- 경희대학교 대학원 사회복지학과 석사 / 서남대학교 대학원 사회복지학과 박사
- 경희대학교 대학원 정보통신공학과 석사 / 경희대학교 대학원 정보통신학과 박사(수료)
- 인천대학원 대학원 행성학과 박사(수료) / 혜전대학교 · 삼육보건대학교 외래교수
- 인천서구문화대학 한국어강사 / 인천서구외국인사회복지센터 센터장
- 서울원격평생교육원 · 서강직업전문학교 사회복지실습교수 / 한국복지문화원 실습교수
- 개신대학원대학교 · 여기스터디평생교육원 사회복지실습교수
- 해밀평생교육원 원장 / 인천사회복지사협회 강사 / 서광노인복지센터 시설장
- 법무부 사회통합프로그램 강사 / 한국열린사이버평생교육원 운영교수
- 〈저서〉 사회복지현장실습

김영배

- 한양대학교 경영학과 학사 /고려대학교 인문정보대학원 사회복지학과 석사
- 중부대학교 대학원 복지경영학과 박사과정 / 나이지리아대체의과대학 명예경영학 박사
- 경기대학교 원격교육원 운영교수 / 광운대학교 원격평생교육원 전담교수
- 사) 공해추방국민운동중앙본부 총재 / 서울시장애인일자리통합지원센터 원장
- 서울시립장애인행복플러스센터 원장 / 사)한국장애인가족협회 회장
- 사회복지법인 행복복지재단 상임이사 / 사)한국장애인중심기업협회 이사
- 사)한국기능장애인협회 이사 / 사)한국연예인야구협회 이사
- 〈저서〉 서울시장애인일자리가이드북, 사회복지현장실습

김정애

- 한양대학교 행정대학원 석사
- 순복음대학원대학교 사회복지학과 박사과정
- 삼육보건대학교 사이버지식교육원 사회복지현장실습지도교수
- 중구재가노인지원센터 시설장
- 〈저서〉 사회복지현장실습

윤희열

- 서울기독대학교 대학원 사회복지학과 석사
- 서울기독대학교 대학원 사회복지학과 박사(Ph.D)
- 수색방문요양센터 대표 / 배움사이버평생교육원 교수
- 중앙사이버평생교육원 사회복지현장실습지도교수
- 서울기독대학교 평생교육원 사회복지학과 실습교수
- 〈저서〉 지역서회복지론, 노인복지론, 사회복지현장실습

한화진

- 백석대학교 보건복지대학원 사회복지학과 석사
- 백석대학교 기독교전문대학원 사회복지학과 박사
- 마음울림센터 센터장 / 세계사이버대학 겸임교수
- 현대사이버평생교육원 교수 / 인천마약퇴치운동본부 강사
- 인구보건복지협회 인구교육강사 / 인천보호관찰소 가정폭력 강사
- 사랑의책나누기운동본부 독서코칭 강사 / 인천시아동폭력예방교육 강사
- 한국사회갈등조정학회 / 한국사회복지윤리와 철학학회 이사
- 〈저서〉 노인복지론, 상담학이론과 실제, 사회복지현장실습

새 교과과정에 따른

사회복지현장실습

인쇄일 2021년 3월 2일
발행일 2021년 3월 5일

공저자 박종란 · 김수현 · 김영배
김정애 · 윤희열 · 한화진

발행인 김화인
발행처 조 은
편집인 김진순
주소 서울시 중구 을지로20길 12 대성빌딩 405호(인현동)
전화 (02)2273-2408
팩스 (02)2272-1391
출판등록 1995년 7월 5일 신고번호 제1995-000098호
ISBN 979-11-88146-91-8
정가 22,000원

♠ 강의자료(PPT) 신청 : skk33333@naver.com